Frédéric Bastiat

SA VIE, SON ŒUVRE.

Frédéric Bastiat

SA VIE, SON ŒUVRE

LA VÉRITÉ...

PAR

P. RONCE

LAURÉAT DE L'INSTITUT

OUVRAGE COURONNÉ PAR L'ACADÉMIE DES SCIENCES
MORALES ET POLITIQUES

PARIS

GUILLAUMIN & Cie,
Éditeurs du Journal des Économistes
Rue Richelieu, 14

1905

AVERTISSEMENT

« *Peu de noms ont été, il y a un demi-siècle, aussi populaires, dans le monde qui pense tout au moins, que celui de Bastiat ; peu d'écrivains ont été plus lus et ont excité chez leurs lecteurs plus d'admiration et de sympathie. Et ce n'était pas seulement l'auteur charmant de ces spirituels opuscules qui s'appellent les Pamphlets et les Sophismes, c'était le penseur profond qui avait cherché à donner dans son livre des Harmonies l'exposé scientifique de ce qu'on a appelé la fière doctrine du progrès par la liberté, qui était alors l'objet de la plus sérieuse et de la plus universelle attention. Nos devanciers et nos maîtres : les Dunoyer, les Renouard, les Hippolyte Passy, les Michel Chevalier, sans adopter toujours sur tous les points les idées du publiciste landais, ne lui marchandaient pas leurs encouragements et leur estime ; et l'on avait été jusqu'à dire, à un certain moment, non sans quelque exagération, qu'il y avait dans le développement de la science économique trois périodes*

marquées par trois noms : Quesnay, Jean-Baptiste
Say et Bastiat.

« Les temps sont changés ; et de cette popularité un
moment si grande, il ne reste plus, pour la génération
actuelle, pour la jeunesse surtout, qu'un souvenir un
peu effacé : celui d'un homme qui a su, grâce à la
piquante originalité de son style, traiter les questions
économiques sans justifier le mot de M. Thiers et faire
de la littérature ennuyeuse.

« Cet oubli était-il mérité ? Bastiat n'avait-il été
qu'un étincelant mais fugitif météore ; et fallait-il,
ceux d'entre nous, ses anciens disciples, qui persis-
tons à cultiver sa mémoire, nous résigner à voir ses
ouvrages demeurer sans lecteurs et ses idées sans influence ?

« L'Académie ne l'a point pensé. Elle a songé qu'a-
près cinquante ans, le moment était venu de remettre
en lumière cette figure originale et de faire connaître
à ceux qui ne la connaissent pas ou qui ne la connaissent que sous un faux jour cette carrière si courte,
si remplie et, un moment, si brillante. Elle a mis au
concours, dans ce but, la Vie et l'Œuvre de Bastiat. »

Que M. Frédéric Passy veuille bien nous pardonner
de lui avoir emprunté les lignes qui précèdent. Dans

leur concision, elles indiquent la genèse de ce livre ; elles disent excellemment ce qu'a été Bastiat ; elles nous enseignent la place prépondérante que son œuvre devrait encore occuper dans le legs intellectuel que la génération actuelle a reçu des générations antérieures : nous n'aurions pu trouver une parole plus autorisée pour introduire auprès du lecteur les pages qui vont suivre,

Bien que l'Académie des Sciences Morales et Poliques, à qui nous nous permettons de témoigner ici publiquement toute notre gratitude, ait cru pouvoir décerner le prix Léon Faucher à notre étude, nous ne nous sommes pas dissimulé que celle-ci était loin d'être parfaite. Aussi avons-nous jugé utile, non pas de la remettre tout entière sur le métier, mais d'y ajouter quelques éclaircissements, quelques traits destinés à montrer sous un jour plus vif ou plus vrai la figure de Bastiat.

Et si notre ouvrage se présente aujourd'hui au public, non pas différent de celui que nous avions soumis au jugement de l'Institut, mais complété, s'il révèle quelques nouveaux détails restés jusqu'à ce jour inédits, c'est à l'inépuisable bienveillance de M. Frédéric Passy, que nous le devons.

M. Frédéric Passy, en effet, a bien voulu nous autoriser

à parcourir tous les papiers et manuscrits de Bastiat, que le « fidèle » Paillotet lui avait légués et qu'il conserve religieusement. C'est grâce à ces papiers et à ces manuscrits, que nous avons pu mieux pénétrer dans l'intimité de l'existence et de la pensée de Bastiat, qu'il nous a été permis, par exemple, de donner une vue plus exacte de « Bastiat agriculteur », de développer, comme il convenait, les conditions de la polémique entre Bastiat et Proudhon et de faire connaitre la façon dont le volume des Harmonies a été achevé par les exécuteurs testamentaires du « grand landais ».

Ces trois points, qui, d'ailleurs, avec l'aperçu de la situation économique de la France à la veille de 1848, sont les seuls que nous signalerons tout particulièrement, ont leur importance. Et nous saisissons avec empressement cette occasion d'exprimer de nouveau à M. Frédéric Passy toute la reconnaissance que nous lui avons et qui vient accroître une dette déjà lourde.

P. R.

FRÉDÉRIC BASTIAT

SA VIE, SON ŒUVRE.

CHAPITRE PREMIER

La famille Bastiat. — Enfance de Frédéric. —
Le collège de Sorèze.

Claude Frédéric Bastiat naquit à Bayonne le
11 messidor an IX (30 juin 1801).

Il était issu d'une vieille famille landaise adonnée depuis plusieurs siècles à l'exercice du commerce.

Menjon du Bastiat de Tolou, qui mourut en
1584 ; Arnaud du Bastiat de Tolou, qui « avait
beaucoup de propriétés et quelque argent en sa
bourse » et décéda en 1617 ; Arnaud du Bastiat
de Beylist, jurat de la communauté de Cazaubon;
Pierre du Bastiat de Beylist, mort en 1742, étaient
tous marchands à Laurède et avaient droit de sépulture dans l'église. Un des fils de Pierre du

Bastiat de Beylist, Pierre Bastiat (1), alla s'établir près de Laurède, à Mugron ; fait bourgeois de cette ville, il mourut en 1747, laissant neuf enfants. Le plus jeune de ceux-ci, Pierre, eut lui-même cinq enfants: Justin, Pierre, qui fut le père de notre Frédéric, et trois filles dont l'aînée, Justine, tint une si grande place dans la vie et dans le cœur de son neveu.

De la mère de Frédéric Bastiat, nous savons peu de chose, sinon qu'elle était bonne et douce autant qu'aimable et intelligente. Originaire de Bayonne, elle mourut jeune au mois de mai 1808. Quant au père de Frédéric, il était, au témoignage de ses contemporains, admirablement doué sous tous les rapports et pourvu de tous les avantages du corps et de l'esprit. Il était venu fonder à Bayonne, de concert avec son beau-frère, M. Henry de Monclar, une maison de commerce qui n'avait pas tardé à prendre un rapide déve-

------

(1) Bastiat vient du mot *basti* qui, dans la langue du pays, signifie bâtir. Tolou, Beylist sont des noms de domaines.

Jadis, dans la région du Sud-Ouest, chacun était désigné par le nom de la maison qu'il habitait ou celui de la terre qu'il cultivait. Au XVIIIe siècle, les bourgeois commencèrent à abandonner la particule ; seuls, les artisans et les laboureurs la conservèrent jusqu'à la Révolution. De nos jours encore, dans certains coins des Landes et dans le pays basque, les paysans sont plus connus par le nom de leur métairie ou de leur maison, que par celui qu'ils portent sur les registres de l'état civil et qui reste quelquefois ignoré des voisins mêmes.

loppement. Il expédiait des vins en Belgique, trafiquait de la laine et du coton avec l'Espagne et le Portugal et se livrait à des opérations de banque. De même qu'il était considéré comme le négociant loyal et probe par excellence, il était réputé pour sa profonde connaissance des affaires. Sa bravoure, sa générosité, son intelligence étaient reconnues de tous ; mais, à lire ses lettres qu'un heureux hasard à mises entre nos mains, on découvre de plus en lui la sensibilité, la délicatesse d'esprit, la douce et mélancolique résignation de l'homme marqué pour une fin prématurée.

Très affecté par la perte de sa femme, troublé dans son commerce par la guerre d'Espagne qui lui occasionna des dommages importants, miné par une maladie incurable, il prit, en 1809, le parti de quitter Bayonne ; et, laissant sa maison aux soins de son associé, il se retira dans son domaine landais de Chouhour.

« Ma campagne est solitaire, écrivait-il en juillet 1809 à son frère Justin alors à Madrid ; c'est à mes yeux son plus bel ornement. »

Débarrassé du souci des affaires, « ayant renoncé à toutes vanités », il voyait, en effet, peu de personnes et bornait le monde à son jardin.

« Mon ami, disait-il encore à son frère, je voudrais devenir campagnard ; et pour mieux fixer ce goût, je vais établir un parterre où je vais faire en sorte de réunir les fleurs et les arbustes les plus rares.

J'ai compté sur toi, à Madrid, où il y a des choses
précieuses dans ce genre ; je t'en écrirai plus au long
une autre fois. »

Ce plus au long se résuma en une seule phrase :

« Demande au jardinier d'Avaujur une collection
des fleurs du pays, sans oublier la pajarillo ; une collection embrasse tout et n'exige aucun détail. »

Le calme et le repos qu'il goûtait à Chouhour
ne pouvaient le ramener à la santé ; les eaux qu'il
se résigna à aller prendre dans les Pyrénées
étaient également impuissantes à le sauver.

« Me voici revenu de mes courses, mon cher Justin.
Trente jours à Cauterets, quinze à Bagnères et huit à
Sengresse (1) ne m'ont pas tout à fait guéri de mon
rhume ; à cela près, je jouis d'une bonne santé. Il ne
me manque donc qu'une bonne poitrine et des jam-
bes ; mais j'espère que cela viendra. En tout cas je
n'aurai pas de reproche à me faire, car je me com-
porte en vrai Caton ; et pour peu que l'on fasse attention à moi, l'on me citera bientôt pour modèle.
J'aurais trouvé à m'amuser dans mes diverses promenades, si j'y avais eu du goût ; mais les blessures
que j'ai reçues sont encore trop fraîches pour me
laisser la faculté de jouir. Il faut, à mon âge, avoir
l'esprit tranquille pour s'amuser ; et le mien, comme

---

(1) Propriété près de Mugron, acquise par la famille après
la Révolution. Les Bastiat étaient seuls à l'appeler Sengresse ; tout le monde, autour d'eux, disait Saint-Gresse,
comme au temps où ce domaine appartenait au marquis de
Poyanne.

tu sais, a trop de motifs de chagrin pour pouvoir être
calme. Cela viendra peut-être avec ma santé ; j'attends donc patiemment l'un et l'autre et pousse, en
attendant, à la roue comme je puis. »

Cette lettre est datée du 30 septembre 1809. Ne
la croirait-on pas écrite par le fils, quarante ans
plus tard ?

Ce fils, d'ailleurs, qui devait avoir avec son
père la plus grande ressemblance, est là, à Chouhour. Sa vue, on le sent, fait la joie du pauvre
malade ; elle ranime son courage ; c'est elle sûrement qui le fait « se comporter en vrai Caton ».
L'oncle Justin ne reçoit pas une lettre où il ne
soit question de Frédéric.

« Le petit Frédéric me charge toujours de beaucoup de choses pour toi ; il est aussi bon que paresseux ; et s'il doit faire quelque chose dans sa vie, il
faut qu'il change *diablement...* »

« Frédéric est toujours gentil et aimable ; mais
d'une paresse qui n'a pas d'exemple. Il disait l'autre
jour : « Je ne suis jamais content ; maintenant que
« papa est ici, je voudrais que mon oncle Justin ar-
« rivât... »

« Frédéric, mon ami, est un ange, d'une gaieté,
d'une folie et d'une docilité qui n'ont pas de modèles.
Quel meurtre, si je n'avais pas les moyens de lui
donner l'éducation qu'il mérite... »

« Frédéric, qui est à mon côté, me dit : « Fais-lui
« mes compliments et demande-lui comment il se
« porte, et s'il se souvient de moi, et quand il re-

« viendra. » C'est un charmant enfant, toujours gai et chantant ; je ne lui ai jamais vu un caprice. J'espère qu'il nous donnera de la satisfaction. Souviens-toi, mon ami, que tu es le patron à qui je l'ai dédié..... »

Le 1ᵉʳ juillet 1810, six mois après cette dernière lettre, Frédéric Bastiat était orphelin et quittait le domaine paternel pour la maison de sa tante Justine.

Auprès d'un cœur plein de dévouement, les qualités natives du jeune Frédéric ne pouvaient que se développer ; mais l'intelligence vive et éveillée de l'enfant devait exiger bien vite une séparation. Pour assurer à son neveu l'instruction forte qu'elle désirait lui faire donner, et, quelque tristesse que dût lui causer à elle-même un semblable éloignement, la tante Justine n'hésita pas à retirer Frédéric du collège de Saint-Sever, où elle l'avait d'abord placé, pour l'envoyer à Sorèze. Près de cent lieues devaient ainsi séparer l'enfant des seuls parents qui lui restaient ; mais le choix de l'établissement auquel son jeune esprit allait être confié était parfaitement justifié.

L'école de Sorèze jouissait alors d'une réputation qui dépassait les limites de la région et même celles de la France. Elle recevait, chaque année, près de quatre cents élèves ; et nombre d'entre eux venaient d'Espagne, d'Italie, d'Angleterre, de Hollande, de Pologne, de Grèce, des Etats-Unis. Sa renommée datait du milieu du dix-huitième siècle.

Vers 1750, l'école, qui appartenait aux Bénédictins, avait été mise sous la direction du prieur Dom Victor de Fougeras. C'était un hardi réformateur ; et la véritable révolution qu'il introduisit dans les méthodes d'enseignement est de telle importance qu'on nous permettra de nous y arrêter quelques instants. Nous laissons, d'ailleurs, la parole à un de ces modestes mais réels savants que de tous temps nos provinces ont recélés, à un de ces hommes qui, épris de leur pays, ont à cœur d'en faire connaître l'histoire, les richesses et les gloires. C'est au docteur Jean-Antoine Clos, médecin à Sorèze, correspondant de l'Académie de médecine et de la Société des antiquaires de France, auteur de nombreux travaux scientifiques et historiques, que nous emprunterons les pages savoureuses et substantielles suivantes, écrites en 1800 (1).

« Dom Victor de Fougeras n'était pas venu à Sorèze avec les idées communément reçues sur l'éducation. Une longue habitude de l'enseignement lui avait fait connaître la jeunesse. Plein d'une vaste et solide érudition, il avait toujours admiré les belles institutions de l'antiquité, où l'on savait former des hommes en développant à la fois les facultés du corps et celles de l'esprit. Il se persuada qu'en faisant l'application des principes sur lesquels ces institutions

---

(1) J. A. Clos. *Recherches sur le Sorézois*, ouvrage dont Chaptal, alors ministre de l'Intérieur, et l'Institut agréèrent l'hommage dans les termes les plus flatteurs.

étaient fondées à nos mœurs et à notre état de civilisation, on pourrait obtenir les mêmes résultats. Il
considérait combien la jeunesse aime l'activité, le
mouvement, la diversité, combien on la contrarie, en
l'appesantissant trop longtemps sur des études sérieuses, combien cette marche uniforme enchaîne le
développement du génie. Cependant le premier âge
est le temps le plus précieux : combien n'importe-t-il
pas de le mettre tout à profit, de n'en pas perdre, pour
ainsi dire, un seul instant ? Il conçut alors cette heureuse combinaison d'exercices qui fournit le moyen
d'occuper les élèves, sans relâche comme sans fatigue, depuis avant le jour jusqu'à la nuit, en faisant
d'un travail le délassement d'un autre travail, et
d'une application réellement utile un sujet de plaisirs. D. Fougeras se fondait encore sur des considérations également importantes.

« Il est des esprits incapables de profiter dans certaines études, quelque procédé qu'on emploie pour
leur en aplanir les difficultés. Que deviendront ces
individus, s'ils se trouvent dans un pensionnat où
l'on ne s'occupe presque exclusivement que d'une
langue morte, et s'ils ont pour cette langue une ré-
pugnance invincible ? Faudra-t-il les renvoyer de
l'établissement, ou les y laisser languir dans un dé-
couragement qui flétrit l'âme et dessèche en elle les
germes de toute vertu ? Ouvrez-leur, disait cet illustre
bénédictin, ouvrez-leur la carrière des sciences
exactes, celles des sciences naturelles, des arts libéraux, ou toute autre ; alors leurs facultés se dévelop-
peront avec énergie, et ils prouveront qu'ils peuvent
aussi rendre des services à l'Etat et faire l'espoir de
leur famille, les charmes de la société.

« D. Fougeras ne laissait pourtant pas de considérer l'étude des anciens, et dans leur langue, comme
la source la plus précieuse de l'instruction. Mais il

voulait que dans son pensionnat toutes les heures du jour fussent remplies. Il déroulait aux yeux de ses élèves le vaste tableau des connaissances humaines et il les laissait jusqu'à un certain point libres dans le choix. Il savait bien que quelques-uns d'entre eux abuseraient de la facilité de beaucoup entreprendre et se chargeraient d'un fardeau trop lourd. Mais cette avidité d'apprendre, qu'il voyait dans la jeunesse, il la regardait comme le plus heureux augure, comme le germe des plus grands talents ; et s'il tâchait quelquefois de la modérer, souvent aussi il la respectait comme un feu qui anime et double les efforts. Il savait que dans la suite l'homme, par son état ou par sa charge, se trouve obligé à concentrer ses méditations, à élaguer, pour ainsi dire, ce qu'il y a de superflu dans ses connaissances, et retire néanmoins un grand avantage de la facilité qu'il a acquise par un exercice continuel de la pensée et par le travail dont il s'est fait une habitude. »

Ce plan d'éducation, qui permettait à l'élève de suivre en même temps, par exemple, la classe de troisième pour le latin et celle de philosophie pour les mathématiques, tranchait tout à fait avec le système en vigueur dans les collèges des jésuites ou les autres établissements scolaires : l'expérience confirma la justesse des aperçus de D. Fougeras et les élèves affluèrent à Sorèze.

Les successeurs de D. Fougeras, et principalement Dom Despaulx, continuèrent et perfectionnèrent la méthode.

« On donna plus de soin à l'étude des mathématiques et on multiplia tous les moyens de faire des progrès rapides dans ces sciences. Le grand nombre d'élèves qui se destinaient au génie, à la navigation, à la construction navale, à l'artillerie, rendit cette extension nécessaire. On prit aussi des mesures pour que les cours pussent être faits d'une manière plus pratique ou plus expérimentale ; ainsi l'on forma un cabinet de physique et de chimie, un cabinet d'histoire naturelle ; on construisit un observatoire (1). »

La Révolution ne devait pas renverser, comme on aurait pu le craindre, l'œuvre de D. Fougeras. Lorsque la suppression des corporations religieuses fut décidée, François Ferlus, professeur de rhétorique et d'histoire naturelle à l'école, entreprit de sauver l'établissement.

« Encouragé, protégé par l'autorité civile, il s'associa quelques-uns de ses confrères, retint les autres professeurs, en appela de nouveaux et de plus savants, conserva les élèves et recomposa en quelque sorte ce corps très compliqué qui semblait près de se dissoudre (2). »

Il groupa, en effet, autour de lui des hommes de science, tels que Belin de Balu, élégant traducteur de Lucien et membre correspondant de l'Institut, Jacques Draparnaud, qui devait plus tard illustrer la Faculté de Montpelllier, le Dr Clos qui enseignait la botanique, les professeurs Assiot, Serres, Duportal, etc.

---

(1) J. A. Clos. *Recherches sur le Sorézois.*
(2) J. A. Clos. *Ibid.*

Lorsque Frédéric Bastiat arriva à Sorèze, François Ferlus venait de mourir, léguant l'établissement à son frère Raymond-Dominique.

« C'était, dit le Dr Clos, en parlant de ce dernier, un homme de mérite ; sa stature était élancée, sa figure bien caractérisée. Il avait été doctrinaire, et, à la Révolution, il était à Bordeaux lorsque son frère François Ferlus, ancien bénédictin, devenu propriétaire du Collège, l'appela auprès de lui ; et il fut chargé spécialement de la direction de l'instruction, son frère ayant gardé l'administration. Il fit d'abord une chose très avantageuse en rétablissant l'ordre et la discipline dont le collège avait un grand besoin. Il en imposait par sa taille, ses traits et son caractère qui était ferme et un peu sévère. Il opéra aussi une réforme importante dans l'instruction, en ce qu'il sépara les cours de littérature française des cours de latin ; de sorte qu'un enfant, après la lecture, commençait par la grammaire française, passait à la grammaire raisonnée ou générale, ensuite à la classe d'apologue, de poésie dramatique, de poésie épique, de rhétorique... Poète lui-même et bon littérateur, il mit la versification en grand honneur et grande vogue dans le collège (1). »

Quant à son caractère, on en jugera par ce trait. Lors de la guerre d'Espagne, Napoléon l'ayant invité à conduire dans les prisons de Castres les jeunes Espagnols qu'il élevait, il fit ré-

---

(1) J. A. Clos. Notice historique sur *Sorèze et ses environs,* édition augmentée de 1844.

pondre à l'empereur « qu'il n'était pas le geôlier de ses élèves, mais leur père ».

Le programme des cours, tel que l'avait établi Raymond Ferlus, diminuait l'importance de l'étude du latin : on n'y consacrait, en effet, qu'une heure par jour à partir de la troisième. L'histoire naturelle même, qui jadis avait été à ce point favorisée qu'un véritable jardin botanique avait été créé dans les dépendances de l'école, était quelque peu délaissée. Mais les mathématiques étaient plus que jamais en honneur et, à côté du grec, de l'histoire, de la géographie, de la physique, de la chimie, on enseignait encore cinq langues vivantes, le commerce, la tenue des livres, la statistique, la logique, la métaphysique, la morale. D'autre part, on avait rendu obligatoire l'étude des arts d'agrément tels que le dessin, l'équitation, la natation, la danse, la musique et la déclamation « si utile et si désirée par les parents dans les contrées méridionales ». Ajoutons que la durée de chaque cours n'excédait pas une heure : l'élève passait d'une classe de sciences à une classe de lettres, par exemple, ne prenant comme repos que le temps nécessaire pour se rendre d'une salle à une autre.

Frédéric Bastiat reçut ainsi une instruction encyclopédique ; son esprit curieux était, d'ailleurs, capable de parcourir le champ des connaissances humaines. Mais s'il trouva de l'intérêt aux sciences telles que l'histoire naturelle, la physique, l'astronomie, etc., il eut la faculté, conformément à la tradition de l'école, de s'adonner plus particulièrement aux études pour lesquelles il avait toute prédilection.

C'est donc à Sorèze que Frédéric Bastiat puisa ce goût des études philosophiques qui devait le conduire plus tard dans la voie que la destinée lui réservait. Qu'on ne croie point, toutefois, qu'en 1818, lorsqu'il prit congé de ses maîtres, ceux-ci pressentaient en lui le philosophe, l'économiste, le logicien, le remueur et semeur d'idées qu'il devait être. Quand il quitta l'école, sans avoir obtenu, d'ailleurs, le diplôme de bachelier, il apparaissait plutôt comme un dilettante des lettres, comme un fervent de la nature, de la ligne, de la couleur, du beau. C'était véritablement une âme d'artiste. Il possédait Corneille, Racine et tous nos classiques. Pour connaître les richesses des littératures étrangères, pour pouvoir lire Dante et Cervantès dans leurs textes, il avait appris l'italien et l'espagnol ; la langue de Shakespeare lui était également familière. Enfin, il s'était essayé, non sans succès, dans la poésie ; et nul n'excellait comme lui à rendre sur le violoncelle une symphonie de Mozart ou une sérénade de Haydn.

Il emportait donc de Sorèze un fonds de connaissances générales assez étendu, un penchant marqué pour l'étude des questions philosophiques et religieuses, un bagage littéraire qui n'était

pas sans valeur et un sens artistique très déve-
loppé. Il emportait encore — et c'est ce qu'il considérait avec juste raison comme un bien des plus
précieux — une amitié sincère, une amitié qui ne
devait finir qu'avec la mort et qu'il avait cimentée
par plusieurs années de dévouement. Car, comment ne pas appeler dévouement ce sentiment qui
le faisait, jeune enfant exubérant, agile, habile
dans tous les exercices du corps, se priver des
plaisirs de son âge pour tenir compagnie, pendant
les récréations, à un camarade, Calmètes, dont
la santé délicate ne supportait pas les jeux violents ! Bastiat et Calmètes étaient arrivés, d'ailleurs, à partager non seulement leur vie intime,
mais encore leurs travaux. Malgré les exigences
de la discipline, ils avaient obtenu l'autorisation
de faire leurs devoirs en commun : ils ne remet-
taient qu'une seule copie signée de leurs deux
noms. Et ce n'est pas sans émotion qu'en 1851,
M. Calmètes, alors président de Chambre à la
Cour de Montpellier, contait ce trait à M. Paillotet. Un jour que les deux amis avaient obtenu, en
collaboration, un prix de poésie, celui-ci leur fut
décerné *ex aequo jure ;* mais il consistait en une
seule et unique médaille d'or : « Garde-la, dit
Bastiat à son camarade ; puisque tu as encore
ton père et ta mère, la médaille leur revient de
droit. »

CHAPITRE II

FRÉDÉRIC BASTIAT A BAYONNE. — SES ÈTUDES. — UNE CRISE MORALE

« Frédérik (*sic*) est arrivé hier ; et je l'ai trouvé beaucoup moins maigre que je ne m'y attendais. Il a beaucoup grandi ; et, quoique je ne l'aie vu que peu d'instants, j'espère que mes premières conjectures sur cet enfant se réaliseront complètement. »

C'est ainsi que, le 17 septembre 1818, M. Henry de Monclar annonçait au grand-père, M. Pierre Bastiat, l'arrivée de Frédéric à Bayonne. Il avait été décidé, en effet, que le jeune homme, qui sortait de Sorèze, entrerait dans la maison de commerce de l'ancien associé de son père ; et cette mesure, délibérée en une sorte de conseil de famille, semblait toute naturelle. Fils, petit-fils, arrière petit-fils de négociants, Frédéric Bastiat, aux yeux de ses parents, avait devant lui une carrière tout indiquée ; et dans la lutte des intérêts économiques où il allait s'engager, l'instruction solide qu'il avait reçue pouvait être considérée comme une arme de plus entre ses mains.

Fut-il consulté sur le choix de la profession qu'il désirait embrasser ? La chose est douteuse. Il n'avait pas donné à ses études un but précis et déterminé ; il avait appris pour le simple plaisir d'apprendre et il était arrivé à l'âge de dix-sept ans sans avoir fait ni rêves ni projets d'avenir. Il lui eût donc été difficile d'indiquer ses préférences, et il devait d'autant plus suivre la volonté de son grand-père, que celui-ci possédait, comme chef de famille, une autorité devant laquelle ses enfants et ses petits-enfants étaient habitués à s'incliner. Le père, l'aïeul, surtout dans les familles fortement constituées, avaient alors des droits que chacun reconnaissait et dont les générations présentes, moins respectueuses, souventes fois moins avisées, se sont débarrassées comme d'un joug ; or M. Pierre Bastiat eût malaisément supporté qu'on méconnût les privilèges qu'il tenait de son âge et de sa qualité. C'était, d'ailleurs, un homme bon et sage, aimé et vénéré des siens; et son petit-fils pouvait être assuré que la décision qui serait prise à son égard serait dictée par l'affection aussi bien que par le sentiment du devoir.

Au demeurant, Frédéric se rendit chez son oncle, M. de Monclar, sans aucun déplaisir. Il partait, en effet, avec l'idée bien arrêtée de faire deux parts de sa vie : il entendait consacrer quelques heures par jour au négoce, art qu'il jugeait tout mécanique et dont il espérait se rendre maître en six mois ; quant au reste de son temps, il l'occu-

perait à poursuivre les études de son goût, c'est-
à-dire à continuer ses recherches philosophiques.

Ce bel arrangement ne résista pas à la pratique. Sans doute, s'il se fût simplement agi pour
Frédéric de surveiller les expéditions, de contrôler les rentrées, de grossoyer la correspondance,
cette besogne, entièrement de routine, lui eût
laissé la liberté d'esprit qu'il s'était flatté d'obtenir en entrant dans un comptoir. Il eût probablement été un mauvais commis de magasin ; il aurait eu, en tout cas, les facilités voulues pour pénétrer les doctrines de Kant et de Hégel. Mais son
esprit chercheur, son esprit de logicien, devait
déjà le mettre en face de problèmes à résoudre ; et
lorsqu'il s'était posé une question, il ne s'accor-
dait aucune trève qu'il n'eût trouvé la réponse.
Or, dès les premiers instants, il trouva dans le
commerce un nombre considérable de points
d'interrogation. Ces marchandises, qui passaient sous ses yeux, d'où venaient-elles ? Où al-
laient-elles ? Pourquoi les dirigeait-on ici plutôt
que là ? Quels éléments composaient le prix de revient et le prix de vente ? Comment pouvait-on
calculer la marge des bénéfices qu'elles étaient
susceptibles de procurer ? etc., etc. Et le négoce
ne lui apparut plus comme un art, mais comme
une science, une science quelque peu sévère
dont il ignorait les premières notions.

Se rappelle-t-on les théories que le sage et pondéré Werner expose à l'amoureux Wilhem Meister ? « Y a-t-il, lui dit-il, un génie qui soit, qui doive être plus étendu que celui d'un véritable commerçant ?... Arrête tes regards sur les productions artistiques et naturelles des diverses parties du monde, et tu verras que toutes sont devenues successivement des besoins indispensables pour tous. N'a-t-il pas le droit d'être fier de lui-même, l'esprit actif qui sait se procurer à propos, avec plus ou moins de peine, les objets les plus recherchés et les plus facilement épuisables, qui sait les connaître, qui peut fournir immédiatement à chacun ce qu'il demande, s'en approvisionner prudemment et tirer un bénéfice de chaque moment de cette circulation ? Il y a là, je crois, de quoi réjouir quiconque a une tête. Visite seulement quelques ports de mer, quelque grande cité commerciale, tu te trouveras entraîné dans ce tourbillon. Quand tu verras tous ces hommes occupés, quand tu verras d'où chaque chose arrive, où chaque chose va, tu éprouveras, toi aussi, le désir d'y mettre la main. Tu surprendras les marchandises les plus insignifiantes dans leurs rapports avec le commerce général, tu comprendras que tout a son importance, parce que tout accroît la circulation dont tu tires tes moyens d'existence. »

Il se peut que cette page de l'œuvre la plus profonde et la plus forte que nous devions au génie allemand, fût connue de Bastiat. *Wilhem Meister* a peut-être voisiné dans la bibliothèque de Sengresse avec un *Werther* qu'on trouva annoté de la main même de son propriétaire ? Frédéric Bastiat, en tout cas, s'il avait l'âme poétique et artistique du jeune Meister, possédait le sens réfléchi du prudent Werner et il était capable de se tenir à lui-même le langage que Gœthe a mis dans la bouche du plus brillant associé d'une maison de commerce.

Comme on ne saurait servir deux maîtres, Bastiat dut choisir entre l'économie politique et la philosophie pure. Son incertitude dura peu. Il se décida promptement « à faire passer son devoir avant tout ». Que sacrifiait-il au surplus ? Quelques années de son existence, pendant lesquelles, d'ailleurs, il pourrait édifier une petite fortune; et il retournerait vite à ses chères études, ayant conquis l'aisance qui le libérerait de tout souci matériel. Oh ! ses visées étaient bien modestes, et, deux ans plus tard, après avoir fréquenté le monde et goûté à ses plaisirs, c'est toujours à *l'aurea mediocritas* qu'il entend demander le bonheur. Ainsi qu'il l'écrit à son ami Calmètes, que faut-il posséder pour être heureux ? Des livres, des amis, une famille, des intérêts. Et comme ce mot d'intérêts peut sembler une profanation sous la plume d'un philosophe, il se croit tenu de l'expliquer et de le justifier : l'intérêt embellit un domaine aux yeux du propriétaire ; c'est lui qui donne du prix aux détails, procure la félicité à Orgon et fait dire à l'optimiste :

Le château de Plainville est le plus beau du monde.

Le domaine rêvé ne serait ni trop grand, ni trop petit : qu'il soit situé dans un pays gai, surtout dans un pays où d'anciens souvenirs et une longue habitude ont mis son propriétaire en rapport avec tous les objets, et il procurera à celui-ci le *vita vitalis* tant recherché.

Pour réaliser au plus vite ce rêve visiblement inspiré de ses souvenirs classiques, Frédéric Bastiat se mit donc résolument au travail.

Concurremment avec la *Logique* de Destutt-Tracy, il lut *La Richesse des Nations*, d'Adam Smith ; il lut encore le *Traité d'Economie politique* de J.-B. Say, dont le plan méthodique l'enchanta et qui lui procura, a-t-il dit, tout le plaisir qui naît du sentiment de l'évidence.

Il apprit ainsi les lois qui règlent la formation, la distribution et la consommation des richesses ; mais si cette science, nouvelle pour lui et ignorée même de la grande majorité de ses contemporains, il ne l'approfondit pas alors, s'il ne fit, comme il le dit dans une de ses lettres, que « lisotter » le second volume du Traité de J.-B. Say, on peut être assuré que les horizons qui se découvraient devant lui le poussèrent à réfléchir et à éprouver les théories des économistes. On peut avancer que Frédéric Bastiat apôtre du libre-échange date de 1820, et que sa foi inébranlable en l'excellence de la liberté commerciale est sortie non seulement des lectures qu'il fit alors, mais encore et surtout des constatations que ces lectures l'amenèrent à faire.

On sait qu'Adam Smith, alors qu'il professait la philosophie morale à l'Université de Glasgow, passa huit ans de sa vie à contrôler par les faits les doctrines des physiocrates, recherchant la société des marchands et raisonnant avec eux les règles du commerce. Richard Cobden, avant de fonder la ligue contre la loi-céréale en Angleterre, avait travaillé dans une ferme, puis dans un comptoir, enfin dans une usine. Frédéric Bastiat, comme le fondateur de l'Economie politique et comme celui dont il devait être l'émule, plus tard, allait arriver à la vérité par l'observation aussi bien que par la réflexion, par les faits aussi bien que par l'étude.

Il n'avait que dix-neuf ans ; mais il se trouvait précisément alors en présence d'un fait d'ordre économique qui occupait tous les esprits autour de lui et dont il avait d'autant plus à s'inquiéter, qu'il en était lésé dans ses intérêts matériels : il assistait à la décadence du commerce de Bayonne.

Jusqu'à la fin du xviiie siècle, Bayonne avait été une place commerciale importante. Située à l'embouchure de l'Adour que les bateaux pouvaient remonter jusqu'à Grenade, environnée d'une population de hardis marins qui allaient chercher les épices des Amériques ou pêcher la morue sur les bancs de Terre-Neuve, elle semblait une fenêtre ouverte sur la péninsule ibérique, dont elle importait les pelleteries, les laines, les métaux et les vins de liqueur, en échange de nos résines, de nos tissus ou de notre maïs. La Hollande et les villes hanséatiques mêmes voyaient ses bâtiments arriver dans leurs ports. Or, à une ère de prospérité avait succédé un état de langueur d'abord, de dépression ensuite. En 1820, il y avait déjà nombre d'années que l'on constatait la diminution progressive des importations et exportations de Bayonne ; il n'y avait pas jusqu'à la population de la ville qui n'eût également décrû, étant descendue de 16.000 habitants à 13.000 environ. L'état agité de l'Europe, à l'aube du XIXe siècle, les grandes guerres continentales, l'insurrection des colonies espagnoles en Amérique expliquaient dans une certaine mesure la situation fâcheuse du commerce bayonnais ; mais il apparaissait néanmoins que ces causes passagères disparues, on ne pouvait s'attendre à aucune amélioration, étant donnée la politique économique suivie par notre gouvernement. Avec des entraves à la circulation, des entraves à l'importation, des entraves à l'exportation même, quelles entreprises étaient possibles ? Et cette vision de l'avenir était d'autant plus décourageante qu'il existait encore des témoins de l'époque où la franchise du port avait donné au commerce un élan prodigieux.

Bayonne fut, en effet, l'un des trois ports francs dont l'établissement avait été stipulé par le traité de commerce du 6 février 1778 entre la France et l'Amérique. Les lettres patentes de juillet 1784 avaient à peine accordé la franchise, que déjà les effets bienfaisants de cette mesure se faisaient sentir. Le tonnage des bâtiments, tant à l'entrée qu'à la sortie du port, augmenta en peu de temps de 40 0/0. Quant au commerce par terre, il s'accrut dans des proportions encore plus considérables.

« Avant la franchise, année commune, 6.600 ballots sortaient par les routes et passages d'Ainhoua, Vera, Lassaca et Irun. En 1879, on en envoya 25.000, qui exigèrent un surcroît de 9.000 mulets de transport. Les valeurs en piastres importées annuellement s'élevèrent de 2 millions de francs à 30 millions. Dans l'espace de 6 ans, la population, le prix des immeubles et celui des salaires des ouvriers haussèrent de près d'un tiers. Jamais on ne vit un débit aussi considérable de marchandises nationales avec moins de délits de fraude, ni un rayon aussi étendu d'industrie et de prospérité locales (1). »

Ainsi, Frédéric Bastiat n'avait qu'à écouter les doléances de ses concitoyens ; il n'avait qu'à parcourir les rives et les quais de l'Adour, il n'avait qu'à passer devant les magasins que n'emplissaient plus, comme jadis, les ballots et les caisses, pour se convaincre qu'en matière de liberté commerciale, les théories d'Adam Smith et de J.-B. Say se trouvaient d'accord avec les faits.

____

(1) *Nouvelle chronique de la ville de Bayonne*, par un Bayonnais (1827).

Dès 1820, le libre-échange fut donc pour lui une vérité scientifiquement démontrée ; c'était la vérité à la diffusion de laquelle, dans la maturité de son âge, il devait consacrer toutes ses forces intellectuelles et physiques; c'était celle qu'en 1829, il voulait déjà propager, lorsque, fixé à Mugron, il confiait à l'ami Calmètes son projet de « se faire imprimer tout vif » et de publier quelques réflexions sur le régime prohibitif.

Pendant une année, Frédéric Bastiat se livra à ses nouvelles études avec une telle application que sa santé fut quelque peu compromise. Il dut modérer son ardeur, suspendre même tout travail ; mais une villégiature qu'il fit à Cambo eut vite raison de ses fatigues.

« Frédérik est revenu de Cambo en très bonne santé.

« Durant les quinze jours que nous avons passés ensemble, il a eu un excellent appétit ; il s'est bien amusé avec ses cousins et des belles dames auxquelles ils faisaient tous les trois une cour assidue. »

Ce billet, qui est daté du 21 octobre 1820 et que M. de Monclar adressait à M. Pierre Bastiat pour le rassurer sur la santé de son petit-fils, nous montre Frédéric sous un jour nouveau et presque inattendu. Alors que des questions graves et sérieuses paraissaient devoir occuper sa pensée tout entière, nous le surprenons se livrant avec une égale facilité aux plaisirs du monde. C'est bien là Bastiat. Sa nature artiste, son caractère enjoué, son esprit primesautier aiment l'air, le mouvement, la grâce féminine et le charme de la conversation ; et quand il a donné à sa raison la nourriture substantielle qu'elle réclame, il ne goûte jamais mieux les douces joies de l'existence. Frédéric Bastiat ne pouvait être un philosophe morose, encore moins un pessimiste ; ne pressentons-nous pas déjà en lui l'auteur des *Harmonies*, de toutes les harmonies ?

Ainsi qu'il fallait s'y attendre, l'étude de l'économie politique, si elle lui permit de se rendre compte des lois qui régissent les sociétés civilisées, ne lui fut d'aucune utilité au point de vue de la pratique commerciale. Elle eut, au contraire, pour résultat de le ramener, par une pente naturelle, à l'étude de la philosophie et du domaine de la philosophie, il passa incontinent à celui de la religion. C'est alors que l'atteignit une crise morale, qui dura une année entière, crise de doute religieux qu'ont connue et que connaîtront encore les jeunes gens que la passion de la vérité poursuit.

La famille de Monclar-Bastiat n'appartenait pas à cette partie de la société de Bayonne d'où était sorti l'illustre abbé de Saint-Cyran et qui continuait à se distinguer par la rigidité de ses mœurs et l'austérité de sa vie. D'esprit libéral, elle goûtait fort les écrits des encyclopédistes ; elle préférait toutefois Rousseau à Voltaire, dont elle supportait mal la bruyante impiété. Un des fils de M. de Monclar, Eugène, se sentait précisément alors appelé à l'état ecclésiastique par une vocation manifeste. Son père, qui avait tout fait pour « le conduire au point de prendre dans « la société une position honorable, un état où « il eût été si facile d'acquérir à la fois de l'ai- « sance et de la considération », ne voyait pas sans peine les dispositions du jeune homme ; mais il ne combattait pas « ces idées religieuses « qui avaient pris sur son enfant assez d'empire « pour lui faire sacrifier tout aux jouissances « idéales d'un état si opposé au but vers lequel « des soins constants avaient été dirigés (1). »

Frédéric Bastiat vivait dans l'intimité d'Eugène de Monclar. Quand ils étaient tout enfants, ils s'étaient trouvés assis côte à côte sur les bancs d'un petit collège fondé près de Bayonne par l'abbé Meillan. Ils se rappelaient maintenant cette époque où un livre de méditation, *La Journée du chrétien*, avait fait une vive impression sur leur jeune esprit ; et Frédéric, près de son cousin, se sentit d'autant plus entraîné vers les études religieuses que ses recherches philosophiques l'y avaient amené naturellement.

Il abordait, d'ailleurs, la discussion du dogme, non seulement avec un esprit critique aiguisé,

---

(1) Extraits d'une lettre de M. Henry de Monclar à M. Pierre Bastiat.

mais avec le doute incrusté dans l'âme, et ses lettres à M. Calmètes, au confident de ses intimes
pensées, ne nous cèlent rien des agitations qu'il
ressentit. Il n'avait plus la foi, mais il sou-
pirait après elle. Parce qu'il ne savait allier
la grande idée de Dieu avec la puérilité de certaines pratiques, devait-il abandonner une religion dont les beautés avaient séduit un cœur sensible comme le sien ? Etait-il possible que le
christianisme, source de tant de consolations,
vase parfumé de sublime poésie, fût de la pure
mythologie ? Cette vie de Jésus, pleine de tant
d'enseignements; cette médiation de la Vierge,
si touchante ; cette morale évangélique, si haute
et si claire, allait-il les sacrifier sur l'autel de la
froide raison ?

« Et puis ce rapprochement de Dieu et de l'homme,
cette rédemption, qu'il doit être doux d'y croire !
Quelle invention, Calmètes, si c'en est une ! »

Au surplus, par quoi remplacera-t-il la religion ? Quelle morale suivra-t-il ? Et, en admettant que la perfection dans l'entendement, que
la force dans la volonté ne lui feront pas défaut,
qui lui répond qu'il ne devra pas changer demain son système d'aujourd'hui ? Il envie
l'homme qui a la foi, qui a toute tracée devant
lui une carrière qu'il parcourra dans une paix
profonde. Il est ballotté par l'incertitude ; il se
débat au milieu de contradictions. Il en arrive,

enfin, à trouver insupportable l'état dans lequel il vit, à se lasser de recherches qui n'aboutissent à rien.

« Je veux te dire un mot de ma santé, écrit-il le 10 septembre 1821, à l'ami Calmètes. Je change de genre de vie. J'ai abandonné mes livres, ma philosophie, ma dévotion, ma mélancolie, mon spleen enfin ; et je m'en trouve bien. Je vais dans le monde ; cela me distrait singulièrement. »

La crise est terminée. Frédéric Bastiat néglige de faire connaître la solution à laquelle il est arrivé ; mais on sent parfaitement qu'une sorte de compromis est intervenu. De la lutte, il ne sort point athée ; il ne répudie pas la religion dans laquelle il a été élevé ; il ne se met pas hors l'Eglise. Il s'avoue à lui-même son impuissance à concilier la foi et la raison ; il continue à croire à Dieu, à l'immortalité de l'âme, à une justice suprême (on dirait aujourd'hui à une justice immanente) qui récompense la vertu et châtie le vice ; il se réfugie, en un mot, dans une philosophie spiritualiste, et peut-être attend-il du temps la réponse aux questions qu'il s'est posées.

Son esprit s'étant engourdi sur les livres de controverse et de théologie, il éprouva le besoin de s'abandonner aux distractions du monde. N'en doutons pas, il fut très goûté dans les sociétés qu'il fréquenta. De stature moyenne, la taille bien prise et élancée, la démarche souple et alerte, il avait une naturelle distinction que soulignait davantage un maintien réservé. Le teint très mat, le nez régulier mais un peu long, la bouche bien dessinée, des lèvres que nul duvet n'estompait et qui laissaient passer un sourire fin, lui composaient une figure agréable ; mais sa physionomie attirait surtout par le modelé d'un front noblement dégagé et par l'éclat de deux yeux noirs qui, dans le feu de la conversation, brillaient avec une vivacité extraordinaire.

« Ici, mon cher, écrit-il ingénuement à M. Calmètes, tout le monde m'aime. »

Et c'est exact. Qu'il visite les uns ou les autres à Bayonne, on l'accueille avec plaisir, on le choie. Qu'il se rende à Saint-Jean-de-Luz pour traiter des affaires ou à Cauterets pour fortifier sa santé, il charme tous ceux avec lesquels il se trouve (1).

Toutefois, qu'on ne se hâte point de penser que, dans un mouvement de réaction, il se jeta éperdûment au milieu des plaisirs de son âge. Il s'est rendu compte que porter la solitude dans la société est un contre-sens ; mais son âme haute et fière ne se serait pas accommodée de

____

(1) Lettres de M. Justin Bastiat et de M. de Monclar à M. Pierre Bastiat.

vulgarités. Quand, au sortir d'une réunion
d'amis, il aura regagné son logis, il se délectera
dans la compagnie de ses auteurs favoris. Il reprendra Walter Scott, Alfieri ou Racine ; il lira
Paul et Virgine, les lettres de lord Cherster-
field ou une tragédie de Casimir Delavigne. Il
n'abandonnera pas tout à fait les jouissances
sentimentales auxquelles rien ne se peut comparer, ni son désir d'une vie paisible et retirée ;
il en arrivera même à croire qu'en se livrant
un peu au plaisir, il ne veut qu'attendre le moment de l'abandonner.

Aussi, se met-il de nouveau à son apprentis-
sage commercial, qui lui semble toujours devoir
le mener à la fortune. Ne le prenons pas cependant trop à la lettre, lorsqu'il s'écrie qu'il sent
le besoin de l'argent et que son envie d'en gagner
lui donne du goût pour le travail. Que dans une
grande tirade, où il évoque les Fabricius, les
Curius et les Cincinnatus, il réhabilite « le vil
métal », qu'il déclare la fortune honorable, quand
elle n'est plus le fruit du hasard, de la naissance
ou de la conquête, mais le prix du travail, de
l'industrie, de l'épargne, cela est d'un bon économiste ; mais on ne peut en inférer que le goût
du lucre lui est subitement venu. Frédéric Bastiat adorateur de l'aveugle Fortune serait une
absurdité et, quoi qu'il dise, quoi qu'il pré-
tende vouloir faire, son cœur appartient à Clio
et à Euterpe, ses vues ne vont pas au delà du
« château de Plainville. »

Il cherche surtout à se faire illusion à lui-même, car il voudrait répondre à la confiance que sa famille a mise en lui.

A cette époque, la maison Bastiat-Monclar se trouva engagée dans un procès des plus importants. Plusieurs milliers de balles de coton, qu'elle avait envoyées à Santander et à Bilbao, ayant été brûlées au cours de troubles suscités par l'occupation du territoire espagnol, un différend s'était élevé avec l'entrepreneur de transports ; et il avait fallu porter l'affaire devant les tribunaux. Frédéric fut chargé, à cette occasion, de rédiger plusieurs mémoires justificatifs. Ce fut une tâche dont il s'acquitta avec vaillance et à l'entière satisfaction des siens. Dès l'instant qu'on faisait appel à sa plume, à ses qualités de dialecticien, à son esprit géométrique, pour reprendre une expression de Pascal, on était assuré que personne mieux que lui n'était capable de traiter la question et de lever les difficultés. Mais ce fut à peu près à cela que se réduisit tout le concours utile qu'il donna jamais à la maison.

Il devint, d'ailleurs, de plus en plus évident que Frédéric Bastiat ferait un mauvais commerçant, et lui-même en convenait plaisamment lorsque, montrant un petit commis de son oncle, il disait, un jour, à des amis qui l'entouraient : « Voyez cette table rase, il retient tout mieux que moi. » Le fait est que pour un apprenti négociant, il se montrait souvent d'une inexcusable négligence. M. de Monclar ne dût-il pas, certain soir, lui faire porter ce billet à son domicile :

« Mon cher Frédérik, tu manques de mémoire. Je t'ai demandé, plusieurs fois, la copie du compte de recouvrement des assurances d'Amsterdam ; mais tu as oublié de me l'apporter... »

Vers la fin de 1824, Frédéric Bastiat jugea inutile de pousser plus loin une expérience aussi peu féconde en résultats. Il décida qu'il retournerait à l'étude solitaire vers laquelle il se sentait attiré par une force irrésistible et qui lui semblait maintenant la seule voie qu'il dût suivre, la seule raison de son existence ici-bas. Il ne tenait à rien moins qu'à savoir la politique, l'histoire, la géographie, les mathématiques, la mécanique, l'histoire naturelle, la botanique, quatre ou cinq langues, etc., etc. Le programme était vaste ; les moyens d'exécution, peu faciles. Il songea tout d'abord à se rendre à Paris ; n'était-ce pas là, en effet, qu'il aurait toutes commodités pour étudier à son aise ? Suivre des cours le matin, passer les après-midi dans les bibliothèques ; le soir, chez soi, sous la lampe familière, coordonner les notes recueillies et méditer, ce dût être une vision dans laquelle il se complaisait avec délices, lorsqu'il promenait ses rêveries sur les glacis des fortifications ou par les chemins ombragés qui montent vers Saint-Pierre d'Irube. Mais ce beau projet s'évanouit comme un mirage : le grand-

père voyait alors sa santé décliner chaque jour ;
l'éloignement d'un de ses petits-enfants lui eût
été pénible et Frédéric, mis au courant de cette
situation, renonça aussitôt à toute idée de départ.

« Je sais bien, écrivait-il à M. Coudroy, que ce sacrifice n'est pas celui d'un plaisir passager, c'est celui de l'utilité de toute ma vie ; mais enfin je suis
résolu à le faire pour éviter du chagrin à mon grand-
père »

Il ne vit plus qu'une seule solution : aller
s'établir à Mugron « en traînant après lui le plus
de livres qu'il pourrait. » Il entendait bien, toutefois, conduire sa vie suivant ses propres aspirations. Il n'admettrait pas qu'on lui confiât une
partie de l'administration des biens de la famille,
car il retrouverait dans les Landes les difficultés
de Bayonne. Reconnaissant son incapacité à
partager la gestion d'une entreprise, il voulait
avoir la responsabilité tout entière ou n'en avoir
aucune. Il voulait, en un mot, ou se livrer à ses
seules études, ou distribuer son temps entre
celles-ci et l'exploitation d'un petit domaine dont
il serait l'unique maître.

Il partit donc pour Mugron. Il y était à peine
arrivé, que la mort de son grand-père le mit en
possession d'une maison et d'une terre : Frédéric
Bastiat était fixé dans les Landes. Qui eût pensé
qu'il en dût sortir jamais ?

F. B.   3

CHAPITRE III

Mugron. — Bastiat agriculteur

Chouhour, le domaine paternel, ayant été vendu dès 1810, ce fut à Sengresse, propriété de son grand-père, que Frédéric Bastiat s'installa, après avoir procédé à quelques restaurations.

Situé à l'extrémité du village de Mugron, au flanc du côteau qui borde la rive droite de l'Adour, Sengresse domine une agréable vallée qui, vers l'Orient, se perd en capricieuses ondulations. A ses pieds, la terre grasse et fertile nourrit d'abondantes moissons que dore le chaud soleil du Midi et dont l'impétueux vent de Sud avance la maturité. Au delà du fleuve, jadis animé par une batellerie importante, s'étend le riche pays de la Chalosse couvert de productifs vignobles ; et tout de suite, à l'arrière-plan, se dressent les cîmes bleuâtres des Pyrénées si proches, à certains moments, que l'oiseau qui tournoie, le soir, dans les airs, semblerait pouvoir les atteindre d'un coup d'aile. Et les dernières lueurs du jour vont mourir dans cette forêt immense qui, du rivage de l'Océan, s'avance jusqu'aux portes de Mugron, landes mystérieuses qu'emplit une âpre senteur, désert où le pâtre n'entend jamais d'autres bruits que le chant de la cigale et le crissement des aiguilles de pin qui jonchent le sol et se froissent sous les pas.

Frédéric Bastiat allait vivre l'existence qu'il avait rêvée.

La bibliothèque de son grand-père était là, qui lui offrait Augustin Thierry, Condillac, Bentham, Charles Comte, etc., et la collection du *Censeur*.

D'autre part, la vue de la nature qui se déployait devant lui ne pouvait manquer d'enchanter son âme d'artiste ; et son esprit de philosophe devait trouver matière à méditations, au spectacle des moissonneurs se hâtant vers la fin de leur tâche ou des mariniers conduisant vers les villes lointaines les produits d'un sol fécondé par le travail.

L'homme n'entend vraiment bien les voix intimes qui parlent à son intelligence que lorsqu'il a près de lui un confident de sa pensée. Solitaire, il dédouble en quelque sorte son être ; et si, poète, il chante ses joies et ses douleurs, si, théoricien, il fixe sur le papier ses spéculations profondes, c'est pour son autre moi qu'il écrit. Mais, s'il peut faire partager à quelqu'un d'autre qui le comprenne les sentiments qui s'agitent en lui,

il voit le champ de son émotion s'élargir indé-
finiment et il bénit l'amitié.

A Mugron, Frédéric Bastiat avait la chaude
affection de la tante Justine qui « sut lui inspirer
une tendresse vraiment filiale (1) ». Il eut, de
plus, la bonne fortune de trouver une intelligence
émule de la sienne. Victor Calmètes était l'ami
d'enfance et de collège qu'il chérissait comme un
frère ; Félix Coudroy fut l'ami que l'on rencontre
quelquefois à l'âge d'homme, celui dont on ré-
vère la conscience et dont on prise le jugement,
celui qu'on regarde plus comme un conseiller
que comme un compagnon de plaisirs et avec lequel on aspire à vivre une vie purement intellectuelle.

Les deux jeunes gens se connaissaient déjà.
Leur première rencontre datait de 1810, et
M. Coudroy se plaisait à l'évoquer ainsi dans
une lettre qu'il adressait à M. Paillotet, en mai
1863 :

« Quand Bastiat, arrivant de Bayonne, fut conduit
pour la première fois à notre maison par sa tante Justine qui était très intime amie de ma mère, nous
n'avions que neuf ans ; et comme nous étions à nous
contempler et nous observer longtemps et silencieu-
sement l'un l'autre par un sentiment de timidité et de
défiance naturel à cet âge : « Voyons, dit sa bonne

____

(1) *F. Bastiat*, par M. de Foville.

tante, vous êtes-vous suffisamment observés et vous convenez-vous ? »

Et M. Coudroy ajoutait :

« Oui, jamais âmes ne se sont mieux entendues. »

Ils avaient ensuite passé une année ensemble au collège de Saint-Sever ; puis la marche de leurs études les avait aussitôt séparés.

Fils d'un médecin, Félix Coudroy s'était destiné au barreau. Après avoir étudié à l'école de Droit de Toulouse, puis à celle de Paris, il était revenu à Mugron. Son talent et sa science allaient faire de lui un avocat renommé, un jurisconsulte fameux, lorsqu'une maladie implacable « fondit sur lui et le condamna à l'isolement, dans la fleur de l'âge. » Dans cette épreuve cruelle, ce fut à la religion qu'il demanda des consolations.

« Son éducation, dit M. de Fontenay, dans sa notice sur F. Bastiat, ses opinions de famille, plus encore, peut-être, sa nature nerveuse, mélancolique et méditative, l'avaient tourné de bonne heure du côté de l'étude de la philosophie religieuse. Un moment séduit par les utopies de Rousseau et de Mably, il s'était rejeté ensuite, par dégoût de ces rêves, vers la *Politique sacrée* et la *Législation primitive*, sous ce dogme absolu de l'Autorité, si éloquemment prêché alors par les de Maistre et les Bonald... »

Félix Coudroy ne comprenait l'ordre « que

comme résultat de l'abdication complète de toutes les volontés particulières sous une volonté
unique et toute-puissante. » Frédéric Bastiat, au
contraire, croyait déjà fermement au progrès
par la liberté. Ils étaient donc, dans leur façon
d'envisager la solution du problème social, problème dont tous deux ne devaient cesser de s'occuper, aux antipodes l'un de l'autre ; et cependant, dès qu'ils se furent retrouvés, ils eurent,
pour ainsi dire, une existence commune.

Ils passaient presque toutes leurs journées ensemble, se réunissant soit pour causer, ou pour
lire, ou encore pour faire de la musique, car
Coudroy était aussi musicien que Bastiat. Souvent aussi, ils se promenaient en discutant,
comme deux péripatéticiens.

« Tantôt, dit Bastiat dans une de ses lettres, nous
lisions Platon, non pour admirer sur la foi des siècles, mais pour nous assurer de l'extrême infériorité
de la société antique, et nous disions : rassurons-
nous, l'homme est perfectible, et la foi dans ses destinées n'est pas trompeuse. Tantôt nous nous faisions
suivre, dans nos longues promenades, de Bacon, de
Lamartine, de Bossuet, de Fox, de Lamennais, et
même de Fourrier. L'économie politique n'était
qu'une pierre de l'édifice social que nous cherchions
à construire dans notre esprit, et nous disions : il
est utile, il est heureux que des génies patients et
infatigables se soient attachés, comme Say, à observer, classer et exposer, dans un ordre méthodique,
tous les faits qui composent cette belle science. Désormais l'intelligence peut poser le pied sur cette

base inébranlable pour s'élever à de nouveaux horizons. »

Frédéric Bastiat avait ainsi réalisé son *hoc erat in votis*. Mais il avait un esprit débordant d'activité et il ne faut pas croire qu'il bornât le monde à Sengresse, ni qu'il se désintéressât de tout ce qui n'était pas objet de pure spéculation.

Nous le voyons entreprendre, au commencement de 1827, un voyage à Bordeaux, et il profite du séjour un peu long qu'il fait dans cette ville pour se mettre au courant des nouvelles littéraires et scientifiques. Il s'inquiète des dernières publications de Lamennais et de Dunoyer ; il compulse diverses revues ; il fait « la trouvaille d'un vrai trésor », des mélanges de morale et de politique par Franklin, opuscule qui fit sur lui une profonde impression et dont nous constaterons plus loin l'influence sur son esprit ; il s'intéresse à une étude sur le sucre de betterave ; il suit même, trois fois par semaine, un cours de botanique.

Nous le voyons encore, en décembre de la même année, songer à se rendre en Angleterre. Nous le voyons surtout se préoccuper des choses de l'agriculture et chercher à devenir un cultivateur.

M. de Fontenay nous a fait de Frédéric Bastiat agriculteur un portrait réellement peu flatteur et, ajoutons vite, peu exact. Suivant lui, Bastiat au-

rait apporté à Sengresse quelques modifications
dans les procédés de culture ; et le résultat en aurait été médiocre, à raison tant du régime routinier du métayage que de l'incapacité professionnelle du propriétaire.   .

Que Bastiat n'eût pas « les qualités étroites
d'exactitude, d'attention minutieuse, de patiente
fermeté, de surveillance défiante, dure, âpre au
gain » nécessaires à celui qui dirige une exploitation agricole de quelque importance ; qu'il fût
« trop indifférent à l'argent, trop accessible à toutes les sollicitations, pour défendre ses intérêts
propres », nous en conviendrons volontiers. Mais
il ne suit pas de là que les innovations introduites
dans les procédés culturaux usités à Sengresse
aient été malheureuses : lorsque Bastiat préconisait une nouveauté, il s'appuyait sur l'autorité de la science, de même qu'il ne proclamait
une vérité que lorsqu'elle avait passé au creuset
de son intelligence.

Que, d'autre part, le métayer de 1827 fût routinier, nous n'y contredirons pas ; mais il ne l'était
pas à coup sûr plus que le fermier, ni même que
le petit propriétaire cultivateur. Combien y a-t-il
d'années que l'agriculture, en France, est sortie
des voies de l'empirisme ? Le métayage, d'ailleurs, ne mérite point le dédain que certains lui
montrent ; il est, par excellence, l'association
intime du capital et du travail ; bien plus, il est

un contrat de solidarité morale autant que matérielle.

La vérité est que Frédéric Bastiat ne compromit, en aucune façon, la prospérité de Sengresse, par la raison que le domaine était tenu dans un état qui le satisfaisait complètement et ne lui suggéra aucun projet d'amélioration. Sengresse ne comptait que trois métairies : ces trois métairies allaient d'elles-mêmes ; et la surveillance était presque superflue.

Aussi Bastiat trouve-t-il bien vite que si tous ses soins doivent se borner à la culture du mûrier, qu'il désire introduire chez lui, occupation plutôt accessoire qu'essentielle, c'est là un bien faible aliment pour son activité. Il en vient donc à désirer la possession d'un autre domaine et dans une série de lettres écrites au cours des années 1828 et 1829, il fait part de ses projets à M. Henry de Monclar.

Il pense d'abord à acheter une propriété située entre l'Adour et le Gave ; mais celle-ci lui échappe. Son choix se porte alors sur un vignoble.

« Déterminé d'une manière irrévocable, j'espère, à passer ma vie dans ce pays, il y a longtemps, dit-il, que je désire être propriétaire de quelque peu de vignes afin de prendre un intérêt direct à une culture qui intéresse ici tout le monde. »

Le moment, d'ailleurs, lui paraît propice, car

la valeur des vignobles est tombée au dernier degré d'avilissement ; et l'avenir lui semble plein de
promesses, le gouvernement ne pouvant persister
« dans l'absurdité du régime prohibitif et dans la
cruauté des droits indirects. »

N'ayant pu se rendre acquéreur du vignoble
qu'il convoitait, il attend une autre occasion, en
faisant courir ses yeux autour de lui, suivant une
expression qui lui était familière. Au surplus, ce
philosophe, ce théoricien, que M. de Fontenay
nous a présenté comme indifférent à l'argent, que
la tante Justine même jugeait peu propre à traiter les affaires sérieuses et à défendre ses intérêts, se montrait très avisé quand il parlait affaires. Il ne possédait aucun argent liquide ; et cependant il entendait payer comptant, sans contracter d'emprunt hypothécaire : il se tournait
donc vers son oncle, M. de Monclar, et lui demandait, avant d'engager aucuns pourparlers, s'il
pourrait lui avancer personnellement quelques
billets de mille francs à valoir sur ce qui lui re-
viendrait dans la liquidation de la maison de commerce de Bayonne. Nous ajouterons, d'ailleurs, à
l'honneur du neveu et de l'oncle, que Bastiat
trouva toujours chez M. de Monclar l'aide la plus
empressée et la plus affectueuse, au point qu'il
put lui écrire, un jour: « J'ai juré de jouer avec
toi à qui se lasserait le plus vite, moi de te demander, toi de me rendre des services ».

Ce n'était pas assez de toutes ces occupations,

de toutes ces préoccupations ; Frédéric Bastiat suivait de près la politique qui se faisait alors en France. Libéral par tradition de famille et par une conviction naturelle que ses études n'avaient fait que fortifier, il vivait dans un pays où le libéralisme avait poussé des racines nombreuses. N'oublions pas, en effet, que les Landes étaient représentées à la Chambre des Députés par le général Lamarque, et que le fameux *compte rendu* de mai 1832 réunit les signatures des trois députés du département. Bastiat observait donc attentivement les événements qui se déroulaient à Paris, sur la scène politique ; mais si, dans ce que Louis Blanc a appelé la lutte de la bourgeoisie contre la féodalité parlementaire, il partageait les espérances de celle-là, l'esprit de parti ne l'aveuglait point. Il jugeait assez librement les hommes et il apportait dans son appréciation des faits la conscience, l'honnêteté, le sens droit qui formaient le fonds et la beauté de son caractère.

C'est ainsi, qu'au cours de l'année 1829, il fait part à son cousin et à son oncle de Monclar des réflexions que la situation politique du moment lui inspire.

« Mon cher Ulysse,.... Les changements dans notre ministère m'affligent sans me surprendre. Le pouvoir est, en France, un mât de cocagne si énormément rétribué, qu'il ne faut pas s'étonner qu'un grand nombre d'hommes se poussent, s'évertuent, se culbutent, se déchirent pour y arriver. Aussi, pour ce qui me regarde, je suis bien convaincu que les révolutions viennent moins des peuples que des factions ambitieuses qui aspirent au pouvoir et que ce qui entretient les factions, c'est la proie énorme qui excite la cupidité dans toutes les classes. Travailler devient, tous les jours, un métier plus pénible. Gouverner est plus lucratif et infiniment plus commode ; aussi il est naturel que tout le monde gouverne ou veuille gouverner. De là, des luttes interminables dont nous faisons les frais et dont nous sommes victimes. Aujourd'hui, toute ma politique se réduit à cet axiome bien matériel : diminuez l'appât que vous offrez à toutes les ambitions, et tous les maux qui nous accablent s'évanouiront avec *la matière qui les alimente.* »

« Mon cher oncle,... je persiste à penser, et je crois que tu partages mon avis, que du train dont vont les choses, l'avenir est diablement obscur, car si, d'un côté, ceux qui ont la force en main sont résolus à courir les chances d'une lutte, et que, de l'autre, ceux qui ont l'argent en poche veuillent courir celles d'une résistance, qui peut prévoir les résultats? Que cet état de choses est affligeant, surtout quand on pense que tout pourrait bien aller, si nous nous rattachions tous franchement à nos institutions !... »

Le 20 mars 1830, il écrivait encore à M. de Monclar :

« J'ai eu aussi mes petits reliquats de l'hiver : une sciatique bien et dûment conditionnée. J'ai été obligé de me faire frictionner avec des orties. Le remède est amer ; mais il est topique. J'ai été guéri presque sur-le-champ...

« Nous nous occupons ici de politique et nous attendons avec anxiété le dénouement du désaccord qui paraît toujours croissant entre les Chambres et le ministère. Il faut espérer que tout s'évanouira constitutionnellement par un changement de ministres ou une dissolution... »

On sait comment la crise se dénoua : la prorogation de la Chambre après le vote de l'adresse des 221 et la promulgation des ordonnances du 25 juillet aboutirent à une révolution qui secoua toute la France. Si, en effet, Paris avec ses « trois glorieuses » fut le véritable théâtre de l'insurrection, le mouvement se propagea rapidement sur tout le territoire. De Nantes à Lyon, de Lille à Bayonne, le souffle révolutionnaire s'étendit partout ; il souleva littéralement Bastiat au milieu des Landes ; et ce n'est pas sans un certain étonnement qu'on voit celui-ci quitter les régions sereines de la philosophie pour se jeter impétueusement dans la mêlée. A y bien réfléchir, cependant, la conduite de Bastiat s'explique parfaitement. Les ordonnances de Charles X suspendaient la constitution du pays ; elles suspendaient encore la liberté de la presse ; elles organisaient les collèges électoraux sur des bases moins larges que par le passé ; c'était donc la liberté elle-même qu'elles menaçaient et elles ne devaient pas trouver devant elle un adversaire plus résolu ni plus loyal, d'ailleurs, que Bastiat.

Pour défendre une idée, Bastiat, dans tout le cours de sa vie, n'a jamais reculé devant aucun

sacrifice, ni connu aucune compromission, ni
écouté les conseils d'une âme amie du repos et du
calme : le 28 juillet 1830, il estima que sa place
était au milieu des combattants et il partit incontinent pour Bayonne, où le triomphe des idées
nouvelles semblait lent à venir.

Il faut lire les lettres que, de là, il adressait à
M. Coudroy afin de le tenir au courant des événements, pour se rendre compte de l'ardeur, de
l'enthousiasme, de la fièvre dans lesquels il vé-
cut pendant quelques jours. Un beau geste, une
belle parole suffisaient à faire vibrer ses nerfs
à le pâlir d'émotion, comme les notes graves du
violoncelle parviennent quelquefois à arrêter les
battements du cœur et à voiler les yeux d'un
brouillard léger. Ainsi qu'il le dit lui-même, il
était dans une sorte de délire patriotique.

« Mon cher Félix, l'ivresse de la joie m'empêche de
tenir la plume. Ce n'est pas ici une révolution d'es-
claves, se livrant à plus d'excès, s'il est possible,
que leurs oppresseurs ; ce sont des hommes éclairés,
riches, prudents, qui sacrifient leurs intérêts et leur
vie pour acquérir l'ordre et sa compagne inséparable,
la liberté. Qu'on vienne nous dire après cela que les
richesses énervent le courage, que les lumières mè-
nent à la désorganisation, etc., etc. Je voudrais que
tu visses Bayonne. Des jeunes gens font tous les services dans l'ordre le plus parfait ; ils reçoivent et
expédient les courriers, montent la garde, sont à la
fois autorités communales, administratives et militaires. Tous se mêlent, bourgeois, magistrats, avo-

cats, militaires. C'est un spectacle admirable pour qui sait le voir ».

Et il ajoute, n'arrivant point à séparer dans sa pensée la politique de l'économie politique :

« Je n'eusse été qu'à demi de la secte écossaise, j'en serais doublement aujourd'hui. »

Il ne se borne pas, d'ailleurs, à contempler le spectacle que lui offre la place publique ; il prend part aux conciliabules et aux manifestations. Pour entraîner la garnison du château et celle de la citadelle toujours hésitantes, il songe à aller en poste chercher le général Lamarque sur la réputation, l'éloquence et la vigueur duquel il fait fonds. Il va trouver les officiers du 9e « qui sont d'un esprit excellent » et leur fait accepter un coup de main sur la citadelle avec le concours de six cents jeunes gens bien résolus. Avant d'engager l'action, il rédige une proclamation au 7e léger ; et envisageant même l'idée de l'insuccès, il bâtit à la hâte tout un plan pour soulever la Chalosse, la Lande, le Béarn, le pays basque, venir à bout, coûte que coûte, de la garnison et éviter ainsi la guerre civile.

On n'eut heureusement pas besoin de recourir aux moyens violents. Le 5 août, à minuit, il écrit à M. Coudroy :

« Je m'attendais à du sang; c'est du vin seul qui a été répandu. La citadelle a arboré le drapeau trico-

lore. La bonne contenance du Midi et de Toulouse a
décidé celle de Bayonne..... Ainsi, tout est terminé.
Je me propose de repartir sur-le-champ. Je t'embras-
serai demain.....

« Ce soir, nous avons fraternisé avec les officiers
de la garnison. Punch, vins, liqueurs et surtout Béranger, ont fait les frais de la fête. La cordialité la
plus parfaite régnait dans cette réunion vraiment
patriotique. Les officiers étaient plus chauds que
nous, comme des chevaux échappés sont plus gais
que des chevaux libres.

« Adieu, tout est fini. La proclamation est inutile ;
(je ne te l'envoie point)elle ne vaut pas les deux sous
qu'elle te coûterait. ».

La cause de la liberté ayant triomphé, Bastiat regagna aussitôt Sengresse. Nous eussions
aimé à savoir quelles pensées occupaient son esprit sur le chemin de Mugron, alors que la fièvre
de la lutte avait disparu. Nous eussions aimé à
savoir comment il jugeait sa conduite, maintenant que la froide raison avait repris possession
de son être. Ce départ précipité de Bayonne, le
lendemain même de la victoire, était-ce le retour
de Cincinnatus à ses champs ou, comme le ton de
la lettre ci-dessus pourrait le faire croire, la re-
traite d'un désenchanté? Tranchons hardiment la
question: il partit simplement parce que sa présence ne lui paraissait plus nécessaire dans la
ville qui avait enfin reconnu le gouvernement provisoire. D'autre part, le duc d'Orléans allait accepter la couronne qu'un Bayonnais célèbre, le

F. B.   4

banquier et député Laffitte, lui avait offerte ; la Chambre se réunissait pour élaborer une nouvelle charte où elle entendait inscrire le rétablissement de la garde nationale, l'application du jury aux délits de presse, la responsabilité des ministres, la réélection des députés fonctionnaires, l'intervention des citoyens dans la formation des administrations communales et départementales, etc. L'esprit libéral avait donc vaincu et Bastiat, s'il songeait à son entrevue prochaine avec le disciple de Bonald et de Joseph de Maistre, pouvait se présenter non seulement comme l'amant de la liberté, mais encore comme le champion de l'ordre et de l'autorité, les vœux du peuple et les vues politiques du gouvernement étant, suivant l'adresse des 221, la condition indispensable de la marche régulière des affaires publiques.

Rentré à Sengresse, Frédéric Bastiat trouva l'occasion qu'il cherchait depuis quelque temps. Le 3 novembre 1830, il put annoncer à M. H. de Monclar qu'il s'était rendu acquéreur, pour 25.000 fr., payables dans le délai de cinq années, d'un domaine composé de 65 arpents (1) de terre labourable défrichée, d'une quarantaine d'arpents de landes à défricher ; trois paires de bœufs et d'autre bétail étaient compris dans l'acquisition.

------

(1) L'arpent vaut, dans les Landes, 42 ares.

« Année moyenne, dit-il, la propriété donne 18 mesures de grain qui, à 75 francs, font 1.350 francs,
plus les redevances. Il est vrai qu'il y a l'impôt à
payer. Mais quand on considère que ces métairies
sont coupées de rigoles qui n'ont pas été nettoyées
depuis plus de cinquante ans, qu'elles sont dépour-
vues de *l'âme* des propriétés de parc, c'est-à-dire de
fumier, on ne peut s'empêcher d'espérer qu'en faisant seulement ces deux dépenses, le curage des rigoles et les parcs, on ne leur fasse produire beaucoup plus. »

Il est donc décidé à faire ces améliorations, et
il ajoute :

« Cette acquisition (1) m'attache pour toujours à
Sengresse. Dorénavant je ne veux songer qu'à deux
choses que j'ai jusqu'ici négligées : *améliorer* et
économiser... Je sais, d'autre part, qu'il dépend de
moi d'être nommé juge de paix de Mugron ; mais il
ne me convient pas de faire pour cela d'autres démarches que celles que j'ai déjà faites, c'est-à-dire d'annoncer ma candidature pour le cas où en jugerait à
propos de changer le titulaire de l'emploi. »

Le voici donc devenu, selon son rêve, propriétaire d'un domaine qui doit fixer ses occupations;
et il va s'appliquer à devenir un agriculteur con-
sommé. Il « demandera des conseils à des culti-

------

(1) Elle devait avoir pour corollaire un mariage, dit Bastiat dans une autre de ses lettres à M. de Monclar. Bastiat
épousa, en effet, le 7 février 1831, la fille d'un grand propriétaire de Mugron.

vateurs éclairés » ; il voudra « voir par ses yeux ce qu'il n'a fait encore que lire » ; et l'agriculture tiendra beaucoup plus de place qu'on ne nous l'a laissé croire jusqu'ici, dans ses préoccupations, au cours des années qui vont de 1830 à 1844.

M. Paillotet, en effet, a pu constituer tout un dossier avec les ébauches qu'il a trouvées dans les papiers de Bastiat et où voisinent pêle-mêle des fragments sur les frais comparés de la grande et de la petite culture, sur le déboisement des montagnes, la question des vins, les voies de communication, etc. Sans doute, ce sont là des études toutes théoriques ; mais deux cahiers où il notait ses impressions, où il jetait des canevas d'articles et qui portent l'un et l'autre, sur leur première page, la date du 6 février 1832, nous le montrent aux prises avec les difficultés de la pratique. Ils nous renseignent même sur une des raisons majeures qui le firent renoncer à diriger personnellement l'exploitation de son domaine.

Bastiat voulait sortir des voies de l'empirisme et faire de l'agriculture scientifiquement. Or il n'y avait autour de lui personne qui pût lui servir de guide. Quant à la Société d'agriculture de son département, auprès de laquelle il aurait pu chercher des conseils.....

Mais il vaut mieux lui laisser à lui-même la parole.

« L'agriculture, écrit-il, a ce malheur, comme la

médecine et l'économie politique, que tout le monde
croit la savoir sans l'avoir jamais étudiée...

« Dans l'Académie agricole de Mont-de-Marsan,
on trouve de tout, depuis des maréchaux de France
jusqu'à des gendarmes ; on y trouve des juges, des
financiers, des employés des droits réunis, des *Ex-
cellences* et des *Seigneuries*, de tout enfin, hors des
agriculteurs. Nous nous vantons sans cesse d'être le
peuple le plus éclairé de la terre. Je suis trop poli
pour le contester. Mais, je le demande, que dirions-
nous des Turcs, si on nous apprenait qu'ils ont, dans
chaque province, une société philarmonique exclusivement composée de sourds ? »

La Société d'agriculture des Landes distribue
des primes à ceux qui introduisent un beau tau-
reau suisse ou qui plantent mille mûriers ou qui
cultivent le *papaverum somniferum*, etc., etc.

« Si les cultivateurs landais étaient assez fous pour
se laisser séduire par l'appât de ces primes, les uns
changeraient les dimensions de leurs roues, quoique
les routes soient dans le même état, et ne pourraient
faire aucun transport ; les autres banniraient le froment et le maïs, pour faire place aux pavots ; ceux-ci
arracheraient des vignes pour planter des mûriers ;
ceux-là feraient venir à grands frais des taureaux dont
la race ne pourrait que s'éteindre. Tout serait boule-
versé.

« Heureusement, la Société prêche un désert, grâce
à l'esprit de routine dont on nous accuse ; et notre
intérêt est là qui nous avertit de ne pas nous laisser
entraîner à des folies.

« L'espèce humaine est douée de deux facultés qui

semblent se contredire et qui cependant se prêtent un secours mutuel, l'esprit d'imitation et la puissance de l'habitude »

Dans l'un de ces deux cahiers dont nous avons parlé plus haut, nous avons trouvé également le brouillon d'une lettre qu'il se proposait d'adresser à Mathieu de Dombasle et qui expose clairement la cause de ses déboires, en même temps qu'elle nous montre ses desseins. Cette lettre n'est jamais parvenue à son destinataire ; d'ailleurs inachevée et écrite au fil de la plume, on ne pouvait songer à la faire passer dans les *Œuvres complètes* de Bastiat. Mais on nous saura peut-être gré d'en donner ici les premières lignes qui portent bien la marque de l'esprit humoristique de Bastiat et ne sont pas sans intérêt pour le biographe.

« Monsieur, ayant depuis longtemps le projet de me livrer à l'agriculture, j'ai longtemps dévoré les livres concernant cet art qui me tombaient sous la main. Dans les premiers temps, j'en fus enchanté, car ils me montraient dans l'agriculture des *harmonies* faites pour séduire. Ils m'apprirent à jargonner passablement sur les assolements et les prairies artificielles ; je m'aperçus que mes théories enchantaient quelquefois mes auditeurs et je me crus, un instant, un profond agriculteur. Mais quand je voulus commencer mes entreprises, je vis bien qu'il fallait savoir autre chose que ce que j'avais puisé dans mes brochures et mes journaux ; je fus assez sage pour m'arrêter jusqu'à plus ample instruction.

« Ayant fait un voyage dans une des grandes villes de nos provinces (1), j'eus occasion de connaître la cause du vide qui existe dans les livres dont je parle, car ayant cherché à faire connaissance avec quelques-uns de leurs auteurs, on me présenta, à ma grande surprise, à des douaniers, à des avocats, à quelques demi-savants, tous membres de sociétés agricoles, horticoles, philomatiques, polytechniques, etc., etc., tous glissant rapidement sur les labours, les hersages, les semis, choses qu'il m'intéressait fort de savoir, et dissertant longuement sur le *pinus laricio* ou sur (2)..., dont pour le moment je ne me souciais guère. Je me convainquis alors que ces sociétés sont bien peu utiles aux progrès réels de l'art, plus propres peut-être à égarer qu'à guider les amateurs de réformes (seuls lecteurs de ces ouvrages).

On y sait comme vont lune, étoile polaire,
Vénus, Saturne et Mars, dont je n'ai point affaire ;
Et dans ce vain savoir, qu'on va chercher si loin,
On ne sait comme va mon pot, dont j'ai besoin.

« Un de vos ouvrages me tomba sous les mains. Je vis d'abord qu'en le comparant aux pratiques de mon pays, je pouvais y puiser ce que je désirais tant, une instruction pratique et capable non seulement d'inculquer quelques théories, mais de me guider dans l'exécution.

« Mais comme vos pratiques sont principalement applicables aux climats septentrionaux, j'espère, Monsieur, que vous ne me trouverez pas indiscret en

----

(1) Bastiat veut parler ici de Bordeaux.

(2) Ici un blanc, Bastiat n'ayant pas trouvé immédiatement le nom d'arbre ou de plante bizarre qu'il voulait placer à côté du *pinus laricio*.

vous demandant quelques conseils propres à me guider dans la culture que je veux entreprendre sous une température un peu différente.

« Avant tout, permettez-moi de vous exposer l'état actuel de la culture de mon pays.

« Je ne pourrais vous donner une description scientifique de la nature de notre terre, car j'ai reçu une brillante éducation et, par conséquent, on a évité de m'enseigner rien de ce qui aurait pu m'être... utile.

Et l'on sait tout chez moi, hors ce qu'il faut savoir. »

Suivent, en cinq grandes pages, la description telle quelle du terrain, des renseignements sur l'assolement usité dans les Landes, sur les instruments dont on se sert, les cultures auxquelles on s'adonne ; et il en vient au système qu'il voudrait mettre en pratique.

Mais Bastiat agriculteur ne s'est pas encore révélé tout entier à nous. Dans un autre de ses cahiers, daté de février 1843, nous le surprenons cherchant à clarifier une idée que les circonstances du moment lui ont suggérée, une idée qui est d'ordre essentiellement pratique, qui est marquée au coin de l'esprit le plus avisé et qu'on est tout étonné de ne point trouver encore réalisée, à ce début du XXe siècle où nous sommes.

Il avait eu, un moment, la pensée d'amener ses métayers « à la grande culture alterne, d'après les procédés les plus perfectionnés » ; mais il l'avait aussitôt abandonnée.

« Indépendamment, explique-t-il, de l'énorme difficulté de cette entreprise, de l'éternel état de lutte où
elle me placerait à l'égard des colons, lutte dans laquelle j'étais à peu près sûr d'être vaincu par la résistance ouverte et plus encore par la force d'inertie,
je me serais fait un scrupule de forcer ces laboureurs
à renoncer à leur mode de culture. Quelle que soit ma
foi entière dans la supériorité du système de culture
alterne, alors qu'il est bien conduit, je ne me dissi-
mulais pas que dans des essais qui auraient pour directeur une volonté inexpérimentée et pour exécuteurs des volontés malveillantes, les résultats immé-
diats pourraient bien être désastreux, et je ne me
croyais pas le droit d'associer à mes pertes une classe
d'hommes hors d'état de les supporter. Je me félicite
aujourd'hui d'avoir reculé devant toutes ces combinaisons. C'est faire preuve de force que de vaincre
les obstacles ; mais c'est aussi faire preuve de sa-
gesse que d'éviter une lutte dans laquelle les chances
de succès sont fort douteuses. »

Il examine alors s'il ne devrait pas distraire de
son domaine, autour de la maison d'habitation,
une dizaine d'hectares qui seraient divisés en un
grand nombre de soles. Sur cette exploitation, il
ouvrirait une *école de métayage* où se formeraient, sous la direction d'un savant professeur,
d'excellents colons et pour laquelle il recruterait
dans les meilleures familles de la région une
quinzaine d'enfants de dix à douze ans.

Mais la cause est entendue : Bastiat ne fut jamais un véritable agriculteur ; encore moins
fonda-t-il à Mugron une école de métayage. Et

M. Coudroy, qui a documenté M. Paillotet sur ce point, suffit à régler la question en quelques mots.

« Sa vie agricole, disait-il, n'a été qu'un élan d'un moment ; il ne s'est jamais adonné sérieusement à la culture. Cette persévérance, ce travail assidu, ces soins minutieux et de tous les instants, cette surveillance active qui sont les conditions indispensables du succès dans cette carrière étaient les qualités les plus opposées à son caractère un peu paresseux, négligent, distrait, oublieux et pouvant difficilement se plier à une règle. »

M. Coudroy aurait pu ajouter qu'avec son goût pour le mouvement qui le poussait si souvent tantôt sur la route de Bayonne ou des Pyrénées, tantôt sur celle de Bordeaux, Bastiat fût devenu difficilement un *cultivateur cultivant* ; il eût été, en tous cas, plus près de la vérité, s'il avait donné à entendre que la cause la plus sûre des échecs en agriculture de son *alter ego*, ce fut le manque de capitaux. La culture de la terre, autant que les autres industries, sinon plus, exige des avances de fonds ; et Bastiat répugnait à contracter un emprunt pour se lancer dans une œuvre que sa santé toujours chancelante ne lui permettrait peut-être pas de poursuivre jusqu'au bout.

L'agriculture, naturellement, ne suffisait pas à l'absorber tout entier. Son esprit, toujours en travail, se portait sur mille objets divers ; et sa pensée, à cette époque de sa vie, revenait souvent vers cette maison de Bayonne, à laquelle il voudrait bien être utile, ne serait-ce que pour reconnaître, d'une manière effective, l'affection dont M. de Monclar n'a cessé de lui donner maintes preuves. C'est ainsi qu'il écrit à son oncle, à la fin de 1830 :

« J'avais toujours oublié de te dire que j'étais surpris que tu n'essayasses pas de savoir si les circonstances ne seraient pas favorables à une liquidation avec le Portugal. Voilà M. Laffitte président du Conseil. Il me semble qu'une pétition à la Chambre, qu'on n'adresserait qu'après avoir consulté M. Laffitte, pourrait avoir du succès. Si j'avais de l'argent de reste, je t'offrirais bien d'aller le voir et de lui exposer l'affaire. Je suis convaincu que le général Lamarque et le général Cardenau m'appuieraient aussi. Il ne s'agirait que d'imprimer un exposé bien clair et d'en remettre un exemplaire à chaque pair et à chaque député. Si la pétition était bien accueillie, peut-être s'offrirait-il des acheteurs. Du reste, j'ai la presque certitude d'un bon accueil de la part de M. Laffitte ; du moins, dans mon dernier voyage, il me traitait fort bien et depuis il a répondu affectueusement à deux lettres que j'ai eu occasion de lui écrire... »

Et on a prétendu que Frédéric Bastiat était dénué de tout esprit pratique !

Dans une seconde lettre, adressée quelques jours plus tard de Bordeaux, où certaines circonstances l'avaient obligé à se rendre, il revient sur la même idée en la précisant et en la développant. Bien que cette lettre soit un peu longue, on nous permettra de la publier presque *in extenso* : la netteté de l'exposition et la vigueur de l'argumentation en font un morceau que nous nous reprocherions de laisser inédit.

« Mon cher oncle... L'idée m'est venue que peut-être le moment serait favorable pour faire réussir ou du moins pour faire admettre notre réclamation sur le Portugal. Il me semble que nous aurions bien tort de laisser échapper des circonstances qui, sans doute, ne se reproduiront jamais. La conclusion du procès des ministres donne au gouvernement une grande force. Un homme que nous connaissons et qu'il est facile d'aborder est Président du Conseil ; le ministre des Relations extérieures est son ami intime et nous sera aussi accessible. Voilà des circonstances bien avantageuses. Ce n'est pas tout. Notre gouvernement est intéressé à prendre un langage hautain envers le gouvernement portugais, et peut-être sera-t-il bien aise d'avoir des réclamations à lui faire ou à lui opposer. Nous ne sommes plus au temps où notre Cabinet sympathisait si complètement avec Don Miguel. Une guerre peut même avoir lieu et lorsqu'ensuite viendront les négociations de paix, de quel avantage ne serait-il pas pour nous que nos réclamations fussent adoptées par notre gouvernement pour les faire entrer au nombre des conditions. En un mot, plus je pèse les motifs, plus il me semble, qu'à une époque où les Cabinets se succèdent avec tant de rapidité, nous ferions une faute énorme de ne pas nous occuper de notre affaire pendant que le ministère est occupé par un Bayonnais que nous connaissons tous les deux.

« Malgré que je sois bien nul pour les affaires, je viens te proposer, ainsi qu'à M. Chegaray, d'aller passer deux mois à Paris pour essayer au moins de faire admettre cette réclamation. Si vous m'envoyez des notes circonstanciées ou mieux encore un petit mémoire, j'en ferai plusieurs copies et je vous promets que MM. Laffitte, Sébastiani, Lamarque en auront, avec des explications verbales. Quant à moi, s'il n'y avait pas de raisons qui s'y opposassent, je serais même d'avis d'employer l'arme la plus puissante et la plus loyale des temps modernes : la *Publicité*. Je voudrais qu'une pétition aux deux Chambres fît connaître notre position aux députés et aux journaux ; je ne doute pas qu'elle inspirerait de l'intérêt et la politique s'en emparerait pour lui donner de l'importance. J'ai vu Emile Dutroyat occuper, à Paris, toute la législature d'une affaire de laines moins importante. Il est vrai qu'il fut lui-même visiter chacun des 430 députés et tous les pairs de France. Je me sentirais de force à user du même moyen, si cela m'était conseillé, ou, du moins, à remettre moi-même la pétition, en la recommandant, aux orateurs les plus influents. Si, comme je n'en doute pas, elle était renvoyée au ministre des Affaires étrangères, ce serait, pour l'avenir, un pas décisif de fait. Pèse donc ces motifs, les chances de succès, l'opportunité de ces démarches et, si tu penses comme moi, envoie-moi les notes, la pétition, des lettres de recommandation pour M. d'Argout et pour quelque bon jurisconsulte. Je me mettrai en route sur-le-champ... »

L'insistance avec laquelle Bastiat pressait son oncle d'agir montre que cette réclamation sur le gouvernement portugais était d'une importance assez grande. En effet, vers le même temps que la maison Bastiat-Monclar éprouvait des pertes sensibles en Espagne du fait de la guerre, elle se trouvait victime des dissensions intestines qui révolutionnaient le Portugal. Tout un chargement de balles de coton qui se dirigeait par terre vers Bayonne avait disparu entre Lisbonne et Badajoz.

Il s'agissait donc d'obtenir du gouvernement portugais la réparation du dommage causé, en même temps que la restitution des droits de douane à l'exportation perçus dès le départ du convoi ; et jusqu'alors toutes les réclamations avaient été inutiles. Ainsi que le sentait Bastiat, le moment était tout à fait propice pour intéresser le Cabinet français à la solution de l'affaire : six mois plus tard une escadre française devait paraître devant Lisbonne. Mais M. de Monclar n'approuva pas le plan qui lui était proposé. Ajoutons, toutefois, que le Portugal ayant accepté les conditions que lui imposa l'amiral Roussin et parmi lesquelles figurait la reconnaissance d'indemnités à fixer contradictoirement pour dommages occasionnés au commerce français, la maison Bastiat put — dix ans plus tard — faire admettre une créance de 33.715.250 reis (185.400 francs au cours du change de l'époque) ; mais ce fut en vain qu'elle réclama la restitution des droits de douane.

Ses occupations agricoles, le souci des inté-

rêts de la maison de Bayonne n'empêchent pas
Bastiat on le voit, de regarder attentivement ce
qui se passe sur la scène politique ; et le moindre
fait, le moindre évènement est pour lui matière à
réflexions aussi justes que saines. Un nouveau
voyage qu'il fait à Bordeaux, en mars 1831, lui
donne, par exemple, l'occasion d'écrire ces lignes à M. de Monclar :

« Je suis venu passer quelques jours avec Justin,
pensant qu'au milieu de la crise commerciale qui dé
sole Bordeaux ma présence pourrait contribuer à le
distraire ; mais il faudrait être bien aimable pour atteindre ce résultat, car cette ville est bien triste par
suite de l'état de suspension où se trouvent presque
toutes les fortes maisons. Dieu veuille que la *force*
dont nos ministres sont disposés à s'entourer envers
un parti que leur imagination a créé pour se donner
la gloire de le combattre et leur *faiblesse* envers les
ennemis redoutables du dehors et du dedans, aient
tous les bons effets qu'ils en espèrent ! Ici on est dans
le calme le plus parfait ; l'ordre règne partout ; la
population et les partis y sont dans la plus profonde
tranquillité ; et malgré cela, les affaires ne repren-
nent pas, preuve assez forte que le mal n'est pas là.
Une chose me surprend, c'est que la tactique de Buo-
naparte qui, chaque fois qu'il voulait augmenter son
pouvoir, répandait des terreurs chimériques en
France, n'ait pas ouvert les yeux aux Français et
que ceux-ci soient toujours prêts à éprouver des pa-
niques, au point qu'il n'a fallu que mettre en avant
deux cents jeunes gens sans armes dans une ville
d'un million d'habitants pour faire faire à la contre-
révolution d'immenses progrès consentis par la majo-

rité des Français. Auras-tu donc toujours des yeux
pour ne pas voir, peuple ? »

Pour une âme noble et généreuse, constater
l'aveuglement du peuple, c'est désirer dessiller des
yeux qui demeurent obstinément fermés. Voici,
donc, que Frédéric Bastiat, un mois plus tard,
envisage l'éventualité de sa nomination comme
député du troisième arrondissement des Landes.
Sa candidature a été posée par des jeunes gens
qui partagent les opinions de la gauche ; elle n'a
guère de chances, lui semble-t-il à lui-même, car
comment un homme qui est « privé de talents re-
marquables, de fortune, d'influence et de rapports » et qui a pour principe de ne solliciter —
ni de refuser — aucun mandat, pourrait-il réussir ? Mais il avoue à son ami Calmètes que si le
choix se porte sur lui, il en éprouvera une grande
joie « parce que, dit-il, je ne soupire aujourd'hui
« qu'après le triomphe des principes qui font
« partie de mon être, et que si je ne suis pas sûr
« de mes moyens, je le suis de mon vote et de
« mon ardent patriotisme. »
Ainsi qu'il le supposait, le Congrès ne se mit
pas d'accord sur son nom, le collège électoral de
Saint-Sever, suivant son expression, ayant cherché un patron plutôt qu'un représentant. Les
Landes y perdirent de n'avoir pas, dès 1831, un
député qui sût en quoi consistaient les véritables
intérêts du peuple ; Frédéric Bastiat y gagna

quelques années de plus de travail qui lui permirent de faire pour la cause de la liberté et pour la gloire de la France plus que s'il était allé siéger sur les bancs de la Chambre.

A la vérité, ses compatriotes n'eurent qu'à se féliciter de l'avoir conservé au milieu d'eux. Nommé, en effet, juge de paix du canton de Mugron en mars 1831, appelé au Conseil général, l'année suivante, il put mettre ainsi à leur service exclusif, dans les deux fonctions qu'il eut à remplir, tous les trésors de son esprit et de son intelligence.

F. B.

CHAPITRE IV

Frédéric Bastiat juge de paix et conseiller général. — Ses premiers écrits

Frédéric Bastiat simple juge de paix ! Il le fut pendant quinze années ; et jamais magistrature ne pouvait être occupée par quelqu'un qui fût plus digne ni qui comprît mieux les devoirs que la charge lui imposait. Il n'avait peut-être pas — et, en cela, il ressemblait certainement à nombre de ses collègues — des connaissances juridiques très étendues ; il concevait en tout cas la portée élevée des modestes fonctions qui lui étaient dévolues ; il se rendait compte du bien qu'il était presque journellement appelé à faire ; et son esprit ferme, droit, loyal était un sûr garant de l'excellence de ses jugements. D'ailleurs, voici comment le substitut du procureur général d'une de nos Cours d'appel a envisagé la façon dont Bastiat pouvait s'acquitter de sa magistrature :

« Que lui manquait-il pour la bien remplir ? Grand propriétaire du pays, d'une famille estimée, possédant cette fortune qui, dans les populations rurales, accroît le prestige et l'influence, connaissant tous ses justiciables, initié à leurs intérêts comme à leurs usages, sans ambition, mettant toute sa récompense dans le bien qu'il pouvait faire, il n'est pas de conditions meilleures. Le respect fut grand ; le mandat fut facile ; l'autorité du juge grandit celle des lois ; son désintéressement ne permit pas de soupçonner sa justice ; et souvent le plaideur écouta le conseil par affection pour son juge (1). »

Non seulement Frédéric Bastiat était estimé ; il était universellement aimé et, bien qu'il eût passé sa jeunesse loin des Landes, il était considéré comme un véritable enfant du pays. Ses concitoyens, à de très rares exceptions près, ne pouvaient guère avoir une pleine conscience de sa valeur; ils pouvaient encore moins deviner les destinées qui l'attendaient; mais ils reconnaissaient en lui le digne rejeton d'une famille respectée. Il adorait son village, autant que celui qui n'avait jamais perdu de vue le clocher de Mugron. Il possédait toutes les qualités de force, de souplesse, d'agilité qui distinguent la race. N'avait-il pas, un jour de fête, devant un public nombreux, sauté *à pieds joints et avec un pantalon à sous-pieds* une jeune vache landaise ! Nous gageons que cette prouesse, qui lui valut une

----

(1) Paul Gardelle, substitut du procureur général près la Cour d'Appel de Pau. Discours de rentrée du 4 novembre 1879.

chaude ovation, était plus de nature à faire vibrer le patriotisme local qu'une page brillante des *Sophismes Economiques.*

S'il prenait ses fonctions au sérieux, nous ne l'imaginons point, toutefois, rendant la justice dans des formes solennelles dont sa vivacité et son entrain se fussent mal accommodés. Quand, plutôt que de se rendre au prétoire, deux plaideurs montaient à Sengresse lui exposer leur différend, nous le voyons volontiers dans une pose qui lui était familière : assis à cheval sur une chaise, les coudes appuyés sur le dossier, ses doigts effilés soutenant son menton, il regarde de bas en haut ses interlocuteurs en suivant attentivement l'exposé qu'on lui fait.

Tenait-il son audience publique, sa manière de juger, à en croire M. Frédéric Passy, restait originale : « Tout en taillant quelque morceau de bois et en battant la mesure avec un couteau d'ivoire, parfois même en couvrant son papier de bonshommes à l'instar des écoliers, il laissait chacun s'expliquer comme il voulait. Puis, quand il avait entendu les parties, il réfléchissait un instant, relevait la tête et prononçait sa petite sentence, sans se mettre beaucoup en peine de l'étayer sur des considérants juridiques. On ne demandait pas en vertu de quel texte il avait prononcé ; il avait jugé selon le bon sens et l'équité, cela suffisait. »

Il est vrai que M. Coudroy a mis à ce tableau

une ombre ou plutôt une légère grisaille : « Quoiqu'il ait conservé ses fonctions de juge de paix jusqu'en 1847, lisons-nous dans une de ses lettres à M. Paillotet, cela n'allait pas davantage (que l'agriculture) à ses goûts ; il fesait (*sic*) des absences fréquentes, et il fut bien des années où son suppléant siégea plus souvent que lui. » Mais c'était une des caractéristiques du tempérament de Bastiat de ne pouvoir rester en place.

Son esprit, d'ailleurs, pas plus que sa personne, ne pouvait souffrir le repos. « Je fis bâtir. « Après le goût de la truelle vint celui des che- « vaux, puis celui de l'agriculture, puis celui des « voyages, Paris, mon idée, mes livres (1)... »

Chez Frédéric Bastiat, idées, projets, travaux se succèdent sans interruption, quand ils ne s'enchevêtrent pas les uns dans les autres; mais son intelligence est si bien ordonnée et si puissante qu'elle sort toujours plus lumineuse de cette agitation et de cette confusion. Qu'aujourd'hui il lise et annote Werther, qu'il pleure avec l'amant infortuné de Charlotte et s'exalte devant la peinture de l'amour, il pensera demain à arrêter la décadence de la Chalosse, ou songera à monter une nouvelle entreprise de transports par bateaux sur l'Adour. Mais quoi qu'il fasse, quoi qu'il projette, il ne se passionne que pour le beau,

----

(1) Lettre adressée de Rome à M. Chegaray, député de Bayonne (1850).

le bien, le vrai ; et là est le secret de la fécondité de
sa pensée comme de l'utilité des efforts variés
qu'il tente.

Donc, ses fonctions de juge de paix, son mandat de conseiller général ne le détournent point
de ses occupations ordinaires ni de ses études fa-
vorites. Tel nous l'avons vu, en 1824, quand il
aspirait à apprendre toutes les sciences, tel nous
le retrouvons, passant avec M. Coudroy d'un
livre à un autre, lisant au hasard les revues, les
journaux qui parvenaient à Mugron.

Souvent, sur un sujet d'économie politique ou
de morale, sur une idée, sur un mot même, les
deux amis engageaient une longue et ardente
discussion. Mais l'accord parvenait toujours à
se faire, et lorsque la question était ainsi traitée
à fond, vidée si l'on peut dire, il n'était pas rare
que Bastiat ou Coudroy, Bastiat plus souvent que
Coudroy, se mît à sa table, condensât en quelques pages le résultat du débat et..... ensevelît le
manuscrit dans un tiroir. Ces deux jeunes gens,
en effet, qui avaient l'un et l'autre une intelligence
supérieure et qui se reconnaissaient l'un à l'autre une certaine maîtrise, élucidaient les questions les plus élevées pour le simple plaisir d'arriver à la vérité. Ils ne travaillaient point pour le
public, mais pour eux-mêmes, sans aucun souci
de notoriété, encore moins de gloire. Et, lorsqu'ils étaient arrivés à des conclusions qui ou-
vraient des aperçus nouveaux et ingénieux sur

une question controversée ou qui battaient en brèche des opinions jusqu'alors reçues, ils ne se considéraient pas comme des génies méconnus, parce que, fixés à Mugron, ils ne se trouvaient pas sur une scène qui leur permît de devenir illustres. Une seule fois, nous surprenons Bastiat à récriminer sur l'obscurité qui semble devoir toujours couvrir leurs travaux ; c'est lorsqu'une brochure que M. Coudroy s'est décidé à publier sur le duel reste incomprise ; mais, on le voit, ce n'est pas pour lui-même qu'il proteste, et seule l'amitié l'a conduit à des réflexions amères.

Durant plusieurs années, ce fut une collaboration incessante entre Frédéric Bastiat et M. Coudroy. Et elle fut si étroite et si intime qu'on a pu se demander quelle est dans l'œuvre de Bastiat la part de Félix Coudroy. N'oublions pas, en effet, que si les premiers *Sophismes économiques* ne furent publiés qu'en 1844, ils furent écrits pour la plupart à Mugron, de 1830 à 1840. Les *Harmonies* elles-mêmes furent conçues à Sengresse et, fait caractéristique, Bastiat les médita le violoncelle en main ; or, quand elles parurent, n'écrivit-il pas à M. Coudroy : « Mon cher ami, je ne te dédie pas cet ouvrage ; il est autant le tien que le mien » ?

On peut faire cependant le départ de ce qui, dans leur travail commun, revient à chacun d'eux.

« Pardon si je parle de moi, disait M. Coudroy, en
1850, dans une de ses lettres à M. Paillotet. Tout en
reconnaissant bien franchement la supériorité de mon
excellent ami, il m'est presque impossible de faire
l'histoire de l'esprit de l'un sans toucher à celle de
l'autre. Est-il étonnant ? Partis du même point, nour-
ris des mêmes lectures, toujours en communication
de pensée et de sentiments, nos esprits ont nécessairement suivi le même développement en tenant
compte de leurs forces respectives. Semblables en
quelque sorte à deux rivières qui ont pris naissance
à la même source et qui ont suivi longtemps des lignes parallèles, leurs eaux se sont souvent mêlées ;
mais l'une, ayant reçu une impulsion plus forte et un
volume plus considérable, arrivera à la mer ; l'autre
ira se perdre dans les sables stériles. »

Forme littéraire à part, il n'y a rien à repren
dre dans les lignes qui précèdent.

Treize années plus tard, M. Coudroy, au déclin
de sa vie, écrivait encore à M. Paillotet :

« Que les admirateurs de Bastiat ne veuillent pas
oublier mon dévouement à la science économique et
le peu que j'ai fait pour elle dans mon obscurité
quand ce ne serait qu'en soutenant Frédéric dans le
cours de ses longues études. Car je vous le dis avec
une grande sincérité, et j'ai quelque honte de le dire
aujourd'hui que mon ami est devenu si grand et m'a
laissé si fort derrière lui, j'ai toujours eu une très
forte influence sur ses idées de toute sa vie. »

Nous devons bien, en effet, un souvenir ému
à ce fidèle compagnon d'étude de Bastiat. Ne lui

devons-nous pas également quelque reconnaissance non pas pour avoir formé le génie de l'économiste landais — ce serait trop dire — mais pour l'avoir soutenu et surtout pour le lui avoir révélé à lui-même ?

Et voici comment ces deux intimes travaillaient.

Une fois que l'esprit curieux de Bastiat s'était mis en face d'un problème à résoudre, M. Coudroy, qui, à l'encontre de son ami, avait une très grande puissance de lecture, se chargeait de la documentation. Les matériaux réunis, la discussion s'ouvrait ici ou là, sous une charmille ou sur la grand'route, au milieu d'une séance de musique ou à la fin d'un déjeuner. Félix Coudroy, calme et pondéré, commençait à exposer la question ; mais Bastiat, fougueux et impatient, lui coupait vite la parole ; il s'élevait, tonnait plutôt, contre l'opinion rapportée, affirmait avec feu l'opinion contraire et partait en un long monologue où les saillies abondaient et où le raisonnement par l'absurde triomphait. L'édifice par terre, il fallait reconstruire. C'était là, où celui que M. de Fontenay a justement appelé « le volant régulateur » intervenait avec fruit : ne se laissant point éblouir par l'esprit de Bastiat, il éprouvait la solidité des arguments qu'une forme brillante et séduisante revêtait, il prenait, rejetait, corrigeait, atténuait, renforçait. Et quand Félix Coudroy s'était déclaré satisfait, si le sujet leur semblait mériter quelque importance, il ne restait plus qu'à prendre la plume. Bastiat retrouvait alors toute sa supériorité ; il écrivait de la façon que l'on sait, faisant de l'économie politique le contraire d'une littérature ennuyeuse : M. Coudroy n'avait qu'à s'effacer devant lui. De M. Coudroy, au surplus, nous donnons plus loin (1) un article sur la Liberté et le Monopole : ce morceau, que Bastiat aurait trouvé moyen de réduire de moitié et auquel il aurait donné plus de grâce et de légèreté ne sera jamais pour celui qui le lira qu'une imparfaite imitation d'un des Sophismes du Maître.

Dans ses cahiers, Bastiat accumula ainsi notes sur notes, fragments sur fragments, des réflexions sur la liberté des échanges, sur la perfectibilité de l'homme, sur quelques passages de J. B. Say, sur la religion, etc., des ébauches que, pour la plupart, il reprendra dans la suite et qui sont le *substratum* de son œuvre (2). Il se laissait aller, en même temps, à donner quelques articles à des journaux locaux, notamment à *La Chalosse*, feuille qui s'imprimait à Saint-Sever, et à la *Sentinelle des Pyrénées* que M. Lamaignère venait de fonder à Bayonne.

----

(1) Voir à l'*Appendice*, page 277.

(2) Il nous a paru intéressant de publier une de ces ébauches, *de la Certitude*, qui est un modèle de dialectique et de concision. Le lecteur la trouvera à l'*Appendice*, page 284.

Il débuta, comme publiciste, par un article en faveur des réfugiés polonais (1).

La discussion, au Conseil municipal de Bayonne, d'un projet relatif à la création d'un nouveau collège, lui fournit ensuite l'occasion d'exposer publiquement ses idées sur le système d'éducation qui lui semblait le meilleur. Ceux qui nous remplaceront, expliquait-il à ses concitoyens, ceux qui nous succèderont au comptoir et à l'atelier, au champ et à la vigne, au bivouac et au tillac, sont le nombre à côté de ceux qui seront appelés à moraliser et à éclairer, à développer et à perfectionner les institutions et les lois : un peu de latin, à titre d'utile accessoire seulement, et beaucoup de mathématiques, beaucoup de physique, de chimie, de langues vivantes, etc., feront d'entendus agriculteurs, d'habiles industriels, de parfaits commerçants, de savants officiers. On l'a reconnu : ce que Bastiat préconisait ainsi, c'était le plan des études de Sorèze dont il avait pu apprécier l'excellence et qu'il ne cessera jamais de réclamer pour tous les jeunes Français. Chaque fois qu'il le pourra, en effet, Bastiat partira en

______

(1) On trouve dans les cahiers de Bastiat une ébauche assez singulière sur les affaires de Pologne. C'est sous le titre, les *Six corsaires*, et sous la forme d'une pièce de théâtre, la critique de l'abandon dans lequel la France a laissé le peuple polonais. La scène se passe en pleine mer, à bord du vaisseau *le Moscovite* entouré des bateaux corsaires que l'on devine.

guerre contre cette prétention de l'Université de faire du latin et du grec le fonds de l'instruction donnée à tous les enfants indistinctement ; il demandera à cor et à cris cet enseignement moderne que nos lycées et nos collèges sont enfin arrivés à dispenser aujourd'hui ; et pour démontrer « l'absurdité » du système qu'il voudra renverser, il n'hésitera pas à se mettre lui-même en scène, comme il le faisait dans son projet de lettre à Mathieu de Dombasle, au risque de tomber dans des contradictions, d'oublier son passage à Sorèze et de se calomnier lui-même. Il en arrivera dans l'ardeur de la lutte, à dépasser le but, car *Baccalauréat et Socialisme*, qu'il écrira en 1849, ne parviendra pas à nous convaincre que les humanités conduisent tout droit au partage de la propriété et à la « socialisation » des moyens de production. Nous lui eussions, par contre, donné notre assentiment sans réserve, s'il se fût borné à incriminer le seul droit romain d'où est sorti le droit français actuel. Lorsqu'on croit, avec les anciens Romains, que l'ordre social est une création du législateur, on ment à ses origines en proscrivant le socialisme et le communisme.

Un compte rendu d'une brochure de M. Coudroy sur le duel, des réflexions sur les pétitions de Bordeaux, du Havre et de Lyon relativement aux droits de douane figurent encore parmi les plus anciennes publications de Frédéric Bastiat.

Mais ce n'est pas à cela certainement que se borna sa production littéraire de 1830 à 1840. Il savait « trousser un article » comme le plus expérimenté des journalistes ; le moindre événement lui étant une occasion de lancer des vérités de par le monde, il dut profiter souvent de l'hospitalité qu'il était sûr de trouver dans les journaux de la région. Et lorsqu'on feuillette la collection de la *Sentinelle des Pyrénées*, par exemple, il n'est pas rare de rencontrer un entrefilet, une variété politique ou économique d'une facture telle, qu'on ne s'aventurerait pas beaucoup en soutenant qu'ils sont sortis de la plume de Bastiat.

Au mois de juin 1840, Frédéric Bastiat rompit encore une fois la vie sédentaire qu'il menait à Mugron. Il ne s'agissait plus d'aller passer quelques semaines à Bordeaux ou à Bayonne, comme il avait fait jusqu'alors, mais d'entreprendre presque un voyage d'exploration, de quitter pour plusieurs mois ses douces habitudes, l'agréable commerce de Félix Coudroy et la chaude affection de la tante Justine. De concert avec des amis de Bayonne, en effet, il avait formé le projet de fonder en Espagne une compagnie d'assurance. Cette entreprise était susceptible de brillants résultats, à la condition, toutefois, qu'on fût assuré du concours de riches banquiers madrilènes. Bastiat se chargea d'aller sonder le terrain, en compagnie d'un associé, M. Soustra. Il partit non sans quelque regret de quitter les êtres qui lui

étaient chers, mais plein d'entrain. Il devait parcourir un pays qui lui était totalement inconnu :
il devait vivre au milieu d'un peuple dont le caractère est si différent du nôtre et pour lequel il
ne laissait pas d'avoir de la sympathie : il revien-
drait, sinon avec la fortune en perspective, du
moins riche des observations qu'il se promettait
de consigner au jour le jour dans son portefeuille.

Il échoua dans ses pourparlers avec les banquiers de Madrid et n'en fut pas autrement affecté, trop habitué, ce semble, à voir tomber les
combinaisons qu'il échafaudait afin d'augmenter
honorablement son petit avoir. Mais il employa
fort bien, au point de vue de son instruction personnelle, les quatre mois qu'il passa en Espagne,
regardant, écoutant, raisonnant, philosophant et
analysant ses sensations.

« Ce voyage, écrivait-il à M. Coudroy, aura aussi
produit un effet auquel je ne me serais pas attendu. Il
n'a pu effacer cette habitude que nous avons contrac-
tée de nous observer nous-mêmes, de nous écouter
penser et sentir, de suivre toutes les modifications de
nos opinions. Cette étude de soi a bien des charmes
et l'amour-propre lui communique un intérêt qui ne
saurait s'affaiblir. Mais à Mugron, toujours dans un
milieu uniforme, nous ne pouvions que tourner dans
un même cercle ; en voyage, des situations excentri-
ques donnent lieu à de nouvelles observations. Par
exemple, il est probable que les événements actuels
m'affectent bien différemment que si j'étais à Mu-

gron ; un patriotisme plus ardent donne plus d'activité à ma pensée. En même temps, le champ où elle
s'exerce est plus étendu, comme un homme placé sur
une hauteur embrasse un plus vaste horizon. Mais la
puissance du regard est pour chacun de nous une
quantité donnée, et il n'en est pas de même de la faculté de penser et de sentir. »

Il n'avait pas voulu quitter la péninsule sans
avoir vu le Portugal et Lisbonne. De Lisbonne,
mis en goût de voyager, il comptait se rendre à
Londres ; mais sa santé s'y opposa. Redoutant
pour ses bronches délicates le froid et les brouil-
lards de l'Angleterre, il prit passage à destination
du Havre, où il débarqua au mois de décembre.
Du Havre, il gagna Paris.

Il y arriva au moment où, pour équilibrer le
budget, le ministre des Finances proposait une
aggravation des droits sur les boissons. Prenant
à peine le temps de défaire ses malles, Bastiat,
dans son exécration des droits réunis, résolut de
déterminer un mouvement d'opinion contre les
projets de M. Humann. Seul et avec de maigres
ressources, il ne voulait rien moins que provoquer un soulèvement du monde agricole tout entier. L'éditeur des œuvres de Bastiat nous renvoie, à ce sujet, à un opuscule paru, en 1841, sous
le titre, *le Fisc et la Vigne*. Mais Bastiat fit plus
qu'une mince brochure ; il tenta de fonder une
vaste association qui devait couvrir la France
et prendre la défense des intérêts vinicoles. Il

élabora des statuts ; il rédigea le prospectus d'un
journal de propagande, le *Midi*, et porta le tout
à l'imprimerie (1). Mais le plan échoua devant
l'indifférence générale, en particulier devant la
froideur des députés du Midi ; et Bastiat regagna
Mugron sans essayer de remuer au passage,
comme il en avait eu le dessein, l'Orléanais, les
Charentes et le bassin de la Garonne.

De retour à Sengresse, il eut, comme on le
pense, beaucoup à raconter à l'ami Coudroy. Avec
les matériaux qu'il rapportait de son voyage, il
dut enrichir la collection de ce qui devait paraître plus tard sous le nom de *Sophismes économiques*, courts morceaux où, sous une forme piquante et humoristique, quelquefois sous une
forme anecdoctique, il présentait des vérités
qu'on peut qualifier d'aveuglantes, car elles frap-
paient les yeux de tout le monde et personne ne
semblait les avoir distinguées jusqu'alors. Mais
il allait bientôt donner une œuvre substantielle et
révéler à ses compatriotes les qualités maîtresses
de son esprit.

Après avoir adressé à la Société d'Agriculture
des Landes un mémoire assez important sur la
question vinicole, où il reprenait la lutte contre
l'impôt indirect, l'octroi et le régime prohibitif
et qui attira l'attention sur son nom, il établit,

____

(1) Voir à l'*Appendice*, page 287, ces statuts et ce prospectus que nous avons été assez heureux de retrouver.

F. B.   6

pour le Conseil général, à propos de la répartition de la contribution foncière dans le département des Landes, un rapport qui, suivant l'expression de M. de Fontenay, est un petit chef-d'œuvre et que tous les statisticiens devraient étudier pour apprendre comment il faut manier les chiffres. C'est plus, en effet, qu'un travail destiné à éclairer une assemblée départementale ; c'est à la fois une étude financière et une étude économique, où la logique dans le raisonnement s'allie à la clarté dans l'exposition. La question est supérieurement posée et traitée.

Depuis le commencement du siècle, la culture du pin dans le département était allée en progressant sans cesse ; et dans le même temps que la lande donnait des profits de plus en plus grands, la Chalosse, pourtant si fertile et si riche, voyait ses revenus diminuer d'année en année. Quelques pages suffisent à Bastiat pour montrer comment le système des moyennes a faussé la péréquation de l'impôt foncier et comment les inégalités de la répartition initiale ont été accrues par les changements qui sont survenus dans la proportion des forces contributives des diverses cultures. Et quand il a prouvé par des calculs sévères, que l'impôt est trop élevé d'un sixième pour les terres labourables, de plus d'un tiers pour les vignes. alors qu'il est atténué de près de moitié pour les pins, il hausse le ton de la discussion. Il fait voir comme la doctrine de Malthus trouve son application dans le département des Landes ; il se couvre de l'autorité de Rousseau, de Montesquieu, de Stewart, de Bentham, de J. B. Say, pour montrer que la production est la mesure de la population ; et il arrive à cette conclusion que la détresse des habitants de la Chalosse provient des entraves à la liberté des échanges.

« La législation les tue, écrit-il. Rendez-leur le droit d'échanger. Autrement, il n'y a qu'un terme possible à leurs souffrances, et ce terme, les tables de la mortalité le laissent assez entrevoir. »

C'était finir sur une note pessimiste; et ce pessimisme, précisément, amène les seules réserves que nous ayons à faire sur les idées émises par Bastiat. Il est évident que, de 1801 à 1841, la population de la Chalosse était demeurée stationnaire et même, dans certaines communes, avait diminué ; il est non moins certain que le chiffre annuel de consommation par tête était moins élevé dans l'arrondissement de Saint-Sever que dans les autres parties du département ; mais il n'était pas tout à fait juste de s'en prendre uniquement à la surcharge de l'impôt et au régime prohibitif. Bastiat n'a pas tenu compte du mouvement général qui, depuis la fin des guerres napoléoniennes, poussait tout le monde vers le bien-être. Le paysan de la Chalosse avait suivi son siècle ; et il s'était d'autant plus vite détourné des mariages hâtifs et des familles nombreuses, qu'il avait vu dans les mœurs nouvelles une facilité plus grande de maintenir à la tête des métairies, conformément aux coutumes locales, un aîné, chef de famille. On peut dire encore que la misère, dans la vallée de l'Adour, n'atteignit jamais le degré que Bastiat laissait supposer : le colon, même dans les années difficiles, avait toujours récolté une quantité de vin, de maïs et de froment suffisante, dans l'ensemble, pour satisfaire à sa consommation ; il s'était toujours adonné, d'autre part, à l'élevage des volailles ou d'autres animaux de basse-cour, à la culture des arbres fruitiers ; et ces productions accessoires n'étaient pas sans lui procurer quelques petits bénéfices.

Quoi qu'il en soit, le rapport de Frédéric Bastiat mérite bien de figurer au meilleur rang parmi ses œuvres économiques. Comme on le pense, il fit quelque bruit : nos conseils généraux n'étaient pas habitués — ils ne le sont pas encore —, à en voir éclore de semblables ; mais il n'amena pas la modification de la sous-répartition de l'impôt foncier. Faut-il en être surpris ?

L'été de 1844 trouva Bastiat installé aux Eaux-Bonnes. Une recrudescence du mal dont il souffrait et qui ne l'inquiétait pas encore, tellement la marche en avait été lente jusque-là, l'avait contraint à se rendre dans la montagne. Nous le voyons là, tout en faisant sa cure, suivre assidûment les prédications d'un prêtre, professeur de théologie à la Faculté de Bordeaux, et, au milieu de la solitude où il vit, faire un retour sur lui-même. Pourquoi faut-il que lui, qui a conscience de connaître la vérité, du moins en ce qui concerne le mécanisme de la société et au point de vue purement humain, pourquoi faut-il que la santé, la fortune, la timidité l'empêchent de proclamer ce qu'il sait ? La vérité n'a de puissance que par la diffusion ; quel tourment de ne pouvoir la communiquer ! Il en vient à regretter « d'avoir bu à la coupe de la science », de ne pas s'en être tenu « à la philosophie synthétique et mieux à la philosophie religieuse », où l'on puise des consolations pour toutes les situations de la vie. Et il se demande : que faire ? Dans ce désarroi de son âme, il finit cependant par entrevoir la conduite qu'il doit tenir. Il attendra, s'il le faut, que quelques années encore aient passé sur sa tête.

« Je les compte souvent (ces années), écrit-il à M. Coudroy, et je prends une sorte de plaisir à remarquer que plus elles s'accumulent, plus leur marche devient rapide... *Vires acquirit eundo*. »

Qui sait si sa destinée ne se fixera pas, le jour où sera parvenu au *Journal des Economistes* l'article qu'il vient de terminer et qu'une personne, dont il a fait connaissance aux Eaux-Bonnes, s'est chargée d'emporter à Paris.

Le calcul était juste, et Bastiat put se dire que l'avenir, réellement, appartient à ceux qui savent attendre. L'article en question parut dans le numéro d'octobre. Au témoignage de M. de Fontenay, l'impression en fut profonde dans le monde économiste ; les compliments et les encouragements affluèrent à Sengresse : Frédéric Bastiat sortait de l'ombre et allait entrer dans la lumière radieuse de la gloire. Il allait y entrer, d'ailleurs, avec la modestie qui faisait le fond et le charme de son caractère ; et quand on songe au maître qu'il fut, ce n'est pas sans émotion qu'on lit cette lettre, restée inédite, que, le 7 novembre 1844, il adressait à la personne qui avait emporté le précieux manuscrit à Paris (1).

« Monsieur, la bienveillance que vous m'avez témoignée, les moments précieux que m'a procurés votre instructive conversation me font un devoir de vous exprimer toute ma reconnaissance. Je n'en aurais pas retardé l'expression jusqu'à ce jour, si je n'avais attendu l'occasion que devait me fournir naturellement la publication de l'écrit que vous avez bien voulu remettre à M. Bastiat de Paris.

« Des travaux de ce genre, en leur supposant même un certain mérite d'à-propos et d'indépendance, courent grand risque d'aller s'enfouir dans les profoneurs d'un éternel oubli, si des amis bienveillants ne les signalent aux personnes compétentes. J'espère

____

(1) M. Muiron, 70, rue de Seine Saint-Germain, à Paris.

que vous aurez bien voulu introduire ce premier fruit
de mes études auprès de M. de Salvandy. L'opinion
d'un homme aussi considérable par sa position et sa
supériorité me serait d'un prix infini, surtout si elle
était d'une nature encourageante. Dans le cas contraire, elle aurait encore l'avantage de m'avertir que
l'homme qui vit dans la solitude doit se méfier de ses
forces.

« La direction du journal a cru devoir supprimer
(page 149) tout un passage où j'essayais de dévoiler
les causes qui rendent la presse parisienne hostile,
en général, à la liberté du commerce. J'ai la faiblesse,
commune à tous les barbouilleurs de papier, de me
figurer que l'on a retranché justement ce qui méritait
le plus d'être maintenu. Il est certain que cette partie
de mon travail dénotait au moins quelque courage,
car il en faut pour braver la redoutable puissance de
MM. les journalistes. La preuve en est dans cette
suppression même que le directeur du journal a ordonnée.

Je serais heureux d'apprendre que votre santé est
rétablie et que, par reconnaissance, vous vous pro-
posez de passer une autre saison aux Eaux-Bonnes ;
c'est avec plaisir que j'y retrouverais nos promenades
et nos entretiens.

« Veuillez agréer, etc... »

CHAPITRE V

Le premier article de Frédéric Bastiat dans le *Journal des Economistes*. — Son premier livre.

La France s'engageant de plus en plus dans la voie du protectionnisme, la Grande-Bretagne, au contraire, ne cessant de tendre vers le régime de la liberté commerciale, quelles devaient être, pour ces nations, les conséquences de deux politiques si opposées ? Telle était la question à laquelle Frédéric Bastiat répondait dans le *Journal des Economistes.*

L'article n'a pas le brio auquel on pourrait s'attendre ; il n'est pas sans quelque lourdeur. Mais il avait le mérite d'être le premier qui posât franchement devant l'opinion publique le problème de la protection, il avait le courage de faire entendre de dures vérités à nos industriels ; il avait, en outre, la propriété d'édifier notre pays sur la révolution économique qui se préparait alors en Angleterre et qui restait insoupçonnée chez nous: il n'en fallait pas tant pour frapper les esprits.

C'est pitié, expliquait-il, de voir comme nos industriels abusent de notre crédulité. S'agit-il pour eux d'obtenir des médailles, des primes d'encouragement ou simplement de recruter des actionnaires, ils ne savent que vanter l'excellence et la perfection de leurs machines. Mais écoutez-les quand on parle protection : ils se font petits, malhabiles et presque inintelligents. Ils excipent de leur prétendu état d'infériorité pour réclamer des droits protecteurs et, grâce au monopole qu'ils réussissent à se faire octroyer, la France va à la rareté et à la cherté.

Pendant ce temps, l'Angleterre va à l'abondance et à la richesse, car elle diminue les taxes afin que tous les produits affluent chez elle, afin que le peuple vive mieux, qu'il ait plus de travail, qu'il consomme davantage et qu'il prépare ainsi pour l'avenir un aliment au revenu public. Elle aura donc bientôt la main-d'œuvre à bon marché ; ses produits, partout, évinceront les nôtres ; et devant nos ouvriers sans travail, qui retrancheront sur leurs consommations déjà si restreintes, notre gouvernement, pour trouver des débouchés, nous entraînera dans une politique de conquêtes lointaines, dans des guerres qui augmenteront la dette et nous chargeront d'impôts...

« Un nouveau Cinéas serait bien plus fondé à dire au peuple qui aspirerait, par la conquête, au monopole universel, ce que le Cinéas ancien disait à Pyrrhus : Que ferez-vous quand vous aurez vaincu l'Italie ? — Je la forcerai à recevoir mes produits en échange des siens. — Et ensuite ? — La Sicile touche à l'Italie ; je la soumettrai. — Et après ? — Je rangerai sous mes lois l'Afrique, l'Inde, la Chine, les îles de la mer du Sud. — Mais enfin que ferez-vous quand le monde entier sera votre colonie ? — Oh ! alors j'échangerai librement et je jouirai du repos. — Eh ! que n'échangez-vous d'ores et déjà et ne jouissez-vous du repos en proclamant la liberté ?... »

Nous n'avons pas dessein de suivre pas à pas la discussion de Bastiat. Aussi bien l'intention du nouveau collaborateur de M. Guillaumin était moins d'exposer ses vues personnelles que de tirer le public de sa léthargie.

« J'appelle l'attention de mon pays, disait-il en finissant, sur une situation qui me paraît ne pas le préoccuper assez. Le système prohibitif est mauvais, c'est ma conviction. Cependant, tant qu'il a été général, il enfantait partout des maux *absolus* sans altérer profondément la grandeur et la puissance *relatives* des peuples. L'affranchissement commercial d'une des nations les plus avancées du globe nous place au commencement d'une ère toute nouvelle. Il ne se peut pas que ce *grand fait* ne bouleverse toutes les conditions du travail, au sein de notre patrie ; et si j'ai osé essayer de décrire les changements qu'il semble préparer, c'est que l'indifférence du public à cet égard me paraît aussi dangereux qu'inexplicable. »

Frédéric Bastiat s'illusionnait un peu : le public resta dans son indifférence. Mais, fait qui n'était pas de moindre conséquence, le monde des économistes s'émut et voulut savoir qui était le signataire de l'article. Aux bureaux du journal, on n'était guère en situation de donner des renseignements satisfaisants. Certain jour du mois d'août, le manuscrit avait été déposé, on ne savait par qui ; parvenu sans aucune référence, il avait été jeté dans un tiroir, d'où le hasard, six semaines après, l'avait tiré; parcouru d'abord distraitement, il avait été aussitôt jugé digne d'une lecture approfondie, puis de l'insertion ; et de l'auteur on ne pouvait dire que ceci, qu'il habitait Mugron, dans les Landes.

Les félicitations arrivèrent donc à Mugron. Venant d'hommes tels que MM. Dunoyer, Passy, Say, etc., elles étaient d'un prix inestimable pour Bastiat ; elles étaient si peu dictées par une sympathie banale qu'on demandait à « l'économiste landais » s'il n'avait rien d'autre en portefeuille. On ne pouvait faire plus plaisir à Frédéric Bastiat, ni mieux servir le goût des abonnés du *Journal des Economistes*.

Le second article ne se fit pas attendre.

Lamartine, pour qui l'individualisme était la chose du monde la moins humaine et qui faisait de la politique, en poète, c'est-à-dire avec son cœur, Lamartine venait de publier son *Droit au Travail*, où dans la simplicité de son génie et avec l'imprécision de son caractère politique, il préten-

dait allier les théories des économistes avec les
vues des socialistes. Bien qu'il se défendît d'ap-
partenir à aucune des deux écoles, se contentant
d'emprunter « à l'une, la lumière de ses calculs,
à l'autre, la chaleur de sa charité », il apportait,
en réalité, au socialisme l'éclat de son talent et
l'appui de son éloquence. Bastiat entreprit aussitôt d'émousser le trait qui était ainsi dirigé contre la science économique et de retenir sous le
drapeau exclusif de la liberté un homme dont le
nom seul était une force. Il fit donc parvenir au
Journal des Économistes une lettre ouverte à
M. de Lamartine. C'est un morceau qu'on devine
poli et repoli, où la fermeté dans les convictions
n'exclut pas la déférence respectueuse et où le
souci de la forme le dispute à la rigueur du raisonnement.

« Vous avez, disait-il à Lamartine, cette puissance des expressions saisissantes, des formules
lumineuses qui, par leur clarté soudaine, vont
réveiller dans tous les cœurs cette sympathie in-
née pour le vrai et le juste que la libéralité de la
Providence y a déposée. » Mais tel est l'écueil du
génie : « il dédaigne les voies explorées et le trésor des connaissances accumulé par les siècles.
Il cherche son trésor en lui-même. » Vous accu-
sez les économistes de manquer de cœur et d'âme;
les connaissez-vous donc si peu ? Vous regardez
avec bienveillance les systèmes socialistes qui
essayent de pallier les souffrances du peuple :

mais ne voyez-vous pas que les organisations artificielles, quelles qu'elles soient — et il en éclot
chaque jour dans le cerveau des réformateurs —
ne connaissent que la contrainte, bannissent soit
la liberté, ou la propriété, ou l'hérédité, voire
la famille ? Au surplus, on ne peut servir deux
maîtres. Aux uns, vous prenez le principe de la
liberté, aux autres, celui de l'irresponsabilité :
ces deux principes s'excluent. « Votre prodigieux
talent est un puissant levier ; mais ce levier est
sans force, s'il n'a pour point d'appui un principe. » Et, remarquez-le, « un principe est de tous
les temps, de tous les lieux, de tous les climats
et de toutes les circonstances. Proclamez donc la
liberté : liberté de travail, liberté d'échanges, liberté de transactions pour ce pays et pour tous les
pays, pour cette époque et pour toutes les époques. A ce prix, j'ose vous promettre sinon la
popularité du jour, du moins la popularité et les
bénédictions des siècles... »

Ce second article fit encore plus d'impression
que le premier. Lamartine, lui-même, sans renoncer pour cela, il est vrai, aux idées qui lui
étaient chères, crut devoir écrire à Bastiat, ce dé-
butant, dans les termes les plus flatteurs (1); il
devait, d'ailleurs, quelques années plus tard, ap-

----

(1) Voir à l'*Appendice*, page 295, cette lettre peu connue
de Lamartine.

peler à son tour sur « l'apôtre du libre-échange »
les bénédictions des générations futures.

Un troisième article, intitulé *Sophismes*, parut
presque aussitôt après la *Lettre à Lamartine*.
Mais, ainsi qu'il l'écrivait à M. Horace Say, Frédéric Bastiat, au commencement de cette année
1845, consacrait le peu de temps dont il pouvait
disposer à une œuvre qu'il qualifiait modeste-
ment d'œuvre de patience et dont l'utilité lui semblait incontestable.

« En 1842 et 1843, a-t-il écrit (1), je m'efforçai d'attirer l'attention sur le sujet qui y est traité. J'adres-
sai des articles à la *Presse*, au *Mémorial bordelais*
et à d'autres journaux. Ils furent refusés. Je vis que
ma cause venait se briser contre la conspiration du
silence, et je n'avais d'autres ressources que de faire
un livre. Voilà comment je me suis trouvé auteur
sans le savoir. »

Voilà, en effet, comment il fut amené à publier son premier livre. Il nous reste à dire comment il en était venu à s'occuper de Cobden et
de la ligue anglaise contre la loi céréale.

Bastiat, on l'a vu, s'était convaincu de bonne
heure des erreurs du régime prohibitif suivi par
la France ; et c'est à bon droit que M. Frédéric
Passy a pu relever « la singulière concordance
(l'identité complète, pour mieux dire) des doc-

---

(1) Lettre à M. Calmètes, 4 mars 1846.

trines émises par lui aux époques les plus diverses et dans les circonstances les plus défavorables, signe évident d'une clarté de vue et d'une sûreté de jugement qui attestent la méditation ». Or, il dut à un simple hasard, de jeter un coup d'œil sur la politique économique de l'Angleterre, et M. de Fontenay a conté excellemment la genèse du *Cobden et la Ligue*.

« Il y avait, explique-t-il, un cercle à Mugron, un cercle même où il se faisait beaucoup d'esprit: (Deux langues, dit Bastiat, y suffisaient à peine.) Il s'y faisait aussi de la politique, et, naturellement, le fond en était une haine féroce contre l'Angleterre. Bastiat, porté vers les idées anglaises et cultivant la littérature anglaise, avait souvent des lances à rompre à ce propos. Un jour, le plus anglophobe des habitués l'aborde en lui présentant d'un air furieux un des deux journaux que recevait le cercle : « Lisez, dit-il, et « voyez comment vos amis nous traitent!...» C'était la traduction d'un discours de Robert Peel à la Chambre des Communes ; elle se terminait ainsi: « Si nous adoptions ce parti, nous tombe- « rions, *comme la France,* au dernier rang des na- « tions. » L'insulte était écrasante ; il n'y avait pas un mot à répondre. Cependant, à la réflexion, il sembla étrange à Bastiat qu'un premier ministre de l'Angleterre eût de la France une opinion semblable, et plus étrange encore, qu'il l'exprimât en pleine Chambre. Il voulut en avoir le cœur net et, sur-le-champ, il écrivit à Paris pour se faire abonner à un journal anglais, en demandant qu'on lui envoyât tous les numéros du dernier mois écoulé. Quelques jours après, *The Globe and Traveller* arrivait à Mugron ; on pouvait lire le discours de R. Peel en anglais; les mots malencontreux *comme la France* n'y étaient pas, ils n'avaient jamais été prononcés.

«Mais la lecture du *Globe* fit faire à Bastiat une découverte bien autrement importante. Ce n'était pas seulement en traduisant mal que la presse française égarait l'opinion, c'était surtout en ne traduisant pas. Une immense agitation se propageait sur toute l'Angleterre, et personne n'en parlait chez nous... »

Bastiat se vit alors en présence d'un devoir à remplir. Il existait, de l'autre côté du détroit, un parti qui avait soulevé un mouvement formidable en faveur de la liberté commerciale, qui allait devenir le parti national et diriger la politique de la Grande-Bretagne : ce serait donc lui, Bastiat, perdu dans ses Landes et jusqu'ici ignoré, qui révèlerait à ses concitoyens l'approche d'une révolution en Angleterre. Son œuvre aurait, en outre, l'avantage de faire voir comment on combat l'esprit de parti dans sa racine, comment on sape les haines nationales dans leurs bases ; elle montrerait « la théorie des débouchés exposée non point méthodiquement, mais sous des formes populaires et saisissantes »; elle analyserait « cette tactique d'agitation qui fait qu'aujourd'hui, en Angleterre, lorsqu'on attaque un but réel, on peut prédire le jour de sa chute, à peu près comme nos officiers du génie annoncent l'heure où les assiégeants s'empareront d'une citadelle (1) ».

Accuser ainsi sa sympathie pour les Anglais et donner ceux-ci comme modèles aux Français qui, en 1844, pensaient encore à Waterloo, c'était faire preuve de quelque courage ; mais Bastiat se sentait toutes les audaces. Divers renseignements lui faisant défaut, il n'hésita même pas d'écrire directement à Cobden pour les lui demander, prélude d'un commerce épistolaire où la sympathie, l'affection de ces deux grands hommes l'un pour l'autre alla en s'affirmant chaque jour.

Son ouvrage achevé et accepté par la maison Guillaumin, Bastiat accourut à Paris pour en surveiller l'impression. Son arrivée dans les bureaux du *Journal des Economistes* fit quelque sensation.

C'était en mai 1845. Tel nous l'avons dépeint quand, jeune, il fréquentait le monde à Bayonne, tel, ou à peu près, il arrivait à Paris. L'habitude de la méditation avait tempéré l'éclat et la vivacité de ses yeux ; l'élancement de sa taille pouvait presque passer pour de la maigreur ; ses cheveux, qu'il portait un peu longs, étaient

---

(1) Lettre à M. Horace Say, 24 novembre 1844.

restés noirs et encadraient une figure soigneuse-
ment rasée ; toute sa physionomie respirait l'intelligence et l'esprit ; mais son habillement rap-
pelait le provincial de bonne maison de campagne qui ne tient pas aux modes du jour et, sans
justifier cependant le persiflage, détonait fortement au milieu des élégances parisiennes.

« Il nous semble encore le voir, a dit un témoin
de ses débuts à Paris, faisant sa première tournée dans les bureaux des journaux qui s'étaient
montrés sympathiques à la cause de la liberté du
commerce. Il n'avait pas eu le temps encore de
prendre un tailleur et un chapelier parisiens ;
d'ailleurs, il y songeait bien en vérité ! Avec ses
longs cheveux et son petit chapeau, son ample
redingote et son parapluie de famille, on l'aurait
pris volontiers pour un bon paysan en train de
visiter les merveilles de la capitale. Mais la physionomie de ce paysan à peine dégrossi était malicieuse et spirituelle ; son grand œil noir était
vif et lumineux, et son front, de grandeur moyenne
mais taillé carrément comme en pleine étoffe,
portait l'empreinte de la pensée. Au premier coup
d'œil, on s'apercevait que ce paysan était du pays
de Montaigne et, en l'écoutant, on reconnaissait
un disciple de Franklin (1). »

« Je vois donc Bastiat, dit de son côté une

____

(1) *Journal des Economistes* du 15 février 1851. Notice
sur Frédéric Bastiat, par M. de Molinari.

femme, Mme Cheuvreux, dont l'intelligence et l'esprit égalaient le cœur, je vois donc Bastiat débarquant des grandes Landes, se présenter rue Boursault, chez M. Say. Sa tournure se détachait si pittoresquement parmi celles qui l'entouraient que l'œil, tout distrait qu'il fût, ne pouvait s'empêcher de se fixer un instant sur lui. La coupe de ses vêtements, due aux ciseaux d'un artiste de Mugron, s'éloignait absolument des formes ordinaires. Des couleurs tranchées, mal assorties, étaient mises à côté l'une de l'autre, sans souci de ce genre d'harmonie. Sur des mains gantées de filoselle noire, se jouaient de longues manchettes blanches ; un col de chemise aux pointes menaçantes enfermait la moitié de son visage ; un petit chapeau ; de grands cheveux ; tout cet ensemble eût paru burlesque, si la physionomie malicieuse du nouveau venu, son regard lumineux et le charme de sa parole n'avaient fait vite oublier le reste.

« Assise à table en face de ce campagnard, je constatai que non seulement Bastiat était un des grands prêtres du temple, mais un initiateur passionné. Quel feu, quelle verve, quelle conviction quelle originalité, quel bon sens vainqueur et spirituel; et à travers cette abondance d'idées nettes, de ces piquantes et neuves démonstrations, le cœur se sentait, le véritable ami des hommes se révélait. En voilà un, me disais-je, avec lequel il faudra comprendre ou dire pourquoi ; les da-

mes, malgré elles, pourront peut-être s'intéresser
à l'influence des tarifs anglais ou français.

« Après le dîner, on fit de la musique. L'habitant des Landes nous ménageait encore une surprise : il possédait au suprême degré le sentiment
des arts et de la poésie... (1) »

Aussi ne faut-il point être surpris si dans le milieu où il tombait, il ne trouva que bonne confra-
ternité et sympathie ; il convient plutôt de s'étonner de son étonnement quand, au dîner donné
par M. Guillaumin en son honneur, il voit
MM. Passy, Dunoyer, Say, Reybaud, Renouard,
Garnier, etc., le complimenter aimablement, lui
montrer qu'ils l'ont lu et compris et le traiter
comme un de leurs pairs. M. Dunoyer ne va-t-il
pas jusqu'à lui demander de faire pour les *Débats* un compte rendu de son dernier ouvrage sur
la *Liberté du Travail !*

« Quel monde, mon ami, écrit-il à M. Coudroy, et
qu'on peut bien dire : on ne vit qu'à Paris et on végète
ailleurs. »

C'est la notoriété, c'est presque la gloire qui
lui arrive avant qu'il ait eu le temps de se reconnaître : il est question de lui confier la direction
du *Journal des Economistes;* on parle de lui faire
donner une chaire d'économie politique. Il était

____

(1) Lettres d'un habitant des Landes.

venu à Paris comme un simple hôte de passage,
et voici que Paris émet la prétention de le retenir
au nombre de ses illustrations. Avait-il jamais
rêvé semblable succès ? Son talent va être publiquement consacré ; ses vingt années de travail et
de méditation vont donner leur luxuriante mois-
son ; il n'a qu'à se laisser porter par la Fortune
dont le bandeau, vraisemblablement, a quelque
peu glissé. Mais nous le voyons bien vite apeuré
dans ce Paris où « il perd une demi-journée pour
utiliser un quart d'heure » et que, par une sorte
de prescience, il n'est peut-être pas loin de considérer comme le Moloch qui le dévorera ; nous le
voyons bien vite tourner un regard désolé vers les
Pyrénées : « Il faut quitter Mugron. Il faut me
séparer de ceux que j'aime ; il faut que je laisse
ma pauvre tante s'acheminer vers la vieillesse
dans la solitude... (1) »

Dans ce débat intime, la piété filiale l'emporta ;
et pour sentir qu'il lui était impossible de dire
adieu à Sengresse, il lui suffit d'évoquer le souvenir de la tante Justine.

De taille moyenne, coiffée en tout temps d'un
bonnet de dentelle noire, dont les rubans flot-
taient sur ses épaules, tante Justine avait la figure
la plus originale qui fût : de jolis yeux pleins
d'une pétillante malice, un nez un peu fort et lar-

____

(1) Lettre à M. Coudroy (16 juin 1845). Voir également
une autre lettre du 3 juillet.

gement ouvert lui composaient, en effet, une physionomie particulière.

C'était la vivacité, la pétulance en personne. Toujours en mouvement, elle allait par la maison, ici, rectifiant la position d'un meuble, là, déplaçant un objet, stimulant la servante, parlant avec animation et, au passage, jetant un mot amicalement grondeur à son Frédéric. Et si le neveu, se trouvant porté à la taquinerie, se donnait un air impatienté, répondait, contredisait, l'entretien prenait rapidement les apparences d'une fâcherie. Démontée, affolée presque, la pauvre tante en arrivait bientôt à formuler son dernier argument : « Je n'aime pas qu'on me contrarie ! », et Bastiat n'attendait que cette phrase, devenue proverbiale dans la famille, pour laisser échapper le rire qu'à grand'peine il retenait, pour entourer de ses bras cette chère tante Justine dont l'imagination était aussi ardente que le cœur était chaud. Elle ne connaissait de repos qu'après son dîner de midi quand, avec trois vieilles demoiselles de son âge, elle s'asseyait à sa table de jeu et faisait sa partie de cartes quotidienne. A côté de ses jetons, elle posait sa tabatière en or, où toute la société puisait après chaque coup pathétique et d'où l'on voyait alors s'échapper un, deux, ou trois morceaux de papier destinés à lui rappeler ce qu'elle avait projeté de faire dans la journée.

Sa simplicité, son affabilité égalaient ses vertus domestiques. On conçoit, dans ces conditions, que Bastiat eût un si grand regret de quitter le foyer que cette femme, pleine de dévouement et de tendresse, avait su lui créer. Il n'hésita pas longtemps : son livre édité, il passa le détroit, pour aller l'offrir à ses nouveaux amis, les ligueurs anglais, et il revint prendre à Paris la diligence qui le ramenait vers ses chères Landes.

Il laissait, d'ailleurs, derrière lui une œuvre qui allait faire son chemin toute seule. *Cobden et la Ligue* eut, en effet, dès son apparition, le succès le plus vif ; et à nous qui le lisons aujourd'hui, il paraît aussi attachant qu'à nos pères.

Il est vrai que le livre de Bastiat est quelque peu de circonstance en 1905. La politique économique de M. Chamberlain suscite actuellement, en Angleterre, une agitation qui est comme un réveil de celle de 1844; les discours, les conférences, que le *Times* nous apporte depuis quelques mois nous semblent un écho des meetings de Drury-Lane ou de Covent-Garden; et on pourrait presque se demander s'il est de ces jours-ci ou s'il date de soixante ans, ce fragment de harangue prononcée à Wakefield : « Nous sommes réunis aujourd'hui, en dehors de toute discussion de partis et d'opinions politiques, pour discuter les avantages de la liberté absolue de l'industrie, du travail et du commerce. »

Mais, dans *Cobden et la Ligue*, il y a plus qu'un tableau de la bataille qui se livrait en Angleterre

vers la fin de la première moitié du xixe siècle et
à laquelle les événements actuels font songer ; il
y a un enseignement pour tous les hommes de
tous les temps et de tous les pays.

On sait que l'aristocratie britannique, propriétaire de presque toutes les terres et détentrice de
la puissance législative, était arrivée, en jouant
habilement du mot protection, à frapper d'énormes droits de douane les céréales et tout
ce qui servait à l'alimentation du peuple anglais;
elle avait réussi à prélever ainsi à son profit sur
la masse des consommateurs un impôt qu'on pouvait évaluer à un milliard de francs. Comment
on combat les préjugés et comment on en triomphe, comment on s'organise, comment on agit
sur l'opinion publique et comment on transporte
la lutte sur les terrains propices, voilà ce que
nous montre Bastiat. Nous voyons tous ces ligueurs, Cobden, Fox, Thompson, John Bright, etc.,
se dépenser sans compter, aller d'un meeting à
un banquet ou à un simple thé, porter la bonne
parole de Londres à Manchester, de Manchester
en Écosse ou à Northampton ; nous les voyons,
pleins de leurs idées, se succéder les uns aux autres à la tribune, chacun envisageant un côté de
la question, au point que le sujet semble inépuisable et que l'on s'étonne qu'il y ait autant de
variété dans des discours roulant sur le même
thème. L'ironie, la gaieté, l'humour le disputent
à l'esprit d'à-propos. La chute d'un banc dans

la salle donne-t-elle lieu à une certaine confusion :
« Ne vous effrayez pas, dit Cobden, c'est le pré-
sage et le symbole de la chute des monopoleurs. »
De l'agitation se manifeste-t-elle au fond du parterre de Covent-Garden : « Je crois, tonne O'Con-
nel, qu'il y a là-bas quelques mangeurs de gens
qui viennent troubler nos opérations. » L'appel
au sens commun donne naissance à des aphoris-
mes tels que ceux-ci : on n'est pas savant parce
qu'on possède une bibliothèque, on n'est pas ma-
rin parce qu'on est armateur, on n'est pas agriculteur parce qu'on est propriétaire de grands
domaines. Le style imagé accentue les démonstrations : « Les poètes, dit lord Morpeth, se sont
plu quelquefois à peupler de voix les brises du
rivage et à prêter un sens aux échos des montagnes ; mais les mots réels que la nature fait entendre, dans l'infinie variété de ses phénomènes,
c'est : travaillez, échangez. » Quant à la logique,
elle est, entre les mains des ligueurs, une arme
puissante ; et, dans maintes réunions, les raisonnements de leurs adversaires s'écroulent avec
fracas, au milieu des applaudissements et des rires. En veut-on un exemple entre cent ? La cita-
tion est un peu longue ; elle donnera, du moins,
un aperçu du talent oratoire du grand Cobden.

C'était dans un meeting, à Londres ; et le conférencier avait mis sur la sellette ces monopoleurs,
philanthropes occasionnels, qui arguaient de
l'esclavage pour repousser le sucre du Brésil.

« Ces hommes, disait-il, sous le prétexte d'être
les avocats de *l'abolition*, pétitionnent le gouvernement pour qu'il interdise au peuple de ce pays
l'usage du sucre, à moins qu'il ne soit prouvé
que ce sucre est pur de la *tache de l'esclavage*,
comme ils l'appellent. Y a-t-il quelque chose dans
l'ordre moral, analogue à ce qui se passe dans
l'ordre physique, d'où l'on puisse inférer que
certains objets sont *conducteurs*, d'autres *non
conducteurs d'immoralité?* (Rires). Que le café,
par exemple, n'est pas *conducteur de l'immoralité de l'esclavage*, mais que le sucre est *très conducteur*, et, qu'en conséquence, il n'en faut pas
manger? J'ai rencontré de ces philanthropes sans
logique, et ils m'ont personnellement appelé à répondre à leurs objections contre le *sucre-esclave*. Je me rappelle, entre autres circonstances, avoir discuté la question avec un très bienveillant gentleman, enveloppé d'une belle cravate de mousseline blanche (rires). « N'ajoutez
pas un mot, lui dis-je, avant d'avoir arraché cette
cravate de votre cou. » (Eclats de rire.) Il me ré-
pondit que cela n'était pas praticable. « J'insiste,
lui répondis-je, cela est praticable, car je connais
un gentleman qui se refuse des bas de coton,
même en été (rires),et qui ne porterait pas des habits cousus avec du fil de coton,s'il le savait.»(Nouveaux rires). Je puis vous assurer que je connais
un philanthrope qui s'est imposé ce sacrifice. —
« Mais, ajoutai-je, s'il n'est pas praticable pour

vous, qui êtes là devant moi avec du produit esclave autour de votre cou, de vous passer de tels
produits, cela est-il praticable pour tout le peuple d'Angleterre ? Cela est-il praticable pour
nous comme nation ? Vous pouvez bien, si cela
vous plaît, défendre par une loi l'introduction du
sucre-esclave en Angleterre. Mais atteindrez-
vous par là votre but ? Vous recevez dans ce
pays du *sucre-libre ;* cela fait un vide en Hollande
ou ailleurs qui sera comblé avec du *sucre-esclave.* » Avant que des hommes aient le droit de
prêcher de telles doctrines et d'appeler à leur
aide la force du gouvernement, qu'ils donnent,
par leur propre abnégation, la preuve de leur
sincérité... »

Mais, demandera-t-on, quelle fut, dans *Cobden
et la Ligue*, l'œuvre personnelle du traducteur ?
A cela nous pourrions répondre que celui qui a
entrepris de présenter la vie d'un homme, — ou
celle d'une collectivité d'individus, — a bien compris sa tâche, si, en se dissimulant à dessein derrière son héros, en le laissant parler et agir seul,
il a su retenir l'attention des lecteurs. Nous pourrions montrer que Bastiat a été le contraire du
traditore que tout *traduttore* suppose. Il nous serait facile de relever nombre d'expressions heureuses venues naturellement sous sa plume : ce
slave-grown sugar, ce free-grown-sugar, par
exemple, devenus *sucre-esclave, sucre-libre.*
Mais l'introduction seule suffisait à rendre célè-

bre son auteur. L'entrain et la verve impriment
à ces quatre-vingts pages un mouvement auquel
les ouvrages des économistes avaient peu habitué les esprits. On y retrouve la clarté dans l'exposition et la précision dans le style, que nous
avons déjà signalées dans le Mémoire au Conseil général des Landes sur la répartition de l'impôt foncier. On y rencontre çà et là de ces défini-
tions dont Bastiat semblait avoir le secret et qui
martellent fortement la Vérité ; c'est ainsi qu'il
écrit : « La loi-céréale, en excluant le blé étranger ou en le frappant d'énormes droits d'entrée,
a pour *but* d'élever le prix du blé indigène, pour
prétexte de protéger l'agriculture, et pour *effet*
de grossir les rentes des propriétaires du sol »,
ou encore « Cobden est à Smith ce que la propagation est à l'invention.» On voit enfin apparaître
de ces idées qu'il répandra plus tard, pour leur
donner tout le développement qu'elles compor-
tent. Telle cette conception, que la guerre, que la
conquête, que la théorie des débouchés sont sorties du protectionnisme, axiome qui est évident si
l'on songe que celui qui ne peut plus vivre dans
son pays n'a qu'à s'expatrier, à moins que, comme
le Français, il ne préfère rester chez lui plutôt
que d'aller chercher aux antipodes un lieu où le
fonctionnarisme paralyse l'œuvre de la colonisation. Tel encore le jugement qu'il porte sur notre
régime parlementaire, sur une Constitution qui
permet que « les contrôleurs des ministres de-

viennent ministres eux-mêmes, s'ils donnent à ce
contrôle assez de violence et de popularité pour
avilir et renverser ceux qu'ils aspirent à remplacer. » Cet ouvrage, a dit, d'ailleurs, M. Frédéric
Passy, pourrait passer pour une production originale, tant les idées, les sentiments, le mouvement du style, tout le fond et la forme de la pensée sont manifestement le langage propre du traducteur.

Le grand public, au surplus, celui dont les suffrages comptaient le plus pour Bastiat, sut reconnaître la valeur de l'œuvre qui était soumise
à son jugement ; et l'Institut consacra officiellement le talent de l'auteur de *Cobden et la Ligue*
en élisant membre correspondant celui qui se
qualifiait de modeste traducteur.

CHAPITRE VI

LE LIBRE-ÉCHANGE

De retour dans sa solitude, Frédéric Bastiat se prit à penser qu'il n'avait accompli qu'une partie de son devoir. Avoir montré ce qui se passait de l'autre côté de la Manche, c'était bien ; mais pour reprendre une expression de Cobden, il ne pouvait que se dire : ce n'est pas fait, ce n'est qu'à moitié fait. A son avis, il n'aurait achevé son œuvre que le jour où il aurait constitué en France une association identique à l'Anti-Corn-league. C'était une tâche qu'il lui était possible de remplir sans qu'il fût obligé de quitter pour toujours le pays et les êtres auxquels il était tant attaché ; il rechercha donc les moyens de mettre son projet à exécution.

Les circonstances, encore une fois, le servirent : Frédéric Bastiat était vraiment prédestiné aux grandes choses qu'il devait faire.

Vers la fin de 1845, la Chambre de Commerce de Bordeaux entreprit de créer un mouvement

en faveur d'une union douanière entre la France
et la Belgique. C'était presque élever la bannière
de la liberté commerciale ; et comme les promoteurs de cette idée, bien inspirés, crurent devoir
demander quelques conseils à celui qui avait pénétré à fond l'organisation de la ligue anglaise,
Frédéric Bastiat saisit aussitôt l'occasion qui
s'offrait à lui. Il commença, dans une série d'articles que publia le *Mémorial bordelais*, par
démontrer aux commerçants de Bordeaux qu'ils
auraient une puissance bien plus grande en se
vouant à la cause du principe plutôt qu'à celle
d'une application spéciale au traité de commerce
franco-belge. Puis il se rendit à Bordeaux, afin
de les mieux convaincre et d'essayer de faire prévaloir ses vues. Il réussit en partie. L'association
qui se forma, et dont le maire de Bordeaux ac-
cepta la pésidence, élargit le but que le noyau
primitif de *free-traders* s'était proposé : elle devait réclamer l'abolition, *le plus promptement
possible*, des droits protecteurs. Ainsi que le remarquait Bastiat, il eût été inutile de chercher à
obtenir davantage, étant donné l'état peu avancé
des esprits en matière de libre-échange ; mais
cette association bordelaise était le premier an-
neau d'une chaîne que l'auteur de *Cobden et la
Ligue* voyait déjà forgée par toute la France et
qui attacherait au pilori le monstre de la Protection. Il ne s'agissait plus que de galvaniser Paris, Paris, dont l'exemple entraînerait les autres

grandes villes, Lyon, Marseille, Le Havre, etc.: Bastiat, faisant « à la cause un sacrifice qui a quelque mérite, en ce qu'il n'a rien d'apparent » différa donc son retour à Mugron et de Bordeaux se rendit à Paris.

Il arrivait avec un plan, un plan de mobilisation parfaitement arrêté. Judicieusement conseillé à ce sujet par Richard Cobden, à qui il avait fait part de ses projets, il entendait que le mouvement qui s'était fait de bas en haut en Angleterre, se fît, en France, de haut en bas.

« Oui, vous avez raison, écrivait-il à Cobden, je conçois que chez nous la diffusion des lumières doit procéder de haut en bas. Instruire les masses est une tâche impossible, puisqu'elles n'ont ni le droit, ni l'habitude, ni le goût des grandes assemblées et de la discussion publique. C'est un motif de plus pour que j'aspire à me mettre en contact avec les classes les plus éclairées et les plus influentes, *through* la députation. »

Aussi, à peine descendu de la diligence, son premier soin est-il de courir partout, de faire des visites et de solliciter des adhésions. Il voudrait voir s'agréger autour du monde des économistes dont le concours lui est acquis, « des hommes marquants, tels que les d'Harcourt, Anisson-Du-péron, Pavée de Vendeuvre, peut-être de Bro-glie, parmi les pairs ; d'Eichthal, Vernes, Ganneron et peut-être Rothschild parmi les banquiers; Lamartine, Lamennais, Béranger, parmi les hommes de lettres. » Mais comme les choses qu'il s'était figurées si simples à Mugron se trouvaient compliquées à Paris ! Et comme la vie à Paris différait de la vie à Mugron !

« Je commence à être un peu découragé par la difficulté, même matérielle, de faire quelque chose à Paris. Les distances sont énormes ; on perd tout son temps dans les rues ; et depuis dix jours que je suis ici, je n'ai pas employé utilement deux heures. Je me déciderais à abandonner l'entreprise, si je ne voyais les éléments de quelque chose d'utile. Des pairs, des députés, des banquiers, des hommes de lettres, tous ayant un nom connu en France, consentent à entrer dans notre Société ; mais ils ne veulent pas faire les premiers pas. A supposer qu'on finisse par les réunir, je ne pense pas qu'on puisse compter sur un concours bien actif de la part de gens si occupés, si emportés par le tourbillon des affaires et des plaisirs... A quoi tiennent quelquefois les grands événements ! Certainement si un opulent financier se vouait à cette cause, ou ce qui revient au même, si un homme profondément convaincu et dévoué avait une grande fortune, le mouvement s'opérerait avec rapidité. »

Et il ajoute, regrettant probablement pour la première fois de n'avoir qu'une modeste aisance:

« Aujourd'hui, par exemple, je connais vingt notabilités qui s'observent, hésitent et ne sont retenues que par la crainte de ternir l'éclat de leur nom. Si, au lieu de courir de l'un à l'autre, à pied, crotté jusqu'au dos, pour n'en rencontrer qu'un ou deux par jour et n'obtenir que des réponses évasives ou dilatoires, je pouvais les réunir à ma table, dans un riche salon, que de difficultés seraient surmontées (1) ! »

Un mois plus tard, malgré sa persévérance et son infatigable activité, il n'a pu encore arriver à son but ; il ne prévoit même pas quand il l'atteindra. « L'association marche à pas de tortue.» Lorsqu'un programme, un manifeste, a été élaboré, l'arrivée de nouveaux adhérents fait reprendre la question *ab ovo* ; et il faut essuyer la rhétorique des hommes de lettres, écouter les dissertations des théoriciens ; il faut, en outre, ménager les amours-propres. Tout autre que Bastiat se serait déclaré vaincu.

Enfin, le 4 mai, il peut écrire à son ami Coudroy que l'association est constituée. Il fait partie, avec MM. d'Harcourt, Say, Dunoyer, Renouard, Blanqui, Léon Foucher, Anisson-Duperron, de la commission à laquelle les pouvoirs exécutifs ont été remis. Mais hélas ! ce n'est point un chant d'allégresse qu'il fait entendre, car il arriva ce qu'il n'avait point prévu.

« Cette commission, annonce-t-il, me transmettra, au moins de fait, l'autorité qu'elle a reçue et se bornera à un contrôle ; dans ces conditions, puis-je abandonner un rôle qui peut tomber en d'autres mains et compromettre la cause tout entière ? Je souffre de quitter Mugron et mes habitudes, et mon travail ca-

(1) Lettre à Richard Cobden, 25 mars 1846.

pricieux et nos causeries. C'est un déchirement af-
freux ; mais m'est-il permis de reculer ? »

« Mon ami, écrit-il encore le 24 mai, j'ai presque
la certitude que si je quitte Paris, notre association
tombera dans l'eau et tout sera à recommencer. Ne
faut-il pas surveiller M. Guizot qui fait attendre
l'autorisation préalable que l'association a deman-
dée ? Tu vois combien il est difficile de déserter le
terrain en ce moment ; ce n'est pas l'envie qui me
manque, car, mon cher Félix, Paris et moi nous ne
sommes pas faits l'un pour l'autre. »

Il s'accorda néanmoins quelques jours, durant
la période électorale, pour aller à Mugron et, durant son absence, l'autorisation ministérielle fut
donnée. Il ne s'agissait plus alors que d'entrer
dans les détails d'organisation, de faire connaître au public l'œuvre qui se préparait et de procéder à la constitution définitive de l'association.
M. de Foville a refusé à Bastiat les qualités
d'administrateur, de même qu'il nous l'a représenté comme ayant été à Mugron un médiocre
agriculteur ; et cependant, dit-il, ses facultés
étaient multiples. C'est précisément, à notre
avis, parce que Bastiat avait des facultés multiples, parce que tout, en ce monde, l'intéressait,
qu'il passait si aisément d'une occupation à une
autre, enchevêtrant tous ses travaux, ne se fixant
à aucun, et délaissant l'un pour l'autre. Cet esprit capricieux, que Bastiat était le premier à reconnaître en lui, n'est pas, évidemment, celui

qui convient à un agriculteur de profession ou à un administrateur de carrière. Mais on doit observer que lorsqu'il fut en face de ce qu'on peut appeler *son grand œuvre*, Bastiat ne se laissa plus distraire par aucune idée étrangère et sut être un habile organisateur.

« Mon ami, écrit-il, le 1er octobre à M. Coudroy, je ne suis pas seulement de l'association, je suis l'association tout entière, non que je n'aie de zélés et dévoués collaborateurs, mais seulement pour parler et écrire. Quant à organiser et à administrer cette vaste machine, je suis seul. »

Ei il s'en tirait parfaitement. Il s'en tira, d'ailleurs, aussi bien lorsque, provincial peu habitué à discourir en public, il eut à parler devant un auditoire parisien : la même lettre, en effet, décrit d'une façon assez agréable la manière dont il débuta comme conférencier à la salle Montesquieu, le 29 septembre.

« Le public était nombreux et les dames avaient pour la première fois fait apparition aux tribunes. Il avait été arrêté qu'on entendrait cinq orateurs, et que chacun ne parlerait qu'une demi-heure. C'était déjà une séance de deux heures et demie. Je devais parler le dernier; sur mes quatre prédécesseurs, deux ont été fidèles aux engagements pris, et deux autres ont parlé une grande heure, c'étaient deux professeurs. Je me suis donc présenté devant un auditoire harassé par trois heures d'économie politique et fort pressé de décamper. Moi-même j'avais été très fatigué par une attente si prolongée. Je me suis levé avec un pressentiment terrible que ma tête ne me fournirait rien. J'avais bien préparé mon discours, mais sans l'écrire. Juge de mon effroi. Comment se fait-il que je n'aie pas eu un moment d'hésitation ; que je n'aie éprouvé aucun trouble, aucune émotion, si ce n'est aux *jarrets* (1) ? C'est inexplicable. Je dois tout au ton modeste que j'ai pris en commençant. Après avoir averti le public qu'il ne devait pas attendre une pièce d'éloquence, je me suis trouvé parfaitement à l'aise, et je dois avoir réussi, puisque les journaux ne donnent que ce discours. »

Il avait réussi, en effet, malgré les conditions défavorables dans lesquelles il s'était trouvé.

« Je n'ai vu qu'un journal, le *Commerce*. Voici comment il s'exprime : « M. Bastiat a fait accepter « des paraboles économiques, grâce à un débit sans « prétention et à une verve toute méridionale. » Ce maigre éloge me suffit, et je n'en voudrais pas davantage ; car Dieu me préserve d'exciter jamais l'envie parmi mes collaborateurs (2) ! »

Nous imaginons que ses collaborateurs, si tant est que son succès leur inspira des réflexions étrangères au triomphe du but commun, durent non jalouser, mais prendre peu au sérieux le

______

(1) « Chose drôle, écrivait-il également, le même jour, à M. Cobden, je n'éprouvais d'émotion qu'au *mollet*. Je comprends maintenant le vers de Racine :

Et mes genoux tremblants se dérobent sous moi ».

(2) Lettre à M. Richard Cobden, 30 octobre 1846.

talent oratoire de ce Landais qui avait eu la prétention de faire un discours.

Un discours ? se seraient plutôt écriés les deux
professeurs. Où voyez-vous l'ombre d'un discours dans la suite de phrases qui se sont échap-
pées de la bouche de M. Bastiat ? Et dites-nous
s'il est séant, dans une matière aussi grave que
l'économie politique, de parler par paraboles et
de narrer des contes qui font songer à Peau
d'Ane ? Dites-nous, je vous prie, s'il est nécessaire, pour laver les libre-échangistes du reproche de ne pas ménager les transitions, de faire
intervenir ce menuisier aveugle de Mugron qu'un
perfide concurrent essaye de maintenir dans son
infirmité ? Pour faire comprendre que la valeur
d'un objet non seulement réside dans son utilité
intrinsèque, mais encore dépend du milieu dans
lequel il est placé, est-il besoin de parler de
cet homme qui descend une montagne, le baromètre à la main, ou de cet Auvergnat qui gagne
dix sous par jour dans son pays et deux francs
à Paris ? Est-il un orateur sérieux, celui qui
avoue n'avoir point fait sa rhétorique et ne pouvoir s'écrier comme Lindor :

« Je ne suis qu'un simple bachelier. »

celui qui redit, après la servante de Chrysale :

« ... Je parle tout dret comme on parle cheux nous. »

celui qui, enfin, dans un langage familier, se
laisse aller à raconter de si plaisantes histoires,

à se moquer si librement de ses adversaires, que l'hilarité générale interrompt un moment la séance ?

Et cependant, le nom de ces deux professeurs est tombé dans l'oubli, tandis que celui de Bastiat, n'eût-il été attaché qu'au Libre-Echange, fût demeuré, précisément parce que Bastiat avait une façon à lui de présenter ses idées, de développer ses arguments, de ruiner les théories des protectionnistes, qui lui permettait d'enlever un auditoire qu'un discours plus savant eût laissé froid.

Le 31 octobre 1846, le Conseil définitif de l'Association parisienne pour la liberté des échanges fut constitué. Si, en cette étude, nous ne voulions nous attacher qu'à la figure seule de Bastiat, il serait de la plus élémentaire justice de présenter ici quelques-uns de ces hommes qui ne craignirent pas d'apporter à l'Association l'éclat de leur nom, le concours de leur talent ou de leur expérience. Il nous paraît convenable, en tout cas, de citer au moins leurs noms, pour les associer à la gloire de celui qui sut les réunir autour de lui. Quelques-uns d'entre eux jouissaient déjà d'une notoriété indiscutable : le duc d'Harcourt, qui fut élu président, MM. Anisson-Duperron, Blanqui, Michel Chevalier, Dunoyer, Léon Foucher, Ortolan, Renouard, Louis Reybaud, Horace Say, Wolowski, étaient connus, on peut le dire, de toute la France qui lisait ou s'occupait de politique ; mais à côté de ces grands noms, il y avait ceux d'hommes qui occupaient une situation moins en vue, qui faisaient partie du monde des affaires et que le souci de leurs intérêts matériels n'arrêtait pas. Nous voyons, en effet, figurer au nombre des membres du Conseil, MM. Bosson, filateur à Boulogne-sur-Mer, Denière et Paillotet, président et vice-président du Conseil des prud'hommes de Paris, Nicolas Kœchlin, manufacturier, Louis Leclerc, chef d'institution, Peupin, ouvrier horloger, membre du Conseil des prud'hommes, Potonié, négociant, Riglet, fabricant de bronzes. Ajoutons que le Conseil était complété par un trésorier, M. d'Eichthal, par deux censeurs, MM. Cheuvreux et Luuyt, par six secrétaires, MM. Joseph Garnier, Coquelin, Fonteyraud, de Molinari, Guillemin et Blaise (des Vosges), les fonctions de secrétaire général étant naturellement dévolues à Frédéric Bastiat.

A l'Association de Paris étaient venues s'affilier les associations similaires fondées à Bordeaux, à Marseille, à Lyon et au Havre. Il ne restait plus à Bastiat qu'à commencer son apostolat.

« L'échange, disait le manifeste élaboré dès le mois de mai, est un droit naturel comme la propriété. » Priver un citoyen de la liberté d'échanger, c'est blesser la loi de justice, c'est violer les conditions de l'ordre, c'est méconnaître la pensée providentielle qui préside aux destinées humaines, c'est contrarier le développement de la prospérité publique, c'est compromettre la paix entre les peuples. Aussi l'Association, qui a pour but la liberté des échanges, sert-elle « la cause de l'éternelle justice, de la paix, de l'union, de la libre communication, de la fraternité entre tous les hommes, la cause de l'intérêt général qui se confond, partout et sous tous les aspects, avec celle du *Public consommateur*. » Ce sont ces idées que Bastiat allait propager partout. Que disons-nous ? Depuis son arrivée à Paris, il ne cessait de les propager ; mais il devait avoir maintenant une tribune d'où sa voix retentirait dans toute la France.

Jusqu'alors, en effet, il avait dû se contenter de l'hospitalité qui lui avait été offerte par le *Mémorial bordelais*, le *Courrier français*, les *Débats* ou le *Journal des Economistes*. C'est dans ces journaux qu'il avait pu exposer ses vues théoriques sur le commerce et la liberté commerciale, sur la différence entre le droit fiscal et le droit protecteur, sur la réforme postale à laquelle il consacra deux longs articles, etc. Mais l'Association allait posséder son organe propre, le *Libre-Echange*, journal hebdomadaire qui porterait la bonne parole dans les moindres villes ; et Bastiat se promettait bien *in petto* de le faire à lui seul. Ne dit-il pas un jour : « Il faut qu'on me laisse faire le journal comme je le veux ou qu'un autre le signe ? »

Ce labeur énorme n'était pas sans fatigue ; il n'était pas non plus sans déboires et sans amertume.

« Ah ! mon ami, écrit-il le 20 décembre 1846 à M. Cobden, je m'attendais que nos adversaires exploiteraient contre nous les aveugles passions populaires, et entre autres la haine de l'étranger. Mais je ne croyais pas qu'ils réussiraient aussi bien. Ils ont soudoyé de nouveau la presse et le mot d'ordre est de nous représenter comme des traîtres, des agents de *Pitt et Cobourg*. Croiriez-vous que, dans mon pays même, cette calomnie a fait son chemin ! On m'écrit de Mugron qu'on n'ose plus y parler de moi *qu'en famille*, tant l'esprit public y est monté contre notre entreprise. »

Quelle tristesse ce devait être, pour celui qui ne recherchait que le bien d'autrui, de se voir ainsi honni, et avec quelle mélancolie devait-il tourner ses regards vers Mugron qui le reniait presque et auquel sa pensée allait toujours.

« Ta blanche chaumière me sourit, écrit-il dans un jour de lassitude à son ami Coudroy. Je t'admire et te félicite de ne placer ton château en Espagne qu'à un point où tu puisses atteindre. Deux métairies en ligne, de justes proportions de champs, de vignes, de prés, quelques vaches, deux familles patriarcales de métayers, deux domestiques qui, à la campagne, ne coûtent pas cher, la proximité du presbytère, et surtout ta bonne sœur et tes livres. Vraiment il y a là de quoi varier, occuper et adoucir les jours d'automne. Peut-être un jour j'aurai aussi ma chaumière près de la tienne. Pauvre Félix ! tu crois que je poursuis la gloire ! »

C'est bien le *ô rus ! quando ego te aspiciam !* qu'il répétera à son autre ami Cobden : quand verra-t-il les champs, la mer, les montagnes ? Et surtout, quand sera-t-il au milieu de ceux qui l'aiment ?

« Vous avez fait des sacrifices, vous, continue-t-il ; mais c'était pour fonder l'édifice de la civilisation. En conscience, mon ami, est-on tenu à la même abnégation quand on ne peut que porter un grain de sable au monument ! Mais il fallait faire ces réflexions avant ; maintenant, l'épée est sortie du fourreau. Elle n'y rentrera plus. Le monopole ou votre ami iront avant au *Père Lachaise.* »

Le devoir, toujours le devoir...
Avant l'apparition du *Libre-Echange,* « il donnait, dit M. de Molinari, des lettres, des articles de polémique et des variétés à trois journaux, sans compter des travaux plus sérieux pour le *Journal des Economistes.* Voyait-il, le matin, poindre un sophisme protectionniste dans un journal un peu accrédité, aussitôt il prenait la plume, démolissait le sophisme avant même d'avoir songé à déjeuner ; et notre langue comptait un petit chef-d'œuvre de plus. » Il continua, lorsqu'il eut à sa disposition les huit pages du journal de l'Association. Tantôt il étudiait l'influence du régime protecteur sur l'agriculture et montrait l'inanité de la protection ; tantôt il met-

tait à nu tous les défauts et tous les méfaits de
l'échelle mobile ; tantôt il prenait à parti les partisans de cette « vieillerie » qu'est la balance du
commerce ; tantôt il recherchait les relations qui
existent entre le prix des aliments et le taux des
salaires ; et dans chacun de ses articles, le logicien terrible avait tôt fait de culbuter les beaux
raisonnements des protectionnistes. Mais tantôt
encore Bastiat publiait une « Variété », modèle
de bon sens et d'humour ; et, ce jour-là, la dé-
route de ses adversaires s'achevait au milieu des
éclats de rire de la galerie.

Voici, par exemple, l'*Utopiste*, ce réformateur
ingénieux qui, s'il était ministre de S. M., rédui-
rait tout de suite la taxe des lettres, l'impôt sur
le sel et parerait au déficit en diminuant d'autres
droits, les droits de douane, s'entend. Il est vrai
que s'il était ministre, il commencerait par être
fort embarrassé.

« Car enfin, je ne serais ministre que parce que
j'aurais la majorité ; je n'aurais la majorité que
parce que je me la serais faite ; je ne me la serais
faite, honnêtement du moins, qu'en gouvernant selon
ses idées... Donc, si j'entreprenais de faire prévaloir
les miennes, je n'aurais plus la majorité et si je
n'avais pas la majorité, je ne serais pas ministre de
Sa Majesté. »

Voici ces deux chasseurs qui, perdus dans les
Landes, ne peuvent se mettre d'accord sur la direction de Bayonne.

... « Le soir une route ignorée se présente à nous. A ma grande surprise, Eugène et moi, nous nous tournons le dos. — Où vas-tu ? lui dis-je. — A Bayonne.— Mais tu prends la direction de Bordeaux. — Tu te moques ; le vent est Nord et il nous glace les épaules. — C'est qu'il souffle du *Sud*. — Mais ce matin le soleil s'est levé là. — Non, il a paru ici. — Ne vois-tu pas devant nous les Pyrénées ? — Ce sont des nuages qui bordent la mer. Bref, jamais nous ne pûmes nous entendre. »

Ils ne s'entendent pas plus facilement, les protectionnistes qui soutiennent que le blé est fait pour être cultivé et les libre-échangistes qui prétendent qu'il est fait pour être mangé !

Voici Robinson qui, avec Vendredi, peine matin et soir pour chasser et jardiner et qui tient ce langage à un étranger venu lui offrir du gibier en échange de légumes :

« Etranger, pour que votre proposition soit acceptée, il faudrait que nous fussions bien sûrs de deux choses : la première, que votre île n'est pas plus giboyeuse que la nôtre, car nous ne voulons lutter *qu'à armes égales* ; la seconde, que vous perdez au marché. Car, comme dans tout échange, il y a nécessairement un gagnant et un perdant, nous serions dupes, si vous ne l'étiez pas. Qu'avez-vous à dire ?

« Rien, dit l'étranger. Et ayant éclaté de rire, il regagna sa pirogue. »

Et, conclut Bastiat, Robinson n'est pas plus absurde que le comité de la rue Hauteville (1).

---

(1) L'association libre-échangiste avait son siège rue de

Voici le *Petit Arsenal libre-échangiste*, suite de maximes concises que l'auteur aurait pu intituler aussi : petit catéchisme du libre-échangiste :

« Si l'on vous dit : l'agriculture est la mère nourricière du pays.

« Répondez : ce qui nourrit le pays, ce n'est précisément pas l'agriculture, mais le *blé*. ». . . . . . .

« Si l'on vous dit : le travail, c'est la richesse.

« Répondez : c'est faux. Et par voie de développement, ajoutez : Une saignée n'est pas la santé ; et la preuve qu'elle n'est pas la santé, c'est qu'elle a pour but de la rendre. ». . . . .

« Si l'on vous dit, comme la *Presse* : Quand on n'a pas de quoi acheter du pain, il faut acheter du bœuf.

« Répondez : Conseil aussi judicieux que celui de M. Vautour à son locataire. Quand on n'a pas de quoi payer son terme, il faut avoir une maison à soi. »

Voici encore *La peur d'un mot*, ce mot *libre-échange* qui paraît un ogre aux hommes de 1846, de même que *Madame Veto* avait été prise pour une ogresse par leurs pères, et qui signifie tout simplement *échange libre*.

Citons également la *Main droite et la main gauche*, pseudo-rapport d'un ministre au roi pour demander que dorénavant les ouvriers ne

____

Choiseul ; les prohibitionnistes, qui avaient également leur association, avaient installé leur comité directeur, rue Hauteville.

soient plus autorisés à travailler que de la main
gauche. C'est vraiment là un de ces petits chefs-
d'œuvre dont a parlé M. de Molinari, et on ne
peut railler plus spirituellement les protectionnistes et leur syllogisme : plus on travaille, plus
on est riche. — Plus on a de difficultés à vaincre,
plus on travaille. — Ergo, plus on a de difficultés
à vaincre, plus on est riche.

« Quand les ouvriers de toutes sortes seront réduits
à leur main gauche, représentons-nous, Sire, le nombre immense qu'il en faudra pour faire face à l'ensemble de la consommation actuelle, en la supposant
invariable, ce que nous faisons toujours quand nous
comparons entre eux des systèmes de production op-
posés. Une demande si prodigieuse de main-d'œuvre ne peut manquer de déterminer une hausse considérable des salaires, et le paupérisme disparaîtra du
pays comme pas enchantement...

« Oui, nous nous faisons un touchant tableau de
la prospérité de l'industrie couturière. Quel mouvement ! Quelle activité ! Quelle vie ! Chaque robe oc-
cupera cent doigts au lieu de dix. Il n'y aura plus
une jeune fille oisive et nous n'avons pas besoin,
Sire, de signaler à votre perspicacité les conséquences morales de cette grande révolution. Non seulement il y aura plus de filles occupées, mais chacune
d'elles gagnera davantage, car elles ne pourront suffire à la demande, et, si la concurrence se montre
encore, ce ne sera plus entre les ouvrières qui font les
robes, mais entre les belles dames qui les portent...

« Nous ne voulons pourtant pas dissimuler à Votre
Majesté, Sire, que notre projet a un côté vulnérable.
On pourra nous dire: dans vingt ans, toutes les mains

gauches seront aussi habiles que le sont maintenant les mains droites, et vous ne pourrez plus compter sur la *gaucherie* pour accroître le travail national.

« A cela nous répondrons que, selon de doctes médecins, la partie gauche du corps humain a une faiblesse naturelle tout à fait rassurante pour l'avenir du travail.

« Et, après tout, consentez, Sire, à signer l'ordonnance et un grand principe aura prévalu : *Toute ri chesse provient de l'intensité du travail.* Il nous sera facile d'en étendre et varier les applications. Nous décréterons, par exemple, qu'il ne sera plus, permis de travailler qu'avec le pied. Cela n'est pas plus impossible (puisque cela s'est vu) que d'extraire du fer des vases de la Seine. On a vu même des hommes écrire avec le dos. Vous voyez, Sire, que les moyens d'accroître le travail national ne nous manqueront pas. En désespoir de cause, il nous resterait la ressource illimitée des amputations. »

Voici encore... Mais il faut savoir se borner. Que les curieux de lettres se reportent au volume du *Libre-Echange*. La mine est pour ainsi dire inépuisable ; et on peut trouver dans les papiers de Bastiat des morceaux qui sont restés inédits (1).

Il ne suffisait pas à Bastiat d'écrire. Devant l'indifférence et l'ignorance auxquelles il se heurtait et qui, suivant son expression, dépassaient

---

(1) Voir à l'*Appendice*, page 297, sous le titre *Libre-Echange gai*, trois de ces morceaux qui nous ont paru mériter d'être tirés au jour.

F. B.

en économie politique tout ce qu'on pouvait imaginer, il crut que des conférences seraient un autre moyen de succès. L'exercice de la parole le
fatiguait beaucoup: ce n'était pas pour l'arrêter,
et, le 3 juillet 1847, à la salle de la rue Taranne
il discourut devant les élèves des Ecoles de Droit
et de Médecine. A ces jeunes gens qui « quelques
années plus tard, gouverneraient le monde ou du
moins la France », et dont les billevesées protectionnistes ou les utopies socialistes étaient susceptibles de fausser le jugement, il voulut démontrer la nécessité de se rattacher à un principe quand on étudie un sujet aussi important
que celui de la liberté commerciale, et ce sujet
de la liberté du commerce l'amena à parler des
bornes de l'action gouvernementale.

C'était prendre la question de haut. On l'écouta
avec bienveillance, avec sympathie même; et l'intervention d'un des principaux rédacteurs de la
Démocratie pacifique, journal du fouriérisme,
n'eut d'autre effet que de souligner l'élévation
des vues de Bastiat.

Dans les autres discours qu'il fut appelé à faire,
le secrétaire général de l'Association du Libre-
Echange se cantonna exclusivement sur le terrain de la discussion.

En août 1847, sur l'invitation de plusieurs notabilités de Lyon, il se rendit dans cette ville et y
fit deux conférences. Dans la première, il opposa
les conséquences du régime libre-échangiste
aux conséquences du régime protecteur. Dans

la seconde, il traita de la question des salaires,
et c'est là que nous trouvons supérieurement
démontrée cette vérité, que la protection ne peut
améliorer la situation des ouvriers.

Qu'une industrie, expliquait-il, qu'une fabrique de drap, par exemple, soit protégée: les consommateurs, parmi lesquels figurent les ouvriers, éprouveront une perte, car le prix du
drap restera élevé. Il est vrai que la tendance des
capitaux est de se porter et d'entraîner le travail
là où sont les plus gros bénéfices. Il est donc vrai
que, dans la fabrication du drap, il y aura un
surcroît de demande de travail et un surcroît de
capital pour y faire face, ce qui constitue précisément les conditions dans lesquelles le salaire
hausse ; et c'est là que les protectionnistes triomphent. Mais d'où vient ce surcroît de capital ? Il
ne descend pas de la lune ni du soleil. C'est un
capital qui s'est déplacé, qui a déserté d'autres
industries, décourageant ainsi le travail et le salaire de ces industries. L'ouvrier n'a donc point
perdu, quant au salaire, car ce salaire, découragé ici, a été encouragé là ; mais il a fait, en tant
que consommateur, une perte sur le drap dont
il se vêt. Et cette perte se renouvelle vingt fois
par jour, à propos du blé, à propos de la viande,
à propos de la hache et de la truelle. Le problème
des salaires ? concluait Bastiat, « un simple ouvrier l'a admirablement posé en ces termes pleins
de justesse et de clarté : quand deux ouvriers
courent après un maître, le salaire baisse ; quand

deux maîtres courent après un ouvrier, le salaire hausse. »

De Lyon, Bastiat devait se rendre dans les Landes, où l'appelait la session du Conseil général. Il prit le chemin des écoliers — peut-être, au temps des diligences, était-il le plus court, — et passa par Marseille. L'association marseillaise libre-échangiste n'eut pas de peine à obtenir de Bastiat qu'il prît la parole dans une réunion publique.

L'assemblée se tint, le 20 août, à la salle Boisselot. Plus de mille personnes se pressaient dans l'enceinte pour écouter le leader parisien, autant que pour voir Lamartine qu'un heureux hasard avait amené dans la cité phocéenne et qui avait promis d'assister à la solennité.

Comme le rapporta le *Courrier de Marseille*, ce fut une journée inoubliable. Dans une suite de démonstrations présentées avec simplicité et clarté, relevées par de spirituelles saillies, éclairées par des remarques pleines d'à-propos, Bastiat prouva la vérité de cet aphorisme : les produits s'échangent contre des produits, ou encore les services s'échangent contre des services. Puis il établit que le libre-échange aurait pour effet d'alléger la situation de la classe sur laquelle pèsent le plus lourdement les impôts et d'augmenter les revenus du Trésor. Nous avons vu précédemment combien Bastiat avait le désir d'amener Lamartine à la vérité économique ; il ne put s'empêcher, en terminant, de faire publiquement appel aux sympathies de cet homme illustre, aux côtés duquel il se trouvait.

« Et, Messieurs, dit-il dans sa péroraison, remarquez que dans ce grand combat entre la liberté et la restriction, toutes ces hautes intelligences dont le pays s'honore, pourvu qu'elles soient affranchies des mauvaises inspirations de l'esprit de parti, sont du côté de la liberté. Sans doute, tout le monde ne peut pas avoir l'expérience du négociant ; tout le monde n'est pas obligé non plus de pénétrer dans toutes les subtilités de la théorie économique. Mais s'il est un homme, au regard d'aigle, qui n'ait pas besoin, comme nous, des lourdes béquilles de la pratique et de l'analyse, et qui ait reçu du ciel, avec le don du génie, l'heureux privilège d'arriver d'un bond et dans toutes les directions jusqu'aux bornes et par delà les bornes des connaissances du siècle, cet homme est avec nous. Tel est, j'ose le dire, l'inimitable poète, l'illustre orateur, le grand historien, dont l'entrée dans cette enceinte a attiré vos avides regards. Vous n'avez pas oublié que M. de Lamartine a défendu la cause de la liberté dans une circonstance où elle se confondait intimement avec l'intérêt marseillais. Je n'ai pas oublié non plus que M. de Lamartine, avec cette précision, ce bonheur d'expression qui n'appartiennent qu'à lui, a résumé toute notre pensée en ces termes : la liberté fera aux hommes une justice que l'arbitraire ne saurait lui faire. J'espère donc et j'ai la ferme confiance que M. de Lamartine ne me démentira pas, si je dis que sa présence dans cette assemblée n'est pas seulement un témoignage de bienveillance envers des hommes qui essaient leurs premiers pas dans cette carrière du bien public qu'il parcourt avec tant de gloire, mais qu'elle révèle aussi sa profonde sympathie pour la sainte cause de l'union des peuples et de la libre communication des hommes, des choses et des idées. »

Des acclamations enthousiastes accueillirent ces mots. L'auditoire tout entier et le bureau, tournés vers Lamartine, ne cessaient d'applaudir : Lamartine dut parler. Ce fut, comme on pouvait s'y attendre, une improvisation superbe. A-t-on vu, par exemple, plus belles paroles que celles qui lui furent inspirées par le froid et sec tarif des douanes et que nous voulons transcrire ici :

« Messieurs, j'ai ouvert, j'ai feuilleté tristement quelquefois sur mon banc, à la Chambre des députés, ce volume que vous connaissez tous ici. Ce volume énorme, immense, infini, confus, irrationnel, cette apocalypse du système prohibitif... Oui, cette apocalypse du système protectionniste qu'on appelle le tarif de nos douanes ! J'ai frémi, j'ai gémi, j'ai souri de pitié sur nous-mêmes en lisant cette liste intarissable de nos tarifs prétendus protecteurs, liste où tout figure depuis cette graine de sésame, que vous citait tout à l'heure un de vos orateurs, depuis cette graine de sésame, cette poussière végétale imperceptible coupable de contenir une goutte d'huile dans chaque grain, jusqu'au bœuf engraissé de la Suisse et jusqu'à la baleine du Groënland, depuis l'aiguille d'acier anglais, outil de la pauvre fille de vos mansardes qui brode une étoffe ou un voile avec un fil de lin ou de coton surenchéri entre ses doigts, jusqu'au mât du vaisseau qui porte vos voiles surenchéries par un système qui n'a qu'un regret, celui de ne pouvoir y surenchérir le vent... ! Tout ce qui sert à l'homme, tout ce qui le nourrit, tout ce qui l'habille, tout ce qui le chauffe, tout ce qui le console est l'objet d'un prix additionnel au prix naturel pour élever tout et la vie elle-même au-dessus de la portée du plus grand nombre. En sorte que ce système protecteur soi-disant du travail national et appelé ainsi par dérision sans doute de ceux qui l'ont inventé ou qui le défendent, ne protège en réalité que la pénurie, la nudité, la faim, la soif, la dépopulation et la mort de l'empire. Et je me disais en feuilletant ce code de nos misères volontaires : Est-il possible que ce soit le code de Dieu ? Est-il possible que ce soit là le livre de vérité ? Est-il possible que ce soit là l'évangile de vraie protection et de charité pour les masses du peuple ? Non ! c'est le code de l'égoïsme ! C'est le livre d'or du monopole ! C'est l'évangile du mensonge social et de la cupidité aveugle du producteur insatiable contre le consommateur indigent ! »

Bastiat pouvait être fier de son œuvre: la magnifique profession de foi économique qu'il avait amené Lamartine à faire consacrait les efforts de la Ligue et la vengeait des insultes des prohibitionnistes. Mais la réelle modestie de l'apôtre du libre-échange allait être soumise à une dure épreuve : devant un auditoire brillant, celui qui portait sur son front la triple couronne de poète, d'historien et d'orateur évoqua, en finissant, le jour où le peuple aurait la plus incontestable, la première, la plus sainte des libertés, la liberté de vivre.

« Ce jour-là, s'écria-t-il, vous vous souviendrez, vous ou vos enfants, vous vous souviendrez avec reconnaissance de ce missionnaire de bien-être et de richesses, qui est venu vous apporter de si loin, et avec un zèle entièrement désintéressé, la vérité gratuite dont il est l'organe et la parole de vie matérielle ; et vous placerez le nom de M. Bastiat, ce nom qui grandira à mesure que sa vérité grandira elle-même, vous le placerez à côté de Cobden, de Fox et de leurs amis de la grande ligue européenne, parmi les noms des apôtres de cet évangile du travail émancipé, dont la doctrine est une semence sans ivraie qui fait germer chez tous les peuples, sans acception de langue, de patrie ou de nationalité, la liberté, la justice et la paix ! »

Et les paroles de Lamartine nous remettent en mémoire ces mots gravés sur le piédestal de la statue de Peel : « Il se peut que ce nom soit plus d'une fois prononcé avec bienveillance sous l'humble toit des ouvriers, de ceux qui gagnent chaque jour leur vie à la sueur de leur front, eux qui auront désormais, pour réparer leurs forces épuisées, le pain en abondance et libéré de toute taxe, pain d'autant meilleur qu'il ne s'y mêlera plus, comme un levain amer, le ressentiment contre une injustice. »

Si l'Angleterre peut se féliciter d'avoir eu Robert Peel, la France peut s'énorgueillir d'avoir produit Frédéric Bastiat.

CHAPITRE VII

———

Les sophismes économiques. — Frédéric Bastiat et Benjamin Franklin. — Situation de la France a la veille de la Révolution de 1848.

Frédéric Bastiat ne se contentait pas de diriger le *Libre-Echange*, de faire çà et là quelques discours, d'entreprendre des voyages de propagande, à Lyon, à Marseille, au Havre ; il poursuivait encore la publication en volumes des *Sophismes économiques*.

La première série des *Sophismes* parut à la fin de 1845. Bien qu'elle ne se composât pas entièrement d'articles inédits, elle eût un très grand succès de librairie ; l'édition fut vite épuisée et on en fit des traductions en anglais et en italien.

Elle comprenait d'abord *Abondance et disette*, *Obstacle et cause*, *Effort et résultat*, *Balance du commerce*, etc., chapitres qui, plus tard, devaient être repris, travaillés à nouveau et incorporés dans les *Harmonies*, et qui étaient dans ce que Bastiat appelait le genre *Seria*. Aussi ne nous y arrêterons-nous pas.

Quant au genre *Buffa*, il était représenté par trois ou quatre morceaux de fine et spirituelle ironie.

L'ignorance en matière économique était telle, vers 1845, que quelqu'un avait pu discuter sérieusement la question de savoir si le chemin de fer de Paris en Espagne ne devait pas avoir une solution de continuité à Bordeaux, afin que voyageurs et marchandises, forcés de s'arrêter dans cette ville, y laissassent des profits aux hôteliers, commissionnaires et consignataires. Et Bastiat demande : pourquoi Bordeaux et pas Angoulême, Poitiers, Tours ? Et si Angoulême, Poitiers, Tours, pourquoi pas Ruffec, Châtellerault, etc. Pourquoi alors ne construirait-on pas un chemin de fer négatif ?

J'ai fait une immense découverte, écrivait encore Bastiat. Nous allons construire une voie ferrée qui reliera Paris à Bruxelles et qui nous permettra d'avoir à 5 francs meilleur marché tel produit belge. Pourquoi dépenser 200 millions dans un chemin de fer, quand nous pouvons arriver au même résultat en réduisant de 5 francs la taxe douanière ?

Il est permis d'avoir oublié et même d'ignorer *Un chemin de fer négatif* ou *Immense découverte !!!* mais s'il est une pièce qui aurait sa place toute marquée dans une anthologie de littérature économique, c'est bien la « Pétition des fabricants de chandelles, bougies, lampes, chandeliers, réverbères, mouchettes, éteignoirs, et des producteurs de suif, huile, résine, alcool et généralement de tout ce qui concerne l'éclairage ». Messieurs, disaient aux députés ces braves commerçants, nous subissons l'intolérable concurrence d'un rival étranger que nous soupçonnons d'autant plus sûrement de nous être suscité par la perfide Albion qu'il a pour cette île orgueilleuse des ménagements dont il se dispense envers nous. Ce rival n'est autre que le soleil.

« Nous vous demandons qu'il vous plaise de faire une loi qui ordonne la fermeture de toutes fenêtres, lucarnes, abat-jour, contre-vents, volets, rideaux, vasistas, œils-de-bœuf, stores, en un mot, de toutes ouvertures, trous, fentes et fissures par lesquels la lumière du soleil a coutume de pénétrer dans les maisons, au préjudice des belles industries dont nous nous flattons d'avoir doté le pays, qui ne saurait sans ingratitude nous abandonner aujourd'hui à une lutte si inégale ».

Et suit l'énumération de toutes ces industries depuis l'élevage du bœuf, la culture du colza et du pin jusqu'à la fabrique d'articles de Paris...

Mais, à vouloir analyser, on se sent impuissant à rendre le charme de ces *Sophismes*, où la forme et le fond s'allient si bien ; on laisse tomber la plume et, sans plus se soucier de la tâche qu'on s'était donnée, on relit pour son propre plaisir les pages qu'on allait résumer.

En janvier 1848, Bastiat publia la seconde série de ses *Sophismes*. A côté d'articles déjà insérés dans le *Libre-Echange* ou dans le *Journal des Economistes*, tels que la *Main droite et la main gauche, Post hoc, ergo propter hoc*, etc., on y rencontre de nouvelles variations sur des thèmes économiques connus. C'est toujours le même procédé, la même façon de présenter des vérités ou de démontrer l'absurdité des arguments protectionnistes ; et cependant, il semble que Bastiat ait voulu renouveler son style. Les réminiscences d'auteurs classiques abondent. Molière surtout, ce peintre des ridicules et ce fanatique du bon sens, est mis à contribution : lés *Femmes savantes*, le *Misanthrope*, le *Malade imaginaire, Tartuffe*, donnent çà et là la réplique. D'autre part, Jacques Bonhomme est souvent en scène ; et on trouve même, sous forme dialoguée, une démonstration en quatre tableaux intitulée *la Protection et les trois échevins*.

C'était, on le voit, la continuation surtout du genre *Buffa*.

« Je me suis assuré, avait-il écrit à M. Coudroy, que la parabole et la plaisanterie ont plus de succès et opèrent plus que les meilleurs traités. »

Et fort de cette constatation, Bastiat cultivait la parabole et la fine plaisanterie.

« Nous avons vu, dans un de ses cahiers, a dit M. de Fontenay, un de ses sophismes refondu entièrement trois fois, trois morceaux aussi finis l'un que l'autre, mais très différents de ton. La première manière, la plus belle à mon avis, c'était la déduction scientifique, ferme, précise, magistrale ; — la seconde offrait déjà quelque chose de plus effacé dans la tournure et de plus bourgeois, une causerie terre-à-terre, débarrassée des mots techniques et à la portée du commun des lecteurs; — la troisième, enfin, encadrait tout cela dans une forme un peu légère, un dialogue ou une petite scène demi-plaisante. » Bastiat cherchait à convaincre le plus grand nombre, c'est-à-dire à être lu du plus grand nombre, et il flattait le goût plus ou moins pur, de ses lecteurs. Mais, sortait-il pour cela de sa manière naturelle ou du moins de la manière où il eût le mieux excellé ? A l'entendre, on le croirait :

« Ce qui me vexe un peu, avait-il confié un jour à M. Coudroy, c'est de voir que les trois ou quatre plaisanteries que j'ai glissées dans ce volume (1) ont fait fortune, tandis que la partie sérieuse est fort négligée. »

Et cependant s'il n'avait pas écrit ces «plaisanteries », il eût simplement grossi la phalange des économistes et ne se fût distingué d'aucun de ses maîtres ou de ses émules ; et ce qui fait précisément son originalité, c'est qu'il décrivait les phénomènes économiques dans une langue que tout

____

(1) La première série des *Sophismes.*

homme, si peu initié qu'il fût à la logomachie scientifique, comprenait sans difficulté. Le petit commerçant, l'artisan, l'ouvrier, le simple savetier du coin de la rue, le pauvre Jacques Bonhomme lui-même se rendaient parfaitement compte, par exemple, que la *valeur* d'un objet dépend non seulement de son utilité intrinsèque, du travail qu'il a accasionné, mais encore du milieu dans lequel il est placé, lorsqu'ils voyaient Bastiat comparer le prix du terrain à Paris et celui de la terre dans les Landes et constater que ce qui vaut là des milliers de francs la toise carrée, se donne ici pour cinq centimes.

« D'où vient la différence ? Est-elle dans les qualités intrinsèques de la terre ? Non, Messsieurs, on peut faire des fossés aussi profonds et élever des murs aussi hauts chez nous qu'à Paris. Mais ici le terrain à bâtir est dans un autre milieu : il est environné d'une population nombreuse, riche, qui veut être logée. »

Ces mêmes petits commerçants, ces mêmes artisans, ces mêmes ouvriers pouvaient pénétrer le cœur même de la doctrine libre-échangiste quand, dans ses *variétés*, Bastiat mettait en scène des gens comme eux, les faisait parler, leur répondait, s'ingéniant à dire des choses simples sur un ton simple.

On s'explique ainsi que la manière spéciale de Bastiat ait eu tant de succès. On comprend, d'autre part, que ce succès dure encore, car il n'est pas un des arguments des protectionnistes d'aujourd'hui qu'on ne puisse réfuter, un «Bastiat» à la main. Nous dirons plus : c'est à la génération actuelle surtout que l'œuvre de Bastiat est utile, car l'artisan, l'ouvrier, le laboureur de notre époque ont, pour défendre leurs intérêts sacrifiés par le régime protecteur, une arme, le bulletin de vote, que leurs pères ou leurs grands-pères ne possédaient pas en 1847. Il n'est point nécessaire que celui qui manie la varlope ou conduit une machine sache les lois qui régissent le monde physique ou qui président à la combinaison des corps moléculaires ; mais il est désirable qu'il soit parfaitement instruit, lorsque sa condition matérielle et celle de sa famille sont en jeu, des droits qu'il a et des devoirs qu'il peut légitimement imposer à autrui ; et nul mieux que Bastiat ne pourra faire son instruction économique. Lassalle qualifiait l'œuvre de Bastiat d'abécédaire pour enfants. Il y a une part de vérité dans ce jugement, si expéditif qu'il soit. Mais, ainsi que le dit M. Alexandre Meyer (1), un bon abécédaire, dans lequel un enfant peut apprendre quelque chose, est meilleur qu'un mauvais traité d'où un adulte ne peut tirer aucun profit.

Bastiat est donc un initiateur parfait ; que, par contre, il n'ait pas été un savant, comme le prétend M. Meyer, c'est ce à quoi nous ne pouvons

---

(1) *Die Nation*, 29 juin 1901.

souscrire. N'est-ce pas Condillac qui, en présentant au public un de ses ouvrages, *Le commerce et le gouvernement considérés relativement l'un à l'autre*, écrivait : « Je dirai souvent des choses fort communes ? » Bastiat n'a-t-il pas redit lui-même, après Rousseau, qu'il fallait beaucoup de philosophie pour observer les faits qui sont trop près de nous? Or, il avait beaucoup observé; il avait beaucoup réfléchi ; il savait énormément. Il avait, en outre, une facilité singulière pour débarrasser une question de son aridité technique et pour parler clairement, sobrement, à ceux qu'il voulait persuader.

M. Léon Say a dit qu'il prit aux ligueurs anglais leur méthode, leur langage, et qu'il leur dut, en grande partie, « sa manière incisive, pénétrante, pleine de bon sens et d'ironie (1) ». Cela n'est pas sans quelque vraisemblance ; et il n'est pas douteux que Bastiat, qui poursuivait le même but que Cobden et ses amis, se soit inspiré d'une méthode qui avait si bien réussi de l'autre côté du détroit. Il fut, autant que Cobden, un logicien incomparable et dangereux pour ses adversaires ; il transposa plusieurs des démonstrations qui, en Angleterre, avaient paru topiques : c'est ainsi, par exemple, que le *Maire*

----

(1) Discours prononcé, le 23 avril 1878, lors de l'inauguration, à Mugron, d'un monument élevé en mémoire de Frédéric Bastiat.

d'Enios (p. 420 du *Libre-Echange*), est visiblement imité des *Jardiniers de Hammersmith* du duc de Bedford. L'humour anglais se transforma sous sa plume et sur ses lèvres en légère ironie ; mais le ton simple et familier qu'il affectionnait, la tournure d'esprit empreinte de bonhomie dont il usait, quand il voulait instruire les masses, il les prit, sans conteste, à Benjamin Franklin.

Nous l'avons vu, en 1827, faire la découverte, à Bordeaux, « d'un vrai trésor », un petit volume de Franklin, dont il était tombé tellement enthousiaste, qu'il voulait prendre les mêmes moyens que le Bonhomme Richard « pour devenir aussi bon et aussi heureux.» Or, l'impression de Franklin sur Bastiat fut durable autant que profonde ; et lorsque celui-ci eut à prêcher la Vérité, il se souvint de la manière dont un grand homme pratique parlait pour convaincre les esprits.

Certain jour, un économiste, réveillé fortuitement à six heures du matin, voit le soleil emplir sa chambre, et il calcule que la ville de Paris épargnerait, chaque année, 96.075.000 livres, si elle se servait, pendant les six mois d'été seulement, de la lumière du soleil, au lieu de celle des chandelles et des bougies.

« Quoique ma découverte, ajoute-t-il, puisse procurer de si grands avantages, je ne demande, pour l'avoir communiquée au public avec tant de franchise, ni place, ni pension, ni privilège, ni aucun autre genre de récompense. Je ne veux que l'honneur qui doit m'en revenir, si l'on me rend justice. Je prévois bien que quelques esprits jaloux me le disputeront, qu'ils diront que les anciens ont eu cette idée avant moi ; et peut-être trouveront-ils quelques passages dans de vieux livres pour appuyer leur prétention. Je ne nierai point que les anciens ont connu, en effet, les heures du lever du soleil ; peut-être ont-ils eu, comme nous, des almanachs où ces heures étaient marquées ; mais il ne s'ensuit pas de là qu'il aient su ce que je prétends avoir enseigné le premier, que le soleil *nous éclaire aussitôt qu'il se lève* ; c'est là ce que je revendique comme ma découverte. »

Cette page est-elle de Franklin ou de Bastiat ? On pourrait hésiter avant de répondre et on l'affirmerait signée du nom de Bastiat que, seuls, les initiés protesteraient.

Et cette réflexion sur le luxe :

« Nos yeux, quoique extrêmement utiles, ne demandent, quand cela est raisonnable, que le secours peu dispendieux d'une paire de lunettes, emplette qui ne saurait déranger beaucoup nos finances ; mais ce sont les yeux des autres qui nous ruinent. Si tout le monde était aveugle, excepté moi, je n'aurais besoin ni de beaux habits, ni de belles maisons, ni de beaux meubles. »

Bastiat professant la morale et ignorant ces lignes, aurait dit la même chose dans des termes à peu près identiques.

Et cette « pétition de la main gauche aux personnes qui ont la surintendance de l'éducation », ne donne-t-elle pas l'idée qu'on en trouverait un pastiche, quelque part, dans l'œuvre de Bastiat ?

On pourrait dire aussi que le genre de Bastiat rappelle celui de l'abbé Galiani ou fait songer au Voltaire de l'*Homme aux quarante écus* ; mais, à notre avis, l'économiste landais procède directement des ligueurs anglais, et plus encore de Franklin que des ligueurs anglais ; il est le Bonhomme Richard de la science économique française. Et ses *Sophismes*, que M. de Molinari a placés justement au-dessus des *Sophismes parlementaires* de Bentham, demeureront son œuvre maîtresse. « Gracieuses satires qu'aucun fiel n'envenime, a dit M. Frédéric Passy, gracieuses satires, dont un lucide bon sens est tout l'esprit; — esprit le plus sûr et le plus fin de tous, parce qu'il procède de l'observation et de l'analyse, le plus solide et le plus constamment goûté, parce qu'il n'est que l'art de mettre dans tout son jour le fond naturel et durable des choses. Il semble, à voir voltiger ces bulles brillantes et légères, qu'un souffle eût dû les briser ou les ternir; mais le temps et les orages ont passé sans les atteindre, et ni les coups d'épingle ni les étreintes furieuses n'ont rien pu contre elles, parce qu'elles ne sont point la vide et trompeuse image, mais l'enveloppe exacte et transparente de l'invulnérable vérité. »

De janvier 1846 à février 1848, Frédéric Bastiat resta constamment sur la brèche. Dans l'espace de ces deux années, il ne prit de repos que durant la vingtaine de jours qu'il alla passer près de la tante Justine tombée inopinément malade. Aussi, sa santé, déjà si précaire, ne tarda pas à être profondément altéré.

« Ma grippe, écrit-il le 20 avril 1847, à M. Cobden, a dégénéré en rhume obstiné ; et dans ce moment je crache le sang. Ce qui m'étonne et m'épouvante, c'est de voir combien quelques gouttes de sang sorties du poumon peuvent affaiblir notre pauvre machine et surtout la tête. »

« Vous voulez bien vous préoccuper de ma santé, écrit-il encore trois mois plus tard. Je suis presque toujours enrhumé ; et s'il en est ainsi en juillet, que sera-ce en décembre ? Mais ce qui m'occupe le plus, c'est l'état de mon cerveau. Je ne sais ce que sont devenues les idées qu'il me fournissait autrefois en trop grande abondance. Maintenant, je cours après et ne puis pas les rattraper. Cela m'alarme. »

Va-t-il s'arrêter, confier le drapeau du Libre-Echange à d'autres plus robustes que lui et revenir à ses chères Pyrénées qui ne le guériraient probablement pas, mais, au moins, soulageraient ses maux ? Ce serait bien mal le connaître. Il reste à son poste de combat, tel le soldat blessé qui cherche à se servir encore de ses armes. Bien plus, il augmente encore le champ de son activité, comme s'il savait que ses jours sont comptés : il entreprend de faire, rue Taranne, aux étudiants, un cours libre d'économie sociale.

C'était un rêve qu'il caressait depuis longtemps. Il lui semblait avoir dans la tête une nouvelle exposition de la science économique ; l'économie politique lui paraissait susceptible d'être
simplifiée, et, en la rattachant à la politique et à
la morale, il sentait la possibilité d'édifier une
théorie qui montrerait l'harmonie des lois sociales. Qui pouvait mieux le comprendre que ces
jeunes gens des écoles « qui ont de la logique
dans l'esprit et de la chaleur dans l'âme » ? « En
m'adressant à eux, écrivait-il à M. Coudroy, il
me semble que je produirai la conviction, et puis
j'indiquerai au moins les bonnes sources. Que
le bon Dieu me donne encore un an de force, et
mon passage sur cette terre n'aura pas été inutile. »

Mais il avait trop présumé de sa vaillance et
compté sans les événements.

« Je ne puis t'écrire que peu de mots, écrit-il le
24 janvier 1848, car je me trouve atteint de la même
maladie que j'ai eue à Mugron, et qui, entre autres
désagréments, a celui de priver de toutes forces. Il
m'est impossible de penser, encore plus d'écrire (1).»

Il dut abandonner la publication du *Libre-
Echange*, arrêté par la maladie autant que découragé par la conspiration du silence à laquelle
la campagne libre-échangiste se heurtait et qu'a-

____

(1) Lettre à M. Coudroy.

vait fomentée le parti des intérêts coalisé avec différentes factions politiques. Il continuait ce pendant son cours, lorsque la Révolution de 1848 vint le surprendre.

En réalité, l'explosion de Février le surprit-elle autant que nous venons de le dire ?

Que l'agitation commencée avec le banquet du Château-Rouge, que même le refus opposé par le gouvernement au banquet du douzième arrondissement dûssent amener l'abdication, d'ailleurs inutile, puis la fuite de Louis-Philippe, nul, à la vérité, ne le soupçonnait avant la journée du 24 février. Les cris de *Vive la Réforme*, fussent-ils poussés par la garde nationale en armes sous les fenêtres des Tuileries, ne menaçaient que M. Guizot ; et M. Guizot en était aussi convaincu que MM. Odilon Barrot et Ledru-Rollin, les promoteurs du mouvement. Il fallut un coup de feu inopinément parti devant le poste du ministère des Affaires Etrangères pour amener le peuple à se dire qu'il ne pouvait se fier à la parole du roi, qu'il serait toujours trompé et berné, et qu'une nouvelle révolution s'imposait.

Mais si les républicains eux-mêmes ne voyaient pas la République surgir des premières barricades, il était évident, pour un esprit observateur et réfléchi comme l'était Bastiat, que le gouvernement de Louis-Philippe mentait à son origine et conduisait la France vers l'imprévu.

La bourgeoisie, seule, avait fait les journées

de Juillet ; elle entendait cueillir en toute tranquillité les fruits de sa Révolution. Elle ne croyait
pas, d'ailleurs, que sa suprématie fût jamais
sérieusement attaquée. Que pouvaient, en effet,
contre elle une noblesse qui n'avait pu secourir
un roi chassé de son trône, une caste militaire
que l'inaction avait déjà énervée et qui représentait des idées que notre pays paraissait alors ré-
pudier ? Quant à la classe ouvière, qui n'était pas
encore née à la vie politique, elle ne comptait pas
à ses yeux. La bourgeoisie était donc bien maîtresse de la France et tout concourait à édifier
son autorité. Elle était instruite, savante même ;
elle avait enfin la puissance de l'argent.

Elle était encore la première bénéficiaire des
conquêtes que la Révolution de 1789 avait faites
et qui s'étaient trouvées pour ainsi dire mises en
réserve d epuis une quarantaine d'années. Dé-
livrés de toute entrave, favorisés par la période
de paix que l'avenir semblait promettre, le commerce, l'industrie, l'agriculture prenaient leur es-
sor, enrichissant et mettant hors pair ceux qui,
sous l'ancien régime, eussent composé le modeste Tiers-État. Quelques faillites retentissan-
tes, une certaine gêne dans les relations com-
merciales venaient quelquefois mettre une ombre
au tableau ; mais c'étaient des accidents passa-
gers comme il s'en produit toujours, lorsque la
vie économique d'un pays est en voie d'évolution.
Aussi, qu'il fût industriel ou commerçant, qu'il

fût un de ces capitalistes dont les épargnes allaient permettre les grandes entreprises de travaux publics et les constructions de chemins de fer, ou qu'il appartînt aux professions libérales vers lesquelles se tournait une jeunesse que la carrière des armes n'attirait plus, le bourgeois tenait, dans quelque sens qu'on l'entende, le haut du pavé. Voyez-le, d'ailleurs, s'avancer dans la rue. Son gilet de velours broché, son habit en drap de cachemire galonné imposent la considération ; son chapeau à bords ridiculement petits dresse vers le ciel une forme démesurément haute et menaçante ; une cravate aux multiples tours le fait « se rengorger ». Pour son air, ce n'est pas assez de dire qu'il est dégagé : une redingote courte pincée à la taille, une mince badine dont on joue en marchant donnent à leur heureux possesseur l'aspect d'un conquérant. N'est-il pas, après tout, issu de cette génération dont les exploits guerriers ont étonné le monde et qui s'est couverte de gloire ?

Le mal est que cet homme, bon et honnête au fond, se considère trop lui-même et, pour défendre ses intérêts, fait trop bon marché des intérêts des autres. J.-B. Say, qu'il a un peu lu et dont il se réclame, lui a ouvert des perspectives merveilleuses. Il sait que toute industrie, que tout commerce concourt à la création des richesses d'une nation; il comprend le rôle bienfaisant du capital, accumulation de valeurs qui, rejetées dans la cir-

culation, deviennent un des agents de la production; il se voit ainsi préparant de ses propres
mains le bonheur de ses concitoyens et le progrès ; et ce rôle flatte dangereusement son
amour-propre. Mais il y a plus. Tout en faisant
ses propres affaires, il a conscience qu'il fait
celles de son pays. Il est donc âpre au gain, car
plus il s'enrichit, plus il pense enrichir ceux qui
l'entourent. Son rôle est de produire ; il veut
donc produire toujours et malgré tout. C'est que
des enseignements de l'économie politique, il a
adopté seulement ceux qui convenaient à ses intérêts, rejetant ou méconnaissant les autres. C'est
que, producteur, il n'a cure du consommateur.
De là est née cette ligue tacite des manufacturiers
et des industriels contre la concurrence étrangère; de là sont sortis ces tarifs protecteurs éla-
borés par des *compères* au pouvoir ; et par là
s'explique, en même temps, l'insuccès de Bastiat
dans sa propagande libre-échangiste. N'avons-
nous pas vu les protectionnistes assez forts, pour
faire avorter, en 1842, une tentative d'union
douanière entre la France et la Belgique ?

Et cependant, quelque assurée que paraisse la
suprématie de la bourgeoisie, une réaction violente va bientôt la renverser ; et l'assaut lui sera
donné précisément par ceux qui lui semblaient
le moins redoutables.

L'introduction de plus en plus généralisée de
la machine dans les ateliers, un régime protec-

tionniste qui avait amené le renchérissement des objets de première nécessité avaient créé une misère profonde dans la classe ouvrière. Or, le mot d'Armand Carrel, après les journées de 1830 : le ministère doit être un spectateur inactif de la refonte sociale, avait fait place à une théorie contraire. La classe ouvrière — et Bastiat s'en était personnellement rendu compte — incriminait non pas la mauvaise économie politique faite par la classe possédante et bourgeoise, mais la politique même du gouvernement. Elle se rangeait derrière la presse radicale qui soutenait que la première obligation de ce gouvernement était de faire que tous les hommes valides aient du travail, et du travail suffisant pour qu'eux et leurs familles pussent vivre. M. Arago lui-même, en 1840, du haut de la tribune de la Chambre, avait lancé cette formule, organisation du travail, qui fut bientôt considérée comme la véritable panacée. Et comme la Chambre ni le gouvernement ne voulaient entendre parler d'aucune réglementation, les intéressés s'étaient persuadés que la réforme politique seule pouvait amener une amélioration de leur sort. Ils se plaignaient donc, ils gémissaient sur la dureté des temps présents, mais leurs yeux ne suivaient que les jeux de la scène politique.

Les affaires de la Pologne, du Portugal, de la Belgique, de l'Italie les passionnaient, et le vote d'un tarif ou des contributions les laissait indifférents. Un procès devant la Chambre des Pairs, des négociations pour le mariage des princes, la discussion d'un projet d'adresse, la chute du Cabinet, événement qui se renouvelait fréquemment, occupaient leurs esprits pour longtemps. Bref, ils en étaient arrivés à prêter plus d'attention aux personnes qu'aux principes. Peut-être même voyaient-ils surtout dans la réforme électorale un moyen de mettre les Tuileries en fâcheuse posture et de faire échec à une politique pusillanime. Car, ne l'oublions pas, si la bourgeoisie était pour la paix à tout prix, le peuple avait conservé un sentiment généreux pour les nations opprimées; il avait, d'autre part, gardé un souvenir ému de l'Empire et de l'épopée napoléonienne, et ne comprenait pas qu'on pût supporter les manques d'égards des puissances étrangères envers la France. Et Bastiat pouvait vraiment se demander comment tout cela finirait.

Frédéric Bastiat appartenait à la bourgeoisie. Il faisait partie de ce qu'on appelait le *pays légal*. Mais la science économique l'avait fait se séparer d'une classe de la société qui ne songeait qu'à acquérir des privilèges et des monopoles. Il était un des rares libéraux qui pensaient aux autres autant qu'à lui-même et, s'il était de l'opposition, il ne réclamait qu'un gouvernement sachant donner à chacun toutes les libertés compatibles avec l'ordre et l'autorité.

Il se rendait compte, aussi, des souffrances du peuple et il ne pouvait que souhaiter l'avènement de la réforme qui permettrait à la classe non possédante, au moyen de mandataires élus directement par elle et au besoin dans son sein, de faire écouter ses doléances et d'obtenir quelque soulagement. Encore fallait-il que les remèdes qu'on appliquerait ne prêtassent à aucune critique. Or il y avait précisément à craindre qu'on ne tombât d'un écueil dans un autre. L'école socialiste était là, en effet, qui ne cessait de vitupérer contre les doctrines des économistes, contre cette économie politique qu'elle qualifiait d'anglaise — ce qui était un solécisme — et qu'elle accusait d'écraser les pauvres aux dépens des riches — ce qui était un barbarisme. L'école socialiste aux théories alléchantes, aux promesses infinies autant que variées, était là qui ne demandait qu'à faire passer son programme dans la pratique et à laquelle devaient aller nombre de suffrages nouveaux. Bastiat entrevoyait donc une lutte plus âpre que celle qu'il avait menée contre le protectionnisme et il songeait que cette lutte le réclamerait. Mais certainement l'heure sonna pour lui plus tôt qu'il ne l'avait imaginé et la bataille qu'il avait pressentie dut lui apparaître encore plus rude, lorsqu'il vit la royauté faire place à la République, c'est-à-dire au gouvernement du peuple par le peuple, par le peuple qui était encore mal éclairé sur ses

droits et sur ses devoirs et qui n'était pas préparé à une tâche aussi délicate.

Le 25 février 1848, « Paris s'éveilla aux accents
de la Marseillaise ». La veille, les cris de Vive la
liberté ! A bas le juste milieu ! A bas la régence !
avaient chassé du Palais-Bourbon la duchesse
d'Orléans et un prince dont le front ne devait pas
connaître le poids de la couronne.

Paris avait remis les destinées de la France
entre les mains d'hommes sûrs. Il semblait, dès
lors, que notre pays dût entrer dans une ère
de bonheur et de prospérité. Mais Bastiat, armé
de sa puissante logique, ne se laissa pas duper
par les apparences et nous fait entendre une voix
véritablement prophétique.

On se rappelle l'enthousiasme que fit naître en
lui la révolution de 1830 et les épîtres débor-
dantes de lyrisme qu'il adressa alors à son ami
Coudroy. Combien sa lettre du 29 février 1848
au même confident nous paraît froide et respire
la désillusion, la méfiance ! Sans doute, il juge
la révolution de février plus héroïque que celle
de 1830 ; il vante le courage, l'ordre, le calme, la
modération de la population parisienne. Mais les
suites du mouvement l'effraient.

« Depuis dix ans, explique-t-il, de fausses doctrines, fort en vogue, nourrissent les classes labo-
rieuses d'absurdes illusions. Elles sont maintenant
convaincues que l'Etat est obligé de donner du pain,
du travail, de l'instruction à tout le monde. Le gou-

vernement provisoire en a fait la promesse solennelle ; il sera donc obligé de renforcer tous les impôts pour essayer de tenir cette promesse, et, malgré cela, il ne la tiendra pas. Je n'ai pas besoin de te dire l'avenir que cela nous prépare. La province sera ruinée au profit de la population de Paris, car il ne peut être question de nourrir les métayers, ouvriers et artisans des départements. Il y aurait bien une ressource, ce serait de combattre l'erreur elle-même ; mais cette tâche est si impopulaire qu'on ne peut la remplir sans danger ; je suis pourtant résolu de m'y dévouer, si le pays m'envoie à l'Assemblée nationale. »

Le gouvernement provisoire a pris possession de l'Hôtel de Ville ; Louis Blanc s'est installé au Luxembourg comme président d'une Commission du Travail. Le nouveau pouvoir est assiégé par une armée de quémandeurs et d'intrigants ; et ce spectacle fait dire à Bastiat :

« La *curée* des places est commencée. Plusieurs de mes amis sont tout-puissants ; quelques-uns devraient comprendre que mes études spéciales pourraient être utilisées ; mais je n'entends pas parler d'eux. Quant à moi, je ne mettrai les pieds à l'Hôtel de Ville que comme curieux ; je regarderai le mât de cocagne, je n'y monterai pas. Pauvre peuple ! que de déceptions on lui a préparées ! Il était si simple et si juste de le soulager par la diminution des taxes ; on veut le faire par la profusion, et il ne voit pas que tout le mécanisme consiste à lui prendre dix pour lui donner huit, sans compter la liberté réelle qui succombera à l'opération !

« J'ai essayé de jeter ces idées dans la rue par un

journal éphémère (1) qui est né de la circonstance ;
croirais-tu que les ouvriers imprimeurs eux-mêmes
discutent et désapprouvent l'entreprise ! ils la disent
contre-révolutionnaire.

«Comment, comment lutter contre une école qui
a la force en main et qui promet le bonheur parfait
à tout le monde ?

« Ami, si l'on me disait : tu vas faire prévaloir ton
idée aujourd'hui, et demain tu mourras dans l'obscurité, j'accepterais de suite ; mais lutter sans chance,
sans être même écouté, quelle rude tâche !

« Il y a plus, l'ordre et la confiance étant l'intérêt
suprême du moment, il faut s'abstenir de toute critique et appuyer le gouvernement provisoire à tout
prix, en le ménageant même de ses erreurs. C'est
un devoir qui me force à des ménagements infinis.

« Adieu ; les élections sont proches, nous nous
verrons alors. En attendant, dis-moi si tu remarques
quelques bonnes dispositions en ma faveur. »   .

Ainsi, atteint d'une maladie qui ne pardonne
pas et dont la recrudescence s'affirmait à ce moment, il ne songeait pas un seul instant à lui-
même !   .

Sur le conseil de M. Coudroy, il quitta Paris
dès les premiers jours de mars. Il allait y revenir
deux mois plus tard avec le mandat de député.

---

(1) *La République française.*

CHAPITRE VIII

Frédéric Bastiat député.

De tout temps, Frédéric Bastiat caressa l'idée
d'être député ; non point, est-il besoin d'ajouter,
par ambition, mais par désir de faire entendre
dans le palais du législateur même, l'évangile de
paix, de justice et de liberté dont il était l'apôtre.

En 1832, en 1844, en 1846 surtout, son nom fut
prononcé dans les collèges électoraux : le candidat officiel lui fut toujours préféré. Bastiat, d'ailleurs, laissait la partie belle à son adversaire.
Nous l'avons vu repousser l'idée de toute démarche, quand il s'agissait pour lui d'obtenir une
place de juge de paix ; nous le retrouvons aussi
réservé en face d'un siège de député. Il avait des
idées nettement arrêtées. Il ne voulait pas s'offrir ; il pensait qu'on devait venir le chercher,
que c'était aux électeurs à faire les premières ouvertures, car, après tout, disait-il, l'affaire les
touche d'assez près pour qu'ils ne me laissent
pas le soin de m'en occuper seul.

F. B.

Il était, on le voit, un candidat peu banal ; ses professions de foi l'étaient aussi peu.

Nous ne parlerons pas de celle qu'il fit en mars 1848, qui tient en quelques lignes et qui se résume ainsi : vous me connaissez ; vous savez ce que j'ai fait jusqu'ici et il vous est facile d'inférer ce que je ferai si vous me donnez vos suffrages ; je suis à vos ordres. Mais la lettre qu'il adressa aux électeurs de 1846, et à laquelle il renvoyait les électeurs de 1848, mérite toute notre attention.

Lisez les professions de foi de ceux qui, aujourd'hui ou hier, sollicitent ou ont sollicité les suffrages des électeurs. Sur la promesse du titre, vous y pensiez trouver les croyances des candidats en matière de politique ou de législation, les principes qui les guident, les criteriums sur lesquels ils s'appuient, et vous n'avez sous les yeux que de pures déclamations et des appels aux appétits locaux. Des idées très générales, des clichés, pour ainsi parler, tel : « Je veux la liberté sans licence, l'ordre sans tyrannie, la paix sans honte », sont suivis de longues considérations sur les besoins et les aspirations de l'arrondissement ou du département.

Il en va autrement de la profession de foi de Bastiat.

Bastiat commence par délimiter le rôle de l'Etat. Il est des choses, dit-il, qui ne peuvent être faites que par la force collective ou le pouvoir, et d'autres qui doivent être abandonnées à l'initiative privée. Le pouvoir n'a qu'à garantir à chacun le libre exercice de toutes ses facultés, réprimer l'abus qu'on en peut faire, maintenir l'ordre, assurer l'indépendance nationale et exécuter les travaux d'utilité publique qui sont au-dessus des forces individuelles : voilà toute sa tâche. A l'initiative privée reviennent, sous le contrôle de l'autorité publique, la religion, l'éducation, l'association, le travail, les échanges. Et c'est ainsi qu'un pouvoir libéral, en même temps qu'il est peu coûteux, est fort, car il est aimé pour la liberté qu'il laisse.

Le rôle véritable d'un député est donc de contenir l'Etat dans ses limites naturelles. Or que voit-on aujourd'hui ? Des députés qui ne cherchent, au contraire, qu'à reculer ces limites, parce qu'ils sont fonctionnaires, ou parce qu'ils veulent être fonctionnaires, parce que surtout ils veulent être les plus hauts fonctionnaires, c'est-à-dire ministres, et qu'ils ne craignent pas, pour arriver à leurs fins, d'égarer l'esprit public, d'entraver la marche des affaires, de troubler le monde.

Le principe posé, Bastiat en faisait aussitôt l'application à la liberté commerciale, où son argumentation, comme on le pense, pouvait se donner carrière, à la conquête de l'Algérie — et nous connaissons ses idées sur la colonisation — enfin à la liberté de l'enseignement.

Veut-on savoir ce que Bastiat pensait du monopole de l'enseignement ? La question étant à l'ordre du jour en ce moment, on nous saura certainement gré de faire revivre cette page d'un partisan illustre de la liberté.

Il s'agit de savoir, disait-il, si l'enseignement est dans les attributions de l'Etat ou s'il est du domaine de l'initiative privée.

« Vous devinez ma réponse. Le gouvernement n'est pas institué pour asservir nos intelligences, pour absorber les droits de la famille. Assurément, Messieurs, s'il vous plaît de résigner en ses mains vos plus nobles prérogatives, si vous voulez vous faire imposer par lui des théories, des systèmes, des méthodes, des principes, des livres et des professeurs, vous en êtes les maîtres ; mais ce n'est pas moi qui signerai en votre nom cette honteuse abdication de vous-mêmes. Ne vous en dissimulez pas, d'ailleurs, les conséquences.

Leibnitz disait : « J'ai toujours pensé que, si l'on « était maître de l'éducation, on le serait de l'huma- « nité ». C'est peut-être pour cela que le chef de l'enseignement par l'Etat s'appelle *Grand Maître*. Le monopole de l'instruction ne saurait être raisonnablement confié qu'à une autorité reconnue infaillible. Hors de là, il y a des chances infinies pour que l'erreur soit uniformément enseignée à tout un peuple. « Nous avons fait la république, disait Robespierre,il « nous reste à faire des républicains. » Bonaparte ne voulait faire que des soldats, Frayssinous,que des dévots ; M. Cousin ferait des philosophes, Fourier des harmoniens, et moi, sans doute, des économistes. L'unité est une belle chose, mais à la condition d'être dans le vrai. Ce qui revient toujours à dire que le monopole universitaire n'est compatible qu'avec l'infaillibilité. Laissons donc l'enseignement libre. Il se perfectionnera par les essais, les tâtonnements, les exemples, la rivalité, l'imitation, l'émulation. L'unité n'est pas au point de départ des efforts de l'esprit humain ; elle est le résultat de la naturelle gravitation des intelligences libres vers le centre de toute attraction : la vérité.

« Ce n'est pas à dire que l'autorité publique doit se renfermer dans une complète indifférence. Je l'ai déjà dit : sa mission est de surveiller l'usage et de réprimer l'abus de toutes nos facultés. J'admets qu'elle l'accomplisse dans toute son étendue, et avec plus de vigilance en matière d'enseignement qu'en toute autre ; qu'elle exige des conditions de capacité, de moralité ; qu'elle réprime l'enseignement immoral ; qu'elle veille à la santé des élèves. J'admets tout cela, quoiqu'en restant convaincu que sa sollicitude la plus minutieuse n'est qu'une garantie imperceptible auprès de celle que la nature a mise dans le cœur des pères et dans l'intérêt des professeurs. »

Cette profession de foi, si longue et d'une forme si inusitée, n'eut pas le mérite de séduire les électeurs. Mais le suffrage universel de 1848 vengea Bastiat des dédains du suffrage restreint ; et 56.465 voix envoyèrent à l'Assemblée Nationale celui que, quelques années auparavant, on faisait passer, à Mugron même, pour l'agent de Pitt et de Cobourg.

« Pauvre village, s'écria-t-il en partant, humble toit de mes pères, je vais vous dire un éternel adieu ; je vais vous quitter avec le pressentiment que mon nom et ma vie, perdus au sein des orages, n'auront pas même cette modeste utilité pour laquelle vous m'aviez préparé !... »

Frédéric Bastiat était-il un pur républicain ou un simple rallié ? La question paraîtra sans doute oiseuse ; mais il fut des personnes pour qui elle semble avoir eu la plus grande importance. Elles connaissaient bien peu Bastiat ! Ses origines, ses aspirations le portaient vers un régime de liberté ; et son compatriote, M. Pascal Duprat, qui fut en même temps son ami et son collègue à la Chambre, a pu écrire en toute vérité que Bastiat n'eut pas besoin de se rallier à la République, parce qu'il n'eut pamais d'autre drapeau. Mais la grande démocratie qu'il rêvait n'était pas la démagogie ; et il s'était trop entretenu avec M. Coudroy des doctrines de Bonald et de Joseph de Maistre, pour qu'il ne voulût pas que le développement le plus complet de tous les membres de la cité s'alliât étroitement avec le respect d'une autorité forte. Il représentait, d'ailleurs, un département, dont une dépêche officielle du 4 mars 1848 disait : « Les Landes sont calmes ; on y est avant tout désireux de l'ordre ; les travaux n'ont point été suspendus ; tout marche comme de coutume. »

Dès son arrivée à la Constituante, Fr. Bastiat fit partie de deux comités des plus considérables, le comité des finances et le comité chargé de rechercher les moyens d'améliorer le sort des travailleurs. Il y fit, comme on pense, de la bonne besogne. C'est ainsi, par exemple, qu'il s'y montra, aux côtés de M. Léon Faucher, un adversaire déterminé du projet de décret qui tendait à faire rentrer les assurances dans le domaine de l'Etat, s'élevant contre cette tendance du gouvernement à concentrer entre ses mains, à la façon du pacha d'Egypte, toutes les grandes entreprises industrielles et répudiant un système qui porterait une si grave atteinte à la liberté du travail. Il prenait part également à toutes les discussions un peu importantes qui s'établissaient dans les bureaux. C'est ainsi encore qu'à propos du projet de constitution, il repoussa le droit à l'instruction au nom du progrès de la dignité humaine et de la liberté de l'enseignement.

« Je désire sincèrement, ajoutait-il, voir réduire au minimum possible les souffrances des travailleurs ; mais plus l'Etat se mêlera de leur sort, plus leurs souffrances iront s'aggravant. »

Il fit sa première apparition à la tribune, le 9 juin 1848. L'intervention de l'ancien directeur du *Libre-Echange* s'imposait, lorsqu'on venait demander à la Chambre de protéger l'industrie des étoffes de laine. Mais, paraît-il, il ne s'agissait pas de savoir s'il fallait aider une industrie spéciale au détriment de toutes les autres ou s'il y aurait assez d'argent en France pour secourir les

industries qui souffraient ; la question qui s'agi-
tait était, au dire des intéressés, d'ordre politique
et non économique ; il fallait fournir de l'ouvrage
à la classe laborieuse, et que pesaient les principes en regard de ce but ?

Il parla encore dans la discussion du projet de
décret relatif à la nomination du Président de la
République, demandant qu'en aucun cas le canton rural fût divisé en plus de cinq sections. En
matière d'élection, disait-il, les commodités des
citoyens sont choses fort secondaires ; ce qu'il
importe, c'est de ne pas laisser aux conseillers
généraux un pouvoir discrétionnaire susceptible
d'avoir une influence hostile à la République.

Mais il ne prononça son véritable premier discours que lors de la discussion de la loi électorale, lorsqu'il soutint un amendement relatif aux
incompatibilités parlementaires.

On peut dire que le nombre considérable des
fonctionnaires députés avait été la plaie du Parlement, sous Louis-Philippe. Dès 1832, il s'élevait déjà à 139 ; il dépassait le chiffre de 200 en
1847. Il sembla à Bastiat que la République se
devait de mettre un terme à cette invasion si préjudiciable aux intérêts du pays ; et le député des
Landes reprit les idées qu'il avait sur ce point
exposées à ses électeurs. Il engagea les hostilités
dès la première lecture du projet de loi.

Il avait déposé un amendement qui enlevait
aux fonctionnaires publics, membres de l'Assem-

blée, l'exercice de leurs fonctions pendant la durée de leur mandat (1) ; mais, encore novice, il fut victime d'une habilité parlementaire qui, pour cette fois, le réduisit au silence. Il s'en consola en contant avec humour sa mésaventure. Pendant qu'il montait les degrés de la tribune, la question avait été tranchée dans le sens que l'on devine. Je propose, dit-il. — La Chambre a voté, s'écria le Président. — Quoi sans m'admettre à..... — La Chambre a voté. — Mais personne ne s'en est aperçu ! — Consultez le bureau ; la Chambre a voté. Bastiat en fut réduit à développer dans une brochure les arguments qu'il aurait fait valoir à l'Assemblée Nationale, si son tour de parole n'avait été en quelque sorte escamoté. Il prit sa revanche lors de la troisième lecture, avec un amendement qui dépassait de beaucoup en importance le précédent et qui, pendant quarante-huit heures, mit le nom de son auteur dans toutes les bouches.

« Le premier paragraphe de l'article 81 relatif aux incompatibilités, lisons-nous dans la *République* du 11 mars 1849, journal socialiste généralement peu bienveillant pour Bastiat, a fait naître un débat entièrement neuf que l'on avait tenté de soulever à la deuxième délibération,

---

(1) Nous devons faire remarquer, à ce propos, que Fr. Bastiat s'était démis de ses fonctions de juge de paix le 1er décembre 1846.

mais que la question préalable avait écarté : l'incompatibilité des fonctions de ministre et du mandat de représentant.

« C'est M. Fr. Bastiat qui a eu l'honneur de cette initiative. Les doctrines de l'écrivain économiste ne sont pas les nôtres ; mais nous devons reconnaître qu'il a posé la question avec toute la netteté d'un homme pratique et qu'il a aporté à l'appui de son amendement des raisons d'une haute gravité qui ont produit sur l'Assemblée une profonde impression. M. Bastiat n'a pas encore l'habitude de la tribune ; il tâtonne, il hésite, il cherche et ne trouve pas toujours l'expression ; mais si la pensée se dégage péniblement, elle finit cependant par se faire jour, armée d'un argument concluant. »

La présence des ministres au sein des Assemblées, avait dit Bastiat, enfante ces intrigues, ces coalitions, ces désordres parlementaires qui ont le plus souvent désorganisé les Etats. N'est-ce pas à propos d'une question de portefeuille qu'on a parfois soulevé dans les Assemblées les questions les plus graves, les questions de guerre et de paix ? Les ambitions rivales ne cherchent qu'à former des majorités compactes, fortes, absolues ; et ces majorités-là, pour se soutenir, ne reculeraient même pas devant une révolution. Eloignons, éloignons le plus tôt possible, les crises ministérielles : sous le gouvernement républicain tel que l'a fait notre constitution, elles n'auraient pas de solution facile et entraîneraient infailliblement des conflits de pouvoir.

Puis, répondant à Lamartine qui avait parlé d'abaissement du niveau de l'intelligence politique et s'était élevé contre « ce système de l'irresponsabilité et du gouvernement de l'anonyme », il avait ajouté :

Il y aura toujours dans notre pays, en dehors de l'Assemblée, assez de talent et de patriotisme pour composer une administration capable, intelligente, dévouée. Et, d'ailleurs, il faut sur nos bancs, non pas tant des hommes de lumière que des hommes d'une foi politique éprouvée. Nous avons trop souvent vu des représentants, hommes de grande capacité, combattre une opinion dans les commissions, dans l'Assemblée, et, ministres, venir défendre cette même opinion à la tribune. Je prétends que mon amendement, loin d'amoindrir le mandat législatif, le rehausse encore, car il tend à consacrer la moralité et la franchise politiques.

« Chose extraordinaire, écrivait Bastiat, trois jours après, à M. Coudroy, quand je suis monté à la tribune, je n'avais pas dix adhérents; quand j'en suis descendu, j'avais la majorité. Ce n'est certainement pas la puissance oratoire qui avait opéré ce phénomène, mais la puissance du sens commun. Les ministres et tous ceux qui aspirent à le devenir étaient dans les transes ; on allait voter, quand la commission, M. Billaut en tête, a évoqué l'amendement. Il a été renvoyé de droit à cette commission. Dimanche et lundi, il y a eu une réaction de l'opinion d'ailleurs fort peu préparée, si bien que mardi chacun disait : les représentants rester représentants ! mais c'est un danger effroyable, c'est pire que la Terreur ! — Tous les journaux avaient tronqué, altéré,supprimé mes paroles,mis des absurdités dans ma bouche. Toutes les réunions, rue de Poitiers, etc., avaient jeté le cri d'alarme... enfin les moyens ordinaires. Bref, je suis resté avec une minorité, composée de quelques exaltés qui ne m'ont pas mieux compris que les autres. »

Dans la séance du 13 mars, en effet, il remonta à la tribune. Mais ce fut en vain qu'il essaya de resserrer le débat, en montrant que la question véritablement importante était celle des majorités et des minorités, et en faisant remarquer que lorsque les ministres ne pèseraient plus de leur influence dans le sein de l'Assemblée, les majorités se formeraient avec plus de liberté et sans les entraves d'une diplomatie occulte. Il se heurta à une hostilité non déguisée.

Sans doute, ainsi que le disait la *République* pour expliquer cet échec, l'inexpérience de la tribune trahit les efforts de Bastiat. Evidemment encore, un discours parlementaire exige d'autres conditions de succès qu'une brochure ou un pamphlet. Mais la vérité est que Bastiat succomba devant une coalition de la froideur et de l'indifférence, de l'égoïsme et de la vanité.

En mai 1849, le département des Landes lui renouvela son mandat de représentant. Ce ne fut pas, toutefois, sans quelques difficultés. On

trouvait qu'il n'était pas assez du parti de l'ordre. On l'avait vu voter contre le rétablissement
du cautionnement des journaux ; on lui reprochait surtout d'avoir refusé au gouvernement
l'autorisation de poursuivre Louis Blanc, car
tout le monde ne pouvait comprendre qu'on pût
être inexorable pour les théories, et juste, voire
indulgent, pour les hommes. Aussi cette tension
de rapports entre « quelques Mugronais » et Bastiat amena-t-elle celui-ci à donner sa démission
de conseiller général et le fit arriver quatrième
seulement sur la liste des six députés.

Il n'en fut nullement ému, et n'en continua pas
moins à suivre les prescriptions de sa conscience.
C'est ainsi qu'au mois de juillet, il vota pour la
liberté de la presse. Le 17 novembre, il appuya
un amendement déposé par son collègue, M. Mo-
rin, et tendant à mettre sur le pied d'égalité devant la loi les coalitions des patrons et celles des
ouvriers. Vous ne pouvez, disait-il, forcer un
homme à vendre sa main-d'œuvre, qui est sa
seule marchandise, s'il ne veut pas la vendre, et il
n'y a aucun délit dans la grève, ni dans le chô-
mage, mais dans la violence et l'intimidation.
Songez, d'ailleurs, à ceci : ce sont les privilèges
qui créent les révolutions. Or, après la révolution
de Février, la question la plus vivace qui ait surgi,
est celle du droit au travail ; elle a tout dominé
et dominera tout jusqu'à ce que vous lui ayez
donné satisfaction.. Eh ! bien ! la question des

salaires se rattache d'une manière entière à celle
du droit au travail. Soyez donc conséquents avec
le symbole de votre révolution ; décrétez l'égalité
entre l'ouvrier et le patron, et vous arriverez à
établir entre eux une fraternité que leurs intérêts
à tous les deux commandent. Mais si, au contraire, de l'un vous faites un maître qui a l'autre
dans sa dépendance, en ôtant la liberté à l'ouvrier et mettant son existence dans la main du
patron, vous créerez un antagonisme dangereux.
Souvenez-vous que hors de la liberté, il n'y a
qu'oppression ; et l'oppression n'a jamais pu
fonder l'union des classes, le respect des lois, la
sécurité des intérêts et la tranquillité des peuples.

Mais le défenseur de la liberté ne fut pas
écouté. Faut-il le dire ? La majorité de la Chambre et, avec elle, toute la classe bourgeoise,
avaient la peur de l'ouvrier ; et cette peur re-
montait plus haut qu'aux journées de juin. Elle
avait pris naissance le matin où Louis Blanc et sa
Commission du Travail s'étaient installés au Palais du Luxembourg ; elle avait été entretenue
par les agitations qui se déroulaient autour des
ateliers nationaux, par ces théories d'hommes
sans travail qui promenaient leur inaction sur les
boulevards; elle avait atteint son paroxysme avec
les insurrections des 24 et 25 juin ; et à dater de
ce moment, l'Assemblée était entrée en pleine
réaction. Quand on venait d'abolir la liberté des

clubs, de rétablir le cautionnement des journaux, de voter la loi de transportation, de décréter l'arrestation de Louis Blanc et de Caussidière ; quand on venait d'exécuter Proudhon à la tribune — et c'était M. Thiers lui-même qui s'était chargé de cette tâche, — il fallait être un apôtre de la liberté comme Bastiat pour élever la voix en faveur de la classe ouvrière.

Frédéric Bastiat prononça son discours le plus important, en décembre 1849, à propos de la loi sur les boissons. La question lui était familière;il la connaissait de longue date, ainsi qu'on a pu s'en convaincre au cours de cette étude ; non seulement il se fit écouter, mais encore il fut souvent interrompu par des acclamations parties de tous les côtés de l'assemblée.

À l'impôt des boissons, dont le ministère proposait le rétablissement, Bastiat reprochait sa perception onéreuse et vexatoire. Il le montrait préjudiciable à tout le monde, au consommateur comme au producteur. Sans doute, le gouvernement a besoin des 108 millions que lui promettent les droits réunis. La nécessité est pressante, j'en conviens, disait-il ; notre situation financière est lamentable, je le reconnais. Mais à qui la faute ? Aux gouvernements qui se sont succédé depuis cinquante ans, car c'est grâce à eux que nous sommes en présence d'une dette flottante de 600 millions et d'un déficit de plus de 300 millions. Votre devoir à vous, gouvernement républicain, est nettement tracé : supprimez les fonctions inutiles d'où vient le véritable danger. On fait des fontcionnaires en rapport avec les budgets. Vous avez eu 800 millions d'impôts : ils étaient mangés ; vous en avez eu 1.500 millions, et on a trouvé des fonctionnaires pour manger les 1.500 millions ; portez vos recettes à 2 milliards, et vous trouverez des fonctionnaires pour dévorer vos 2 milliards. Ayez donc un budget réduit, et vous serez forcés de réduire le nombre de vos fonctionnaires. Mais je dirai aux hommes de mon parti : ne vous habituez pas à regarder l'Etat comme producteur et soutien naturel de toutes les industries. Si le gouvernement était renfermé dans ses limites *naturelles*, il pourrait moraliser les masses, diminuer les impôts et donner à son action une force qui assurerait le bonheur et la sécurité du pays.

On reconnaît la thèse que Bastiat avait exposée dans sa fameuse lettre aux électeurs. Mais la Droite vint répondre, par la voix de M. de Montalembert, que l'impôt, c'est la religion, la famille, la propriété, et que le socialisme ayant été vaincu dans la rue, il fallait se garder de lui ouvrir les portes du Trésor : le ministère n'eut plus alors qu'à appuyer sur le mot déficit pour enlever le vote. Bastiat ne fit même pas partie de la Commission qui, quelques jours plus tard, fut chargée d'une enquête sur les modes de perception de l'impôt des boissons.

« Je n'ai pas dit tout ce que je voulais dire, ni comme je voulais le dire, écrivit-il le lendemain de son échec à M. Coudroy : notre volubilité méridionale est un fléau oratoire. Quand la phrase est finie, on pense à la manière dont elle eût dû être tournée. Cependant le geste, l'intonation et l'action aidant, on se fait comprendre des auditeurs ».

Toutefois, Bastiat ne pouvait se le dissimuler : il n'était pas orateur, quoi qu'il en pensât lui-même. Le geste était un peu étriqué ; l'intonation, pas toujours très juste; quant à la voix, constamment couverte, elle dépassait à peine l'hémicycle. Il soutenait, d'ailleurs, très mal le choc des interruptions, ce qui n'était pas pour lui faciliter sa tâche. Combien il devait envier son ami Pascal Duprat qui, lui, était un parleur infatigable, même quand un collègue occupait la tribune ! Il s'abstint donc désormais de prendre la parole et n'en travailla que davantage dans les Commissions, surtout dans celle des finances qui l'appela huit fois de suite à la vice-présidence et qu'il aurait voulu entraîner dans la voie des réformes. Il en arriva même à s'annuler dans les comités et les bureaux, de peur qu'une fois poussé sur la scène, il ne pût remplir son rôle. Ainsi qu'il le confessait lui-même, c'était se soumettre à une cruelle et rude épreuve et cet effacement lui pesait lourdement lorsque, devant les erreurs, devant les systèmes les plus menaçants et bien qu'il sentît en lui ce qu'il fallait pour rallier les intelligences, il demeurait silencieux devant son pupitre.

Bastiat, exposa un jour M. Léon Say, ne se servait de la politique que comme d'un théâtre sur lequel il pouvait faire jouer ses pièces. Disons plutôt, car il se souciait fort peu des applaudissements, que la tribune était pour lui une chaire d'où il aurait désiré sonder les cœurs et guider les consciences. Mais pourquoi son action fut nulle, personne mieux que M. Léon Say ne saura nous l'expliquer : « Il n'était pas homme de parti, ce qui l'a empêché de jouer un rôle politique. Dans le gouvernement parlementaire, qui n'est pas autre chose que le gouvernement du pays par les partis, il est impossible d'avoir une action sérieuse sur les affaires, quand on ne subit pas jusqu'à un certain point la discipline du parti dont on veut faire triompher les idées et dont on veut voir réaliser le programme. Je ne veux pas faire ici de théorie constitutionnelle, ni vous dire comment le gouvernement par les partis a pu avoir chez nous et ailleurs les plus heureux résultats. Toujours est-il que Bastiat avait une personnalité trop marquée pour être un parlementaire complet (1) ». On peut croire M. Léon Say sur parole ; mais on doit profondément regretter que le parlementarisme soit aussi peu accueillant pour les « per-

______

(1) Discours prononcé le 23 avril 1878, à Mugron.

sonnalités trop marquées ». Il arrive, d'ailleurs, bien vite un temps où le chef de parti, quelque valeur personnelle qu'il ait, devient l'esclave de son groupe, quand ce groupe, en un moment d'émancipation jalouse, ne le rejette pas purement et simplement de son sein. Et ainsi s'explique probablement l'entrée si rare au Parlement d'hommes supérieurs qui seraient mieux qualifiés que quiconque pour légiférer .

Une autre raison, tenant aux circonstances de l'époque, s'opposait à ce que Bastiat jouât aucun rôle prépondérant. La Constituante de 1848, comme la Législative de 1849, était moins un Parlement qu'une foule nombreuse de délégués venus de tous les départements de France avec des mandats imprécis et des dispositions pour ainsi dire inconnues. Le gouvernement provisoire avait décrété la République, et des adhésions à la République étaient venues d'hommes mêmes, comme M. de Bonald, que l'on s'attendait peu à voir vanter l'excellence du régime républicain. Mais tout le monde se rendait compte que le nouveau pouvoir était dans un état d'équilibre instable. Les partis avancés, bruyants et toujours en mal de solutions, suffisaient à occuper les esprits qui ne voulaient vivre qu'au jour le jour ; quant aux hommes qui tournaient les yeux vers l'avenir, ils semblaient se désintéresser de ce qui se passait autour d'eux et restaient dans l'expectative. Ils attendirent le vote de la Constitution ;

ils attendirent l'élection du Président de la République, et quand le plébiscite du 10 décembre 1849 fit sortir le nom de Louis-Napoléon Bonaparte, ils n'eurent plus aucun doute : une savante évolution ou une révolution brutale devait ramener l'Empire en France. Bastiat eut donc conscience qu'il détonnait, en quelque sorte, au milieu des préoccupations de l'heure présente, et cette constatation autant que la fatigue le réduisit au silence. Après le 10 décembre, il ne se méprit point et jugea que son rôle politique était fini. Fût-ce parce qu'il entrevoyait un régime liberticide que, le 1er janvier 1850, il ne se joignit pas à tous ces représentants qui allèrent porter leurs vœux au « Citoyen Président » ?

CHAPITRE IX

Les Pamphlets. — Intimité avec la famille Cheuvreux.

Il était loisible à certains électeurs mugronais de trouver que Bastiat avait trompé leurs espérances. Evidemment leur ancien juge de paix devait leur paraître faire petite figure à côté de M. Pascal Duprat, par exemple, qui avait toujours quelque motion à proposer ou quelque interruption à lancer, à côté même d'un autre Landais, M. Victor Lefranc, sur qui les fonctions de commissaire de gouvernement avaient jeté quelque lustre. Bastiat parlait peu, c'est vrai, encore qu'il parlât plus que les trois quarts de ses collègues ; mais, en dehors de ses travaux parlementaires qui ne suffisaient pas à absorber toute son activité, il trouvait le moyen de faire de la bonne besogne ; et aucun de ses commettants n'aurait dû l'ignorer.

« Aux doctrines de Louis Blanc, disait-il à ses électeurs en avril 1849, j'ai opposé un écrit intitulé *Individualisme et Fraternité.*

« La propriété est menacée dans son principe même ; on cherche à tourner contre elle la législation : je fais la brochure *Propriété et Loi*.

« On attaque cette forme de propriété particulière qui consiste dans l'appropriation individuelle du sol, je fais la brochure *Propriété et Spoliation*, laquelle, selon les économistes anglais et américains, a jeté quelque lumière sur la difficile question de la rente des terres.

On veut fonder la fraternité sur la contrainte légale : je fais la brochure *Justice et Fraternité*.

On ameute le travail contre le capital ; on berce le peuple de la chimère de la gratuité du crédit : je fais la brochure *Justice et Fraternité*.

Le communisme nous déborde. Je l'attaque dans sa manifestation la plus pratique, par la brochure *Protectionnisme et Communisme*.

L'école purement révolutionnaire veut faire intervenir l'Etat en toutes choses et ramener ainsi l'accroissement indéfini des impôts ; je fais la brochure intitulée : *L'Etat*, spécialement dirigée contre le manifeste montagnard.

Il m'est démontré qu'une des causes de l'instabilité du pouvoir et de l'envahissement désordonné de la fausse politique, c'est la guerre des portefeuilles : je fais la brochure *Incompatibilités parlementaires*.

Il m'apparaît que presque toutes les erreurs économiques qui désolent ce pays proviennent d'une fausse notion sur les fonctions du numéraire : je fais la brochure *Maudit argent*.

Je vois qu'on va procéder à la réforme financière par des procédés illogiques et incomplets : je fais la brochure *Paix et Liberté ou le Budget républicain*.

Ainsi dans la rue par l'action (1), dans les esprits

---

(1) Sur sa participation aux journées de juin, Bastiat

par la controverse, je n'ai pas laissé échapper une occasion, autant que ma santé me l'a permis, de combattre l'erreur, qu'elle vînt du socialisme ou du communisme, de la montagne ou de la plaine.

Voilà pourquoi j'ai dû voter quelquefois avec la gauche, quelquefois avec la droite ; avec la gauche, quand elle défendait la liberté et la République ; avec la droite, quand elle défendait l'ordre et la sécurité.

Frédéric Bastiat, dans les courts instants de loisirs que lui laissaient les séances de la Chambre et des Commissions, luttait donc, la plume à la main, contre le socialisme, avec autant d'ardeur qu'il avait lutté contre le protectionnisme. A peine pouvait-il croire, d'ailleurs, qu'il avait changé d'adversaires, car le socialisme n'est-il pas un émule du protectionnisme. « Protectionnistes et socialistes, a dit très judicieusement M. de Foville, ont cela de commun qu'ils tendent

---

s'était ainsi exprimé dans cette même lettre aux électeurs d'avril 1849 : « La tempête éclata le 24 juin. Entré des premiers dans le faubourg Saint-Antoine, après l'enlèvement des formidables barricades qui en défendaient l'accès, j'y accomplis une double et pénible tâche : sauver des malheureux qu'on allait fusiller sur des indices incertains ; pénétrer dans les quartiers les plus écartés pour y concourir au désarmement ». Et il ajoutait, non sans un légitime orgueil : « Cette dernière partie de ma mission volontaire, accomplie au bruit de la fusillade, n'était pas sans danger. Chaque chambre pouvait cacher un piège ; chaque fenêtre, chaque soupirail pouvait masquer un fusil. » Peut-on s'imaginer Bastiat autrement que dans ce rôle de pacificateur ?

à une réorganisation artificielle des sociétés humaines et que ce qu'ils demandent à la loi, ce n est pas d'assurer à chacun le libre exercice de ses facultés et la juste rétribution de ses efforts, mais de favoriser, au contraire, l'exploitation plus ou moins complète d'une classe de citoyens par une autre. Avec le régime protectionniste, c est la minorité qui exploite la majorité. Avec la politique socialiste, c'est la majorité qui exploite la minorité. Dans les deux cas, la justice est violée et l'intérêt général compromis. »

Donc, lorsque quelqu'un s'écriait: le droit de propriété est une création de la loi, Bastiat était là pour montrer que le capital et le travail seraient alors à la merci d'un caprice ou d'une utopie quelconques du législateur. Il était là encore pour démontrer qu'on ne peut faire de la fraternité légale sans faire de l'injustice légale ; pour prouver que le droit de propriété est essentiellement démocratique, et que tout ce qui le nie est fondamentalement aristocratique et anarchique. Et quand le journal *le Peuple* proclamait que la productivité du capital est la vraie cause de la misère, le vrai principe du prolétariat, Bastiat retrouvait l'esprit dont étaient pailletés ses *Sophismes* pour mettre les ouvriers en garde contre une si grossière erreur. *Capital et Rente* fit, d'ailleurs, une telle impression sur les classes ouvrières que, dans une série d'articles, *la Voix du Peu-*

_ *ple* essaya de réfuter la théorie de Bastiat. C'était ménager à ce dernier un nouveau succès, car, ayant obtenu du journal l'autorisation de répondre chaque fois qu'il serait pris à partie, Bastiat allait engager avec Proudhon un duel, où le fougueux chef de l'école... proudhonienne ne devait pas avoir l'avantage.

La lutte dura treize semaines ; ce fut Proudhon qui, à bout d'arguments, déposa la plume le premier, non sans s'être laissé aller à cette apostrophe finale, où son dépit transparaissait visiblement. « Quant à vous, Monsieur Bastiat, vous qui, économiste, vous moquez de la métaphysique, dont l'économie politique n'est que l'expression concrète; qui, membre de l'Institut, ne savez pas même où en est la philosophie de votre siècle; qui, auteur d'un livre intitulé *Harmonies économiques*, probablement par opposition aux *Contradictions économiques*, ne concevez rien aux harmonies de l'histoire et ne voyez dans le progrès qu'un désolant fatalisme ; qui, champion du capital et de l'intérêt, ignorez jusqu'aux principes de la comptabilité commerciale..., vous êtes sans doute un bon et digne citoyen, un économiste honnête, un écrivain consciencieux, un représentant loyal, un républicain fidèle, un véritable ami du peuple ; mais vos dernières paroles me donnent le droit de vous le dire :

scientifiquement. Monsieur Bastiat, vous êtes un homme mort. »

Les gens que vous tuez se portent fort bien, aurait pu répondre Bastiat. Du moins, le montra-t-il assez dans une quatorzième et dernière lettre dont les premières lignes, pétillantes de malice, méritent d'être citées :

« La cause est entendue, et le débat est clos, dit M. Proudhon, de partie se faisant juge. M. Bastiat est condamné à mort. Je le condamne dans son intelligence; je le condamne dans son attention, dans ses comparaisons, dans sa mémoire et sans son jugement ; je le condamne dans sa raison ; je le condamne dans sa logique ; je le condamne par induction, par syllogisme, par contradiction, par identité, et par antinomie.

« Oh ! Monsieur Proudhon, vous deviez être bien en colère, quand vous avez jeté sur moi ce cruel anathème !

« Il me rappelle la formule de l'excommunication : *maledictus sit vivendo, moriendo, manducando, bibendo ; maledictus sit intus et exterius ; maledictus sit in capillis et in cerebro ; maledictus sit in vertice, in oculis, in auriculis, in brachiis, etc. ; maledictus sit in pectore et in corde, in renibus, in genubus, in cruribus, in pedibus et in unguibus...* »

Et, vraiment, quand on ne sait plus que répondre, quand on manque de sang-froid, quand on a un caractère susceptible qui ne supporte pas la plaisanterie, et quand on voit le public rire à vos dépens, n'est-il pas étonnant qu'on se

fâche. Voici Bastiat qui menace son adversaire
d'adopter sa théorie, afin de pouvoir emprunter
gratis et pour le reste de ses jours une belle
maison sur le boulevard avec un mobilier assorti
et un million au bout. N'y a-t-il pas de quoi être
un peu affolé ? Et lorsqu'après avoir fait intervenir l'histoire, la casuistique, la philologie et la
tenue des livres, on voit tous ses traits ramassés
un à un et brisés en mille pièces, n'est-ce pas à
maudire le gent économiste ? « Notre sophiste,
suant, soufflant et maugréant, en fut réduit à lui
reprocher de les briser toujours de la même manière. Mais les applaudissements de la galerie
convainquirent Bastiat que cette manière-là était
la bonne (1). »

On ne pouvait s'attendre à ce que celui pour
qui l'économie politique était « l'économie des
propriétaires » fût converti par Bastiat. Aussi
bien était-il visible que, malgré tous les efforts de
Bastiat pour maintenir la discussion dans ses limites — il s'agissait simplement de savoir si
l'intérêt du capital est ou non légitime — Proudhon n'aspirait qu'à exposer une fois de plus et
devant un public nombreux, les bienfaits de sa
Banque de crédit gratuit. Il avait beau invoquer
Kant et Hégel, faire intervenir le *neschek* ou ser-

____

(1) M. de Molinari. *Journal des Economistes* de février
1851.

pent de l'usure des Hébreux et le *fœnus* des Romains, remonter à Tyr et à Carthage, il restait toujours à côté de la question et semblait comme hypnotisé par le but qu'il s'était fixé. Dans le trouble où il était, il en arrivait à assimiler l'intérêt à la polygamie, au combat judiciaire, à la torture, et à reconnaître la légitimité des uns et des autres dans les sociétés anciennes. Il en arrivait même, lui, qui eut une vie si digne et si sévère, à plaisanter Bastiat, lorsque celui-ci, élevant sa pensée vers les cimes les plus hautes, faisait remarquer que l'homme a une autre fin que celle de pourvoir à son existence matérielle et ajoutait :

« Quelle est cette fin ? Ce n'est pas ici le lieu de soulever cette question. Mais quelle qu'elle soit, ce qu'on peut dire, c'est que l'homme ne saurait l'atteindre si, courbé sous le joug d'un travail inexorable et incessant, il ne lui reste aucun loisir pour développer ses organes, ses affections, son intelligence, le sens du beau, ce qu'il y a de plus pur et de plus élevé dans sa nature, ce qui est en germe chez tous les hommes, mais latent et inerte, faute de loisir, chez un trop grand nombre d'entre eux. »

Il fallut donc que Bastiat en vînt là où Proudhon avait eu dessein de l'amener. Sa réponse eût pu tenir en ces trois lignes : gratuité du crédit veut dire monnaie de papier ; or le système n'est pas nouveau et les divers essais qu'on en fit eurent le résultat que l'on sait. Il est vrai que Proudhon tenait en réserve une réplique contre laquelle aucun argument, aucun raisonnement ne pouvait prévaloir. N'avait-il pas écrit dans ses *Contradictions Economiques*:«Les idées de Law ne furent comprises de personne, pas même de l'auteur ; et les économistes, aussi bien que les historiens, qui depuis en ont parlé et en parlent encore, ne paraissent pas mieux en avoir pénétré le mystère. IL FAUT donc que l'expérience se renouvelle. »

C'était bien là se ménager le dernier mot.

Proudhon, un des plus beaux exemples de l'homme qui sait se faire soi-même en dépit de tous les obstacles matériels, Proudhon disait : « Mes vrais maîtres, ceux qui ont fait naître en moi des idées fécondes, sont au nombre de trois: la Bible, d'abord, Adam Smith, et enfin Hégel.» On ne voit pas très bien ce qu'il devait à Adam Smith, à moins que la lecture des considérations sur *la Richesse des Nations* ne lui ait suggéré nombre de paradoxes. On ne peut mettre en doute qu'il ait pratiqué Hégel, derrière l'autorité duquel il se retranchait volontiers. Mais, ainsi qu'il s'en rendait compte et plus même qu'il ne s'en rendait compte, la Bible, dont il s'imprégna en l'imprimant à Besançon, eut une influence prépondérante sur son esprit, au point que celui-ci en fut comme pétri à nouveau.

L'*Ancien Testament* n'est point une synthèse;
il est à peine une analyse ; il nous présente simplement la succession des faits qui se sont déroul-
és depuis la Genèse.Les croyants savent y trouver des enseignements et des vérités ; ceux qui
le lisent sans les yeux de la foi n'y remarquent
qu'une peinture brutale de la vie, où le bien et le
mal se heurtent, se confondent, se neutralisent.
Le Dieu des Livres Saints apparaît tour à tour
doux et terrible : il bénit Abraham et lui demande d'offrir son fils en holocauste ; il tire
d'Egypte les enfants d'Israël, et il en décime
vingt-trois mille au pied du Sinaï, vingt-quatre
mille à Settim,il les abandonne pendant sept ans
aux vexations des Madianites... D'un autre côté,
si Bossuet ou de Maistre ont puisé dans l'Ancien Testament des arguments en faveur de la
monarchie la plus absolue, on y rencontre également des exemples saisissants de la politique la
plus libérale et la plus avancée. Les préceptes les
plus inconciliables sont, en effet, exposés, sans
qu'aucune circonstance de temps ou de lieu paraisse en fixer l'application; et ce n'est pas là un
des moindres obstacles à la parfaite intelligence
de l'Ancien Testament.

Or, à contempler ce kaléidoscope merveilleux
aux contrastes les plus accusés, Proudhon con-
tracta une habitude d'esprit dont il ne put jamais
se défaire complètement et qui le jeta dans les
raisonnements les plus faux, dans les systèmes

les plus absurdes : il ne pouvait envisager une idée, un fait, une chose, sans rechercher son contraire ; il ne pouvait considérer un *tout* sans le décomposer en ses éléments constitutifs. Son entendement ne pouvait séparer le pôle nord du pôle sud, la gauche de la droite. Une vallée s'étendait-elle devant lui, ses yeux recherchaient la colline ; maniait-il un bâton, il le délimitait par la pensée entre ses deux extrémités. Cela explique, d'ailleurs, sa grande admiration pour son ami Paul Ackermann, l'auteur du *Dictionnaire des Antonymes*, qui avait montré que, chaque mot d'une langue ayant son contraire, le vocabulaire entier pouvait être disposé par couples et former un vaste système dualiste.

Cette disposition particulière d'esprit était telle qu'il en arrivait à combattre les doctrines socialistes aussi bien que les théories de J. B. Say, et qu'il lui était impossible de ne pas porter sur le même homme les jugements les plus contradictoires. Ainsi Bastiat était pour lui tantôt « un économiste d'un rare talent, plein de la philanthropie la plus généreuse », tantôt « un de ces économistes qui suffiraient pour donner la mesure de la déraison et de la crédulité humaines ». — « L'Achille du Libre-Échange », ce « M. Bastiat des Landes » se voyait même refuser par lui « l'intelligence des choses de la pratique la plus vulgaire ».

Or, comme Proudhon, entraîné par sa méthode, admettait cet axiome et partait de ce principe, que, dans la société, l'idée n'arrive pas d'un
seul bond à sa plénitude, qu'une sorte d'abîme
sépare les *deux positions antinomiques*, et que
cet abîme n'est comblé que lorsque les concepts
primitifs ont été fécondés par de bruyantes con-
troverses et des luttes passionnées, « de même
que les batailles sanglantes sont les préliminai-
res de la paix », une discussion entre Bastiat et
lui, discussion qu'il qualifia lui-même, à un certain moment, de battologie, ne pouvait rapprocher deux hommes qu'un monde séparait. Proudhon avait, en outre, contre lui cette immense
orgueil qui lui fit écrire, un jour, que sa formule,
la propriété, c'est le vol, serait l'événement le
plus considérable du gouvernement de Louis-
Philippe : l'orgueil, qui est quelquefois une vertu
et une force, devient un vice et un servage, lorsqu'il s'oppose à ce que vous reconnaissiez vos
torts. On aurait aimé, en tout cas, voir Proudhon,
dont les convictions étaient entièrement désinté-
ressées et qui, pour défendre ses idées, passa la
moitié de son existence en prison ou en exil, on
aurait aimé le voir professer plus d'estime pour
son adversaire ; et on ne peut s'empêcher d'être
choqué, lorsqu'on le surprend écrivant à M. Al-
fred Darimon : « Bastiat a sottement abusé de
la concession que je lui ai faite dans l'intérêt de

l'humanité et de la vraie science : c'est un âne. J'ai laissé, contrairement à l'intérêt de ma théorie, planer le doute sur la certitude de mes idées; j'ai voulu être loyal et intégralement vrai : je n'ai été compris ni de mon contradicteur ni de la plupart de mes lecteurs. Au diable l'espèce humaine ! »

Bastiat avait bien raison de s'écrier : « Toutes les Eglises se ressemblent : quand elles ont tort, elles se fâchent. »

Il tenait, d'ailleurs, en réserve à l'adresse de Proudhon, un dernier trait qui aurait transpercé son adversaire de part en part, cependant que la galerie eût été secouée d'un rire homérique.

« Monsieur le Rédacteur, se proposait-il d'écrire à un journal, M. Proudhon vient d'adresser au gouvernement une proposition ayant pour but de solliciter *l'intervention de l'Etat dans une entreprise industrielle qu'il a en vue* (1).

« Dans le projet du hardi novateur qui a fait jusqu'ici une guerre si acharnée à la Propriété, au Capital et à l'Etat, nous voyons briller les articles suivants :

« I. — Une compagnie batelière sera formée à la diligence de M. le ministre du Commerce et des Travaux Publics, pour l'exploitation de la ligne navigable d'Avignon à Châlon-sur-Saône.

« II. — A cet effet, un capital de 3 millions sera

____

(1) Proudhon, alors détenu à la Conciergerie, adressa cette proposition à l'Assemblée Nationale, le 3 avril 1850. F. B.

fourni, moitié par la compagnie, moitié par l'Etat
(lisez le contribuable).

« III. — L'Etat (le contribuable) garantit à la compagnie *l'intérêt* à 5 p. 100 du capital fourni par elle,
soit, par an, 150.000 francs (il fallait dire 75.000 fr.).

« VII. — La durée du traité à intervenir entre la
compagnie batelière et l'Etat est fixé à dix années...;
à l'expiration du traité, la partie du matériel revenant
à l'Etat sera restituée par la compagnie.

« VIII. — La concurrence reste ouverte aux autres
entreprises de navigation existantes sur le Rhône et
la Saône, le présent traité ne constituant pas pour la
compagnie un privilège.

« Je ne veux pas examiner le mérite de ce projet.

« Mais je dois faire observer qu'il repose sur la reconnaissance :

« 1° Du droit de propriété ;

« 2° De la légitimité de l'intérêt ;

« 3° De l'existence de l'Etat.

« C'est-à-dire précisément des trois choses que
M. Proudhon dénonce depuis plusieurs années à la
haine du peuple comme les trois formes essentielles
de la Spoliation et de l'Oppression.

« Malheureux peuple, n'ouvriras-tu pas enfin les
yeux et n'apercevras-tu pas que ces grands Réformateurs que tu regardes comme des demi-dieux ont
deux doctrines, l'une pour les tréteaux, l'autre pour
leurs affaires ?

« Quand il s'agit pour eux de te passionner, de te
soulever, de faire de toi un instrument de désordre,
ils insinuent dans ton cœur, à l'aide de grands mots
et de phrases tortueuses, la haine de la Propriété, de
l'infâme Capital et du Gouvernement.

« Mais quand ils quittent le costume de tribun pour
revêtir celui des travailleurs, ils prennent la société
comme elle est, ils veulent que leur propriété soit

reconnue, que leur capital porte intérêt et que l'Etat, non seulement existe, mais leur vienne en aide.

« M. Proudhon a jeté dans le monde ces trois paradoxes, pour ne pas dire ces trois brandons de discorde :

« Qu'est-ce que la Propriété ? — C'est le vol.

« Que revient-il au Capital ? — Zéro.

« Quel est le meilleur Gouvernement ? — L'anarchie.

« Puis, pour démontrer ses trois découvertes, il a inventé une logique, qui leur est certainement *adéquate*, consistant à dire : 1° Que le Oui et le Non (1) c'est tout un, en d'autres termes qu'il n'y a rien de Vrai ni de Faux ; 2° que le Bien se transforme perpétuellement en Mal et le Mal en Bien (2), en d'autres termes, que rien n'est Bien ni Mal.

« Voilà l'enseignement que M. Proudhon est venu répandre parmi le peuple.

« Et maintenant, pour consommer l'œuvre, pour compléter le chapitre des *Contradictions*, le voilà offrant d'associer sa Propriété avec celle de l'Etat et priant le Gouvernement de lui garantir, même aux frais des contribuables, l'Intérêt de son Capital.

« M. Proudhon, déplorant la faiblesse de mes facultés intellectuelles qui ne s'accommodent pas de ses théories, disait : « Pour ma part, je préférerais mille fois être suspect dans ma franchise que de me voir dépouillé du plus bel apanage de l'homme, de ce qui fait sa force et son essence (3). » Que M. Proudhon le sache bien : j'accepte le partage. A moi l'humble intelligence qu'il plut à Dieu de me départir ; à lui,

---

(1) *Gratuité du crédit*, page 48.
(2) *Ibid.*, page 238.
(3) *Ibid.*, page 241.

puisqu'il le préfère, d'être suspecté dans sa franchise. »

Bastiat estima-t-il, dans sa bonté native, que ces lignes blesseraient trop cruellement Proudhon ? Ou l'article tout prêt à aller à l'imprimerie, s'égara-t-il, comme bien d'autres, parmi les innombrables papiers qui encombraient le petit cabinet de travail de la rue d'Alger ? Nous ne saurions le dire. La lie de ce calice fut, en tout cas, épargnée à Proudhon.

Nous avons assez pénétré l'esprit et les théories de Bastiat, nous connaissons assez ses idées sur le rôle de l'Etat, sur l'instruction, etc., pour que nous croyions utile d'analyser longuement tous les *Pamphlets* qu'il publia en 1849 et en 1850.

La *Loi* — il montre la loi pervertie sous l'influence de l'égoïsme inintelligent et de la fausse philanthrophie, — l'*Etat* — il s'insurge contre cette grande fiction à travers laquelle tout le monde s'efforce de vivre aux dépens de tout le monde, — *Baccalauréat et Socialisme* — il combat le conventionnalisme classique, — *Protectionnisme et Communisme* — il prouve que le communisme, comme le protectionnisme, demande à l'Etat de prendre aux uns pour donner aux autres, — *Maudit argent* — il démontre que l'argent n'est pas la richesse, — toutes ces bro-

chures, écrites dans un style alerte, ne nous ré-
vèleraient pas un Bastiat différent de celui qui
est apparu jusqu'ici.

Il nous semble impossible, cependant, de ne
pas insister quelque peu sur la dernière publication qui sortit de sa plume.

« Dans la sphère économique, expliquait-il, un
acte, une habitude, une institution, une loi n'engendrent pas seulement un effet, mais une série d'effets.
De ces effets, le premier seul est immédiat ; il se manifeste simultanément avec sa cause, *on le voit*. Les
autres ne se déroulent que successivement, *on ne les
voit pas* ; heureux si on les *prévoit*.

« Entre un mauvais et un bon économiste, voici
toute la différence : l'un s'en tient à l'effet *visible* ;
l'autre tient compte et de l'effet qu'on *voit* et de ceux
qu'il faut *prévoir*. Mais cette différence est énorme,
car il arrive presque toujours que, lorsque la conséquence immédiate est favorable, les conséquences
ultérieures sont funestes, et *vice versa*... »

Cassez-vous une vitre ? Vous vous dites, pour
vous consoler, qu'à quelque chose malheur est
bon et que l'industrie vitrière est encouragée
dans la mesure de trois francs, prix de la vitre.
C'est ce qu'on voit. Mais *ce qu'on ne voit pas*,
c'est que si vous n'aviez pas eu de vitre à remplacer, vous auriez pu, avec les trois francs,
mettre, par exemple, un livre de plus dans votre
bibliothèque. *Ce qu'on ne voit pas*, c'est qu'après
avoir dépensé trois francs pour une vitre, vous

avez, ni plus ni moins que devant, la jouissance d'une vitre, et que, si l'accident ne fût pas arrivé, vous auriez eu à la fois la jouissance d'une vitre et celle d'un livre.

Jacques Bonhomme avait deux francs qu'il faisait gagner à deux ouvriers. Il imagine un arrangement de cordes et de poids qui abrège le travail de moitié. Il congédie, en conséquence, un ouvrier, épargne un franc et obtient la même satisfaction. Il congédie un ouvrier, *c'est ce qu'on voit*. Mais *ce qu'on ne voit pas*, c'est qu'ayant épargné un franc, s'il y a dans le monde un ouvrier qui offre ses bras inoccupés, il y a aussi un capitaliste qui offre son franc inoccupé ; et ces deux éléments se rencontrent et se combinent.

Lamartine, au cours de sa carrière politique, eut souvent de ces mots qui caractérisaient parfaitement la situation de notre pays et que l'on répétait comme des mots d'ordre. La France s'ennuie, disait-il en 1839. Nous marchons vers la Révolution du mépris, déclarait-il au banquet de Mâcon. Bastiat eut également de ces expressions heureuses qui éclairent les phénomènes économiques les plus complexes et rendent facilement compréhensibles les abstractions les plus ardues. Ces formules lapidaires: « derrière ce qu'on voit, il y a ce qu'on ne voit pas », « la Loi, c'est la Justice organisée », « libre-échange signifie échange libre » sont encore aujourd'hui dans le langage courant des économistes.

Nous ne pouvons terminer cette revue des travaux de Bastiat, durant les deux dernières années de son existence, sans mentionner la part qu'il prit au Congrès de la Paix d'août 1849.

De nobles esprits, hantés d'idées généreuses, avaient vu, avec juste raison, dans l'arbitrage un moyen de mettre un terme à ces conflits qui ensanglantent le monde et déshonorent l'humanité. Rêve, vains efforts, dira-t-on? Rêve qui, un jour ou l'autre, deviendra réalité ; efforts qu'aujourd'hui plus que jamais il faut seconder, car la vérité ne peut être que du côté de ces hommes aux pensées les plus hautes et au cœur le plus humain qui, à l'heure actuelle, continuent l'œuvre de leurs devanciers.

De nombreux congressistes étaient venus d'Angleterre, des Etats-Unis, de Belgique, d'Allemagne. On se montrait Cobden qui avait amené avec lui quelques-uns des lieutenants de sa ligue. Parmi les Français illustres groupés autour de l'archevêque de Paris et de Victor Hugo qui devait présider les débats, on reconnaissait Carnot, Emile de Girardin, Michel Chevalier, Horace Say, Baudrillard, l'abbé Deguerry, le pasteur Coquerel, etc. Au milieu d'eux, Bastiat avait naturellement sa place marquée, et il prit la parole dans la séance du

23 août. Le texte de son discours ne nous est pas parvenu ; il faut se reporter aux journaux de l'époque pour en avoir une brève analyse.

Bastiat s'en était tenu au problème du désarmement qu'il avait traité avec le sens pratique que nous lui connaissons.

Notre président, avait-il dit, a fait remarquer tout à l'heure que cette question de la paix extérieure est aussi une question de paix intérieure, car les charges que l'entretien des armées nécessite augmentent les impôts, et les impôts pèsent cruellement sur les peuples. Toutefois, ce qui irrite plus encore que l'impôt, c'est la mauvaise répartition de l'impôt ; or, les nations qui veulent entretenir des armées permanentes considérables tendent, chaque jour, à s'éloigner de la proportionnalité de l'impôt.

Entrant ensuite dans quelques détails sur la manière dont les impôts doivent être répartis pour être équitables et sur les matières qu'ils doivent atteindre pour être véritablement productifs, il ajoutait: certes, je suis autant que qui ce soit ami de l'ordre et de la tranquillité sans lesquels il n'y a pas de progrès possibles, et je suis prêt à faire tous les sacrifices pour les maintenir, mais c'est justement dans l'intérêt de l'ordre que j'insisterai sur la nécessité d'alléger le fardeau qui pèse sur les nations et, par conséquent, de hâter l'instant du désarmement.

Puis, entrant dans des considérations générales, il terminait à peu près ainsi : Supposez que l'armée anglaise, ou l'armée américaine, occupe aujourd'hui Paris, et demandez-vous si la nation anglaise et la nation américaine auraient ainsi gagné plus d'influence sur la nation française qu'elles n'en ont acquis par la présence à cette assemblée des honorables citoyens devant lesquels je parle ? Non. L'influence que l'on acquiert par la guerre n'est souvent qu'une influence négative, tandis que l'influence morale est toute-puissante.

Le Congrès de 1849 n'a pas empêché, hélas ! les guerres qui ont désolé l'Europe dans la seconde moitié de XIXe siècle ; mais ne croyons pas qu'il ait été stérile : il a allumé une flamme qui, toujours vivace bien que vacillante, s'est transmise de génération en génération, qui; aujourd'hui, grâce au culte dont elle est l'objet de la part de ses fidèles, brille d'un éclat un peu plus vif, et qui, demain peut-être, deviendra le Soleil de la Paix.

On se demandera certainement comment Frédéric Bastiat, que nous avons vu déjà si fatigué en 1847, put soutenir le labeur des années 1849 et 1850 (1). C'est qu'il puisait une force considé-

____

(1) Les *Pamphlets* ne furent pas ses seules productions au cours de ces années. De temps en temps, il donnait des

rable dans le sentiment du devoir et qu'en outre l'affection d'amis dévoués qu'il s'était faits à Paris s'essayait à lui faire oublier ses maux.

Il donna, certaine fois, à M. Coudroy l'emploi de ses journées : elles étaient bien occupées. Levé à six heures, il avait à peine, dans la matinée, le temps de parcourir les journaux et de recevoir quelques visites ; il lui fallait être, à dix heures, au Comité des finances. La séance publique le retenait toute l'après-midi. Quant à ses soirées, lorsqu'elles n'étaient pas prises par des réunions de sous-commissions, il les consacrait soit à ses travaux personnels, ou à ses amis.

Il s'était plus particulièrement lié avec M. Cheuvreux, qui avait été l'un de ses collaboteurs au *Libre-Échange* et dont il prisait fort le

---

morceaux plus courts à divers journaux. Une page d'un de ses cahiers est assez instructive; il y avait noté les sujets d'articles suivants qu'il se proposait d'écrire au fil de la plume:

Décomposer les éléments du prix d'un produit et montrer que la hausse produite par la protection n'influe pas sur la rémunération du travail. — Réponse à la *Revue Sociale* sur le libre-échange. — Réponse à ceux qui nous reprochent de ne nous occuper que des intérêts matériels. — Rapports de l'économie politique avec la religion. — Développer l'idée indiquée à la page 20 de ma profession de foi. — Sur le livre de M. Ch. Wilson, de Bruxelles. — Société espagnole pour le travail national. — L'échange a pour base le troc. — Le commerce est-il productif? — Politique anglaise. — Lettre aux banquiers.

caractère et le jugement. Mme Cheuvreux, belle-sœur de M. Renouard et tante de M. Léon Say, était une femme d'infiniment d'esprit et de grâce, chez qui fréquentaient toutes les illustrations de la science et de la finance. Bastiat fut vite un assidu de la maison et un intime de la famille. Isolé dans ce Paris, auquel il ne parvenait point à s'habituer, « il se rapprochait chaque jour davantage de cet intérieur qui lui était si cordialement ouvert » ; et de part et d'autre, on semblait pressentir que « pour goûter une intimité précieuse, il fallait se hâter, ne pas perdre de temps ».

Dans le salon de Mme Cheuvreux, Bastiat n'était pas la figure la moins originale. Celui que ses distractions avaient fait surnommer le La Fontaine de l'économie politique (1) quittait tout à coup la conversation pour aller sur un coin de table écrire une ou deux pages qui venaient de s'élaborer inconsciemmment dans son esprit. Réapparaissait-il dans les groupes, il découvrait l'artiste et le poète qu'il était ; et sa pa-

____

(1) Avait-il dessein de se rendre à Bruxelles, il arrivait rue Lafayette après l'heure du convoi. Etait-il parti pour aller faire un discours à Lyon, il se trouvait débarqué dans un cabaret au fond des Vosges. Il avouait lui-même qu'il n'avait jamais pu aller de la rue Choiseul au Palais-Royal sans s'égarer et que prié à dîner chez des amis, il était quelquefois arrivé au troisième service.

role brillante et colorée, ses aperçus ingénieux charmaient ses auditeurs. Il ne fallait pas, toutefois, qu'il s'avisât de se lancer sur le terrain de la politique ; son intransigeance glaçait bientôt ses interlocuteurs et les « belles dames » n'avaient plus l'air de connaître ce « farouche républicain », ce « rouge ».

A côté de Bastiat, on pouvait rencontrer, chez Mme Cheuvreux, Ampère, l'abbé Perreyve, le P. Gratry.....

Et puisque ce dernier nom est venu sous notre plume, qu'on nous permette une courte digression.

N'est-ce pas le P. Gratry qui, après avoir lu les *Harmonies*, écrivit que l'économie politique était le salut des sociétés ? N'est-ce pas lui qui dit, un jour, à M. Fr. Passy que Bastiat était un des plus grands écrivains de la langue française ? Ce jugement sur Bastiat, cette sympathie qu'on devine entre les deux hommes ne sont pas pour surprendre, car on ne saurait manquer d'être frappé des analogies ou des ressemblances qu'offrent Bastiat et le P. Gratry dans leur existence, dans leur caractère, dans la formation de leur esprit. Le P. Gratry s'était formé d'après les mêmes principes que Bastiat ; il avait, comme celui-ci, superposé et varié ses travaux, passant de la littérature à la science, de la science à la philosophie, de la philosophie à la théologie. Il avait également vécu des années entières dans la solitude et le recueillement, n'ayant donné son premier livre, *La Connaissance de Dieu*, qu'à l'âge de 48 ans. Comme Bastiat, il avait une imagination enchanteresse, il était optimiste, témoin les pages qu'il a consacrées dans *La Connaissance de l'âme* au lieu de la félicité éternelle. Comme lui, il demandait à la musique, «sœur de la poésie et de la prière», l'inspiration et le rythme ; et c'est pour cela que leurs deux âmes devaient se comprendre. Et c'est encore parce qu'ils ont été tous deux de véritables écrivains, que leurs œuvres, à l'un et à l'autre, ont exercé tant de séduction, alors que des ouvrages plus considérables, de véritables monuments de la pensée, tel le *Cours de philosophie positive* d'Auguste Comte, fatiguent et rebutent presque le lecteur par l'absence de cadence et d'images.

On sait quel était le dévouement de Bastiat pour ceux qu'il aimait. Ce cœur, qui était incapable de dissimuler, ne pouvait taire ni ses afflictions ni son contentement. Qu'un événement heureux ou fâcheux survienne dans la famille Cheuvreux, il accourt partager la joie ou les inquiétudes. A-t-il quitté, à minuit, l'hôtel de la rue Saint-Georges, il se prend à penser, le matin, que chaque jour, dès 9 heures, à Mugron, on a des nouvelles de tous ses amis. Le dimanche lui laisse-t-il quelques loisirs, il propose à Mme et Mlle Cheuvreux d'aller voir Saint-Germain-l'Auxerrois et la Sainte-Chapelle qui marque « le point extrême où soit parvenu l'art de substituer le vide au plein et le jour à la pierre.» Un virtuose célèbre est-il venu donner un concert à Paris, il y court avec ces dames. S'est-il rendu à Bruxelles, il leur adresse ses impressions de voyage, ce qui est l'occasion pour lui d'écrire une page savoureuse sur la poésie de la civilisation :

« Il est impossible, leur dit-il, de n'être pas frappé de l'aspect d'aisance et de bien-être qu'offre la Belgique. D'immenses usines qu'on rencontre à chaque pas annoncent au voyageur une heureuse confiance en l'avenir. Je me demande si le monde industriel, avec ses monuments, son confort, ses chemins de fer, sa vapeur, ses télégraphes électriques, ses torrents de livres et de journaux, réalisant l'ubiquité, la gratuité et la communauté des biens matériels et intellectuels, n'aura pas aussi sa poésie, poésie collective, bien entendu. N'y a-t-il d'idéal que dans les mœurs bibliques, guerrières ou féodales ? Faut-il, sous ce rapport, regretter la sauvagerie, la barbarie, la chevalerie ? En ce cas, c'est en vain que je cherche l'harmonie dans la civilisation ; car l'harmonie est incompatible avec le prosaïsme. Mais je crois que ce qui nous fait apparaître sous des couleurs si poétiques les temps passés, la tente de l'Arabe, la grotte de l'anachorète, le donjon du châtelain, c'est la distance, c'est l'illusion de l'optique. Nous admirons ce qui tranche sur nos habitudes ; la vie du désert nous émeut, pendant qu'Abd-El-Kader s'extasie sur les merveilles de la civilisation. Croyez-vous qu'il y ait jamais eu autant de poésie dans une des héroïnes de l'antiquité que dans une femme de notre époque ? Que leur esprit fût aussi cultivé, leurs sentiments aussi délicats, qu'elles eussent la même tendresse de cœur, la même grâce de mouvement et de langage ? — Oh ! ne calomnions pas la civilisation (1)... »

Est-il allé demander à l'air natal un problématique soulagement à ses souffrances, il songe avec mélancolie à ses amis de Paris ; il lui semble que « vingt courriers » sont arrivés sans lui apporter de leurs nouvelles ; il est, en imagination, avec eux, dans leur salon ; et pour qu'ils n'oublient pas trop l'absent, il leur envoie ce tableau si coloré de son existence à Mugron.

« Le matin, nous nous promenons dans ma chambre, Félix et moi, lisant quelques pages de Mme de Staël ou un psaume de David. A la nuit tombante, je vais chercher au cimetière une tombe, *mon pied la sait, la voilà !* Le soir, quatre heures de tête-à-tête avec ma bonne tante. Pendant que je suis enfoncé dans mon Shakespeare, elle parle avec l'animation la plus sincère, ayant la complaisance de faire les demandes et les réponses. Mais voici que la femme de chambre, qui se doute que les heures sont longues, se croit obligée de les varier ; elle survient et nous raconte ses tribulations électorales. La pauvre fille a fait de la

---

(1) Voir à l'*Appendice*, page 301, un exposé nouveau et inédit de ces mêmes pensées sur la poésie de la civilisation.

Voir également, page 303, d'autres impressions, inédites aussi, de cette excursion en Belgique.

propagande pour moi : on lui objectait toujours le *libre-échange* ; elle, d'argumenter. Hélas ! quels arguments ; elle me les répète avec orgueil, et pendant qu'elle discute en jargon basque, patois et français, je me rappelle ce mot de Patru : rien de tel qu'un mauvais avocat pour gâter une bonne cause. Enfin l'heure du souper arrive, chiens et chats font irruption dans la salle, escortant la garbure. Ma tante entre en fureur. « Maudites bêtes ! s'écrie-t-elle, voyez comme elles s'enhardissent, dès que Monsieur arrive ! » Pauvre tante ! cette grande colère n'est qu'une ruse de sa tendresse ; traduisez : voyez comme Frédéric est bon. Je ne dis pas que cela soit, mais ma tante veut qu'on le pense. »

Il était donc retourné à Mugron, au mois de mai 1850, « pour voir à guérir ces malheureux poumons qui lui étaient des serviteurs fort capricieux ». Hélas ! ni l'air salubre des Landes, ni même les Eaux-Bonnes où il se rendit ne purent enrayer la marche rapide de la maladie qui le minait.

Peut-on lire sans un serrement de cœur ces lignes où il rend compte à Mme Cheuvreux de son état de santé ?

« Samedi, je fus voir le reste de ma famille à la campagne (1) ; j'en revins fatigué. Les quintes ont

______

(1) La famille de Monclar. Il était adoré des petits-enfants de M. Henry de Monclar qui l'appelaient « l'oncle bonne pièce ».

reparu assez fortes pour que la respiration n'y pût
suffire. Je pensais à la description de la pêche de la
baleine que vous faisait votre cousin : tout va bien,
disait-il, quand on peut donner du câble à l'animal
blessé. La toux est peu de chose aussi, tant que les
poumons peuvent lui *donner du câble* ; après quoi, la
position devient incommode. »

Sa résignation et son courage égalaient ses
souffrances ; puissions-nous suivre, même de
loin, l'exemple que nous a donné ce digne fils
d'un père qui, dans des épreuves aussi cruelles,
voulait être un Caton.

« Mon cher Cobden, écrivait-il encore le 9 septembre 1850, je suis sensible à l'intérêt que vous voulez
bien prendre à ma santé. Elle est toujours chancelante. En ce moment j'ai une grande inflammation, et
probablement des ulcérations à ces deux tubes qui
conduisent l'air au poumon et les aliments à l'esto-
mac. La question est de savoir si ce mal s'arrêtera ou
fera des progrès. Dans ce dernier cas, il n'y aurait
plus moyen de respirer ni de manger, *a very awkward
situation indeed.* J'espère n'être pas soumis à cette
épreuve, à laquelle cependant je ne néglige pas de
me préparer, en m'exerçant à la patience et à la résignation. Est-ce qu'il n'y a pas une source inépuisable de consolation et de force dans ces mots : *non sicut ego volo, sed sicut tu ?* »

Vers la mi-septembre de 1850, après avoir
obtenu un congé que jusqu'alors il s'était toujours refusé à solliciter, il dut abandonner Paris qu'il avait réintégré un mois plus tôt.

F. B.   14

« Mon cher Félix, disait-il dans un court billet adressé à M. Coudroy, je t'écris au moment de me lancer dans un grand voyage. La maladie, que j'avais quand je t'ai vu, s'est fixée au larynx et à la gorge. Par la continuité de la douleur, et l'affaiblissement qu'elle occasionne, elle devient un véritable supplice. J'espère pourtant que la résignation ne me fera pas défaut. Les médecins m'ont ordonné de passer l'hiver à Pise ; j'obéis, encore que ces messieurs ne m'aient pas habitué à avoir foi en eux. — Adieu, je te quitte parce que ma tête ne me permet plus guère d'écrire. J'espère être plus vigoureux en route. »

Il partait : ses amis, en lui disant *au revoir* tout haut, sentaient bien qu'ils ne le reverraient plus et prononçaient tout bas le mot *adieu.* Quant à lui, il gardait la figure sereine et calme et s'il eût pleuré, c'eût été non sur sa fin prochaine, mais sur l'œuvre qu'il allait laisser inachevée, sur ces *Harmonies* qu'il portait depuis si long-temps dans son cerveau, dont il n'avait donné que le premier volume, et qu'il n'avait plus l'es-pérance de terminer.

CHAPITRE X

LES HARMONIES

« Quand ils eurent chassé et lentement conduit au rivage le fils de leurs rois avec les deux rois qui étaient sa progéniture, ils appelèrent les docteurs de la loi et ils leur dirent :

« Nous maudissions ce vieillard obstiné, car prétextant que nous étions un peuple fougueux qui va toujours courant se briser contre les rochers, il voulait nous mettre autour du corps une ceinture étroite et nous attacher aux pieds un boulet. C'est vous qui nous avez excités contre lui et contre sa race ; nous vous prions de nous rendre heureux, car nous souffrons dans notre chair et dans notre esprit, dans la chair et dans l'esprit de nos fils et de nos filles.

« Si vous êtes venus dans nos ateliers, vous avez vu ces masses de fer embrasé que nous jetons entre les dents des cylindres qui tournent plus vite que ne va le vent. Il en jaillit un lait de feu qui s'écoule par bouillons et qui se répand dans l'air en gouttes étincelantes ; et le fer sort des dents du cylindre prodigieusement amaigri. En vérité, nous sommes comprimés comme ces masses de fer.

« Si vous êtes venus dans nos ateliers, vous avez vu ces câbles des mines enroulés autour d'une roue

qui vont chercher à douze cents pieds de profondeur
des blocs de pierre ou des montagnes de charbon. La
roue crie sur son essieu ; le câble s'allonge sous son
énorme charge. Nous sommes tirés comme le câble ;
mais nous ne crions pas comme la roue, car nous
sommes patients autant que forts.

« Les docteurs de la loi se mirent donc à dire : En
vérité, ce peuple souffre cruellement ; qu'allons-nous
faire pour ce peuple ?

« Ils firent un roi et ils griffonnèrent un papier.

« Ils appelèrent ce papier *Charte-Vérité*. Les premiers mots étaient : tous les Français sont égaux devant la loi.

« Ils dirent : que cet écrit soit parmi nous un gage
de concorde et d'union. Et aussitôt il s'éleva une
grande dispute parmi eux ; et après s'être violem-
ment accusés, ils se séparèrent.

« Cependant d'autres vinrent à leur place (1)....

La première révolution que vit Bastiat, celle
de 1830, avait bien semblé devoir modifier l'in-
clinaison de l'axe politique et social de la
France. La France voulait éloigner d'elle la
voix des canons ; elle renonçait à la gloire des
combats. Il n'y avait plus à ses yeux qu'une
seule politique, la politique des affaires et des
intérêts matériels ; et l'organisation du régime
industriel, de même que l'amélioration de la condition des ouvriers, lui paraissaient intimement
liées à l'avénement de la bourgeoisie au pouvoir.

____

(1) Michel Chevalier. *Le Globe* du 28 mars 1832.

Cependant, ministères et Chambres se succédaient, sans qu'on vit très bien en quoi le règne de Louis-Philippe se différenciait de celui de Charles X. Bien plus, les classes ouvrières, dont les souffrances étaient aiguisées par la stagnation des affaires et par l'emploi plus généralisé des machines se tenaient dans un état continuel d'agitation. La France, après la commotion des journées de juillet, ne retrouvait donc pas son équilibre ; mais si elle se débattait au milieu d'un malaise dont elle se voyait impuissante à se débarrasser, du moins par des moyens pacifiques et constitutionnels, elle put voir se lever, dans tous les partis, des hommes que le souci de sa grandeur et de son bonheur animait seul. La période de 1830 à 1848 fut, en effet, remarquable par le nombre d'esprits élevés qui s'attachèrent à servir dans notre pays la cause du progrès et de la civilisation. Qu'ils fussent « doctrinaires » comme MM. Guizot, de Broglie, Molé, C. Périer, Duchâtel, etc., qu'ils appartinssent au centre gauche comme MM. Thiers et Cochin, qu'ils se proclamassent hautement républicains comme Garnier-Pagès, Godefroy-Cavaignac, qu'ils fussent avocats, tel Jules Favre, savants, tel Arago, journalistes, tels Armand Carrel et Emile de Girardin, qu'ils fussent dans les ordres, tel Lamennais, ils parlaient et agissaient dans l'intérêt supérieur de la France

et mettaient au service de leurs idées leurs talents, leur liberté, leur vie même. Et leurs
idées passionnaient toute la France : les journaux,
les brochures pénétraient dans les moindres localités ; les sociétés politiques étendaient leurs
ramifications sur tout le territoire. Les systèmes
sociaux, si divers fussent-ils, avaient partout
des partisans : des socialistes comme Louis
Blanc, Proudhon, dont on ne pouvait contester
l'absolu désintéressement et qui n'avaient point
recours à une rhétorique trompeuse, remuaient
les populations ; des réformateurs, des utopistes,
Fourier, Cabet, etc., voyaient leurs inventions
discutées sérieusement.

Une religion nouvelle même eut parmi ses
adeptes des hommes comme Michel Chevalier,
Carnot, Reynaud, Pierre Leroux, c'est-à-dire
une partie de l'élite intellectuelle. Il est vrai que
le Saint-Simonisme, tel que l'avait compris son
fondateur, se proposait un but bien fait pour
enthousiasmer des âmes nobles et généreuses :
il voulait être une association universelle fon-
dée sur l'amour, une association qui suppri-
mât la guerre, la concurrence, qui amenât le
bonheur sur terre et recompensât chacun suivant ses mérites et ses œuvres. La loi de Progrès, le P. Enfantin la définissait ainsi dans
son langage mystique : l'Harmonie de la chair
et de l'esprit, de l'industrie et de la science, de

l'Orient et de l'Occident, de la femme et de l'homme.

Harmonie ! Quel plus beau mot ? Harmonie des intérêts matériels et moraux ! Quel plus beau rêve ? Dans les espaces interplanétaires, les mondes roulent suivant des lois sévères ; et l'esprit reste confondu à l'idée de cet ordre qui entraîne dans des courses harmoniquement réglées soleils, planètes, étoiles. Et sur cet amas de boue qu'est la terre, notre pauvre humanité, moins favorisée que la matière, resterait seule à se débattre au milieu de l'incohérence, du désordre, de la discorde et de la guerre ! Serait-ce possible ?

Notre ignorance, comme le manteau de Tanit, ne voilerait-elle pas la Vérité ? Il y avait longtemps que Bastiat en était convaincu. Et si nous le voyons parler d'*Harmonies sociales*, pour la première fois en 1847, ce ne furent ni Lamartine ni le P. Enfantin qui lui fournirent et le mot et l'idée, puisque dans le projet de lettre à Mathieu de Dombasle qu'il écrivait vers 1832 et dont nous avons parlé, il entrevoyait dans l'agriculture « des *harmonies* faites pour séduire ».

Homo homini lupus. Le profit de l'un est le dommage de l'autre, répétait-on après Montaigne. C'est faux, pensait Bastiat, tous les intérêts légitimes sont harmoniques ou du moins tendent à être harmoniques, et le démontrer lui sembla une œuvre au regard de laquelle aucune autre ne pouvait être plus utile ni plus opportune.

Il convient d'observer que certains de nos économistes du xvıı⁰ et du xvııı⁰ siècle avaient déjà esquissé une théorie de « la solidarité des intérêts non seulement d'homme à homme et de province à province dans un même Etat, mais encore de pays à pays ». Boisguillebert, notamment, professait à cet égard les idées les plus nettes et les plus justes.

« La richesse, disait-il, dans le *Factum de la France* (1), n'est autre chose qu'une jouissance entière, non seulement de tous les besoins de la vie, mais même de tout ce qui forme les délices et la magnificence, par lequel il faut avoir affaire avec plus de deux cents professions qui composent aujourd'hui les Etats polis et opulents. A cet effet, il est nécessaire que tous ces deux cents métiers fassent un échange continuel entre eux, pour s'aider réciproquement de ce qu'ils ont de trop, et recevoir en contre-échange les choses dont ils manquent ; et cela non seulement d'homme à homme, mais même de pays à pays et de royaume à royaume ; autrement l'un périt par l'abondance d'une denrée ou sa disette, pendant qu'un autre homme ou une autre contrée sont dans la même misère d'une façon tout opposée. C'est ce divorce qui forme la misère générale, tandis que le

---

(1) Le Factum de la France, chap. V (1707).

commerce réciproque qui aurait pu se faire aurait
formé deux perfections de deux très grandes défec-
tuosités. »

Et précisant sa pensée il écrivait, quelques lignes plus loin :

« Si le premier laboureur, trafiquant uniquement
avec le pasteur, ne lui avait pas voulu donner assez
de blé pour se nourrir, pendant qu'il eût exigé de lui
tout son vêtement nécessaire tiré des dépouilles des
bêtes, non seulement il l'aurait fait mourir de faim,
mais il aurait lui-même péri dans la suite de froid, en
détruisant le seul ouvrier de ce besoin si pressant,
savoir le vêtement. Et cette harmonie, d'une nécessité si indispensable alors entre ces deux hommes,
est de la même obligation entre plus de deux cents
professions qui composent aujourd'hui le maintien
de la France. Le bien et le mal qui arrivent à toutes
en particulier est solidaire à toutes les autres,
comme la moindre indisposition survenue à l'un des
membres du corps humain attaque bientôt tous les autres et fait par suite périr le sujet, si on n'y met ordre
incontinent. »

Dans son *Traité des grains* et dans sa *Disser-
tation sur les richesses, l'argent et le tribut*, Boisguillebert revenait encore sur l'utilité réciproque que tirent les unes des autres toutes les
professions. Il faisait remarquer que tout ache-
teur est vendeur et vice-versa ; d'où il tirait
cette conséquence, que tout échange profite aux
deux parties, et cette conclusion, que la concurrence et la liberté des producteurs peuvent seu-

les amener le perfectionnement de l'industrie.

Pourquoi faut-il que, ces vérités une fois établies, Boisguillebert se mette en contradiction formelle avec lui-même ? C'est qu'il appartenait à cette école, pour qui la prospérité du cultivateur est la base nécessaire de la richesse nationale. Aussi, en dépit des principes qu'il a posés, approuve-t-il la Hollande de faire jeter le poivre à la mer, pour arrêter l'avilissement des cours ; il demande l'aide de l'Etat pour obtenir le relèvement des prix des produits de la terre ; il va même jusqu'à préconiser l'interdiction des importations en Provence des blés de Barbarie, afin de protéger le blé du Languedoc. S'il fût venu un siècle et demi plus tard, nous l'aurions vu soutenir les projets de M. Cunin-Gridaine, à moins que l'impitoyable logique de Frédéric Bastiat n'eût desillé ses yeux.

Si un principe est juste, en effet, il est juste jusque dans ses moindres conséquences. Pourquoi alors la concurrence et la liberté pour les uns, le monopole et la restriction pour les autres ? La prédominance d'une profession sur les autres professions est le contraire de l'harmonie; et il était réservé à Bastiat de proclamer, le premier chez nous, la solidarité de tous les intérêts matériels et moraux.

En jetant les yeux autour de moi, disait Bastiat, je ne vois que chaos et anarchie : le pauvre s'élève contre le riche ; le prolétariat, contre la propriété ; le peuple, contre la bourgeoisie ; le travail, contre le capital ; l'agriculture, contre l'industrie[e]; la campagne, contre la ville ; la province, contre la capitale ; le regnicole, contre l'étranger. Aux chimères généreuses mais décevantes des socialistes, aux théories pessimistes d'esprits chagrins, il est donc urgent d'opposer le véritable ordre de développement des sociétés humaines.

La tâche était ardue. Bastiat lui sacrifia sans hésiter le repos de ses derniers jours ; la mort, hélas ! le surprit. Des deux parties, en effet, que devaient comprendre les *Harmonies*, la première seule fut achevée, celle dans laquelle il passe en revue les divers phénomènes économiques, l'échange, la valeur, la richesse, le capital, la propriété, la concurrence. Des autres chapitres qu'il se proposait d'écrire, nous ne possédons que de rares fragments et des ébauches ; certains sujets, et non des moindres, tels que la monnaie, le crédit et l'impôt, n'ont même pas été esquissés. Et faut-il ajouter ? Nous ne pouvons être assurés que les pages qui composent la seconde partie des *Harmonies*, aient été écrites pour les *Harmonies*.

Sans doute, MM. Paillotet et de Fontenay, qui reçurent la mission de compléter comme ils pourraient l'œuvre interrompue, eurent entre

les mains la liste des chapitres qui restaient à
publier ; sans doute, ils dépouillèrent conscien-
cieusement tous les papiers que leur illustre
ami leur avait légués ; sans doute, ils étaient
fort imprégnés des idées de cet ami qui était,
en même temps, leur maître. Mais comme leur
tâche, déjà lourde et délicate de sa nature, doit
nous sembler l'avoir été davantage, si l'on songe
que, depuis 1830, Bastiat avait jeté sur le papier
nombre de fragments qui se rattachaient étroitement aux questions qu'il avait à traiter dans le
second volume des *Harmonies* et qui s'étaient
accumulés, sans que leur auteur ait eu le dessein
d'en faire le corps non seulement de ces *Harmonies*, mais aussi d'aucun livre ! Et, en face de cet
amas de matériaux, à quel criterium reconnaître
la variante qui doit être choisie ? Comment savoir
si l'ébauche que l'on examine appartient aux *Harmonies* ou n'est pas plutôt une addition à quelque Sophisme, à quelque Pamphlet ?

Veut-on, d'ailleurs, avoir une preuve des difficultés avec lesquelles les exécuteurs testamentaires de Bastiat se trouvèrent aux prises ?
Veut-on surprendre ceux-ci dans leur travail de
reconstitution ?

M. Paillotet, ayant réuni quelques feuillets,
les classe dans un même dossier et met en note:
les huit premières pages me paraissent appar-
tenir au chapitre *Perfectibilité*. Oui, écrit à côté

M. de Fontenay, qui a revu le classement. Mais
M. Paillotet ayant ajouté : sur les huit autres
pages je suis indécis ; sont-elles destinées au
chapitre 23 intitulé *Responsabilité et Perfectibilité* ou bien à l'un des chapitres portant les nu-
ros 24, 25, 27 ? Non, affirme son collaborateur,
c'est au numéro 30, c'est-à-dire au chapitre sur
les relations de l'Economie politique avec la religion. — Qui a tort ? Qui a raison ?

Telles pages doivent-elles former une note
additionnelle au chapitre de l'*Echange* du premier volume ou entrer dans le chapitre *Producteur et Consommateur* du second volume ?
MM. Paillotet et de Fontenay se décident pour
le chapitre de l'*Echange ;* et les voici obligés,
pour que soit achevée la réfutation au milieu de
laquelle le morceau s'arrête, de renvoyer le lecteur au chapitre *Producteur et Consommateur*.

Une autre fois, M. Paillotet demande s'il ne
conviendrait pas de compléter le chapitre des
Causes perturbatrices en prenant dans les *Sophismes* quelques lignes sur la Spoliation.

Voici encore les pages qu'on nous a données,
au chapitre intitulé *le Mal*. Ici nul doute : elles
n'ont jamais été écrites pour les *Harmonies*.
Elles ne sont qu'une des nombreuses ébauches
de Bastiat sur *le Mal*, car de tout temps — ses
cahiers de notes en font foi — cette question l'a
préoccupé. Dès 1835, en effet, il s'essayait à dé-

montrer que « le mal est un rouage nécessaire pour la réalisation du bien » ; et un peu plus tard, il projetait de développer dans un article ces trois pensées : « La source de toutes les erreurs des socialistes provient de ce qu'ils ne savent pas accepter virilement le mal social. — L'élément de la Société, c'est l'homme ; et si l'homme est sujet à la souffrance, comment la Société en serait-elle exempte ? — La vie et la mort, le bien et le mal sont partout en lutte perpétuelle. »

Il nous serait facile de multiplier les exemples. Mais nous croyons en avoir assez dit pour montrer que MM. Paillotet et de Fontenay eussent été certainement mieux inspirés en n'essayant point de continuer l'œuvre laissée par Bastiat et en se contentant de nous donner, dans un volume à part et à titre documentaire, une ou plusieurs variantes des idées que leur maître se proposait de développer dans la seconde partie des *Harmonies*. Et nous aurions eu ainsi une simple succession de pensées de Bastiat sur la Guerre, le Moteur Social, l'Épargne, etc., etc.

Et, en réalité, c'était bien là ce que Bastiat laissait : une simple succession de pensées. Nous ne pouvons que le regretter. Mais ce que nous devons surtout regretter de ne pas avoir, ce sont les pages qui auraient terminé l'œuvre et qui, dans le style coloré et alerte particulier à Bastiat, auraient fait défiler devant nos yeux le faisceau des lois qui conduisent l'humanité dans la voie du progrès.

Les *Harmonies* ne devaient pas, à l'origine, faire l'objet d'un livre. Bastiat, dont le talent et l'esprit se prêtaient mieux à une œuvre de polémique et de courte haleine, n'entendait faire primitivement que des « actualités », comme lorsqu'il menait la campagne libre-échangiste. Ce ne fut qu'au mois de septembre 1849, lorsque les progrès de la maladie l'eurent contraint d'aller prendre quelque repos dans les Landes, que l'ampleur du sujet l'amena à composer un ouvrage de pure doctrine qui n'aurait d'effet, écrivait-il à ses amis de Paris, que sur quelques théoriciens. Mais le travail avançait lentement à son gré ; ses idées fuyaient sans qu'il eût la force de les fixer sur le papier ; et à Mugron, aux Eaux-Bonnes, comme à Paris, où il revint à deux reprises différentes, la lassitude lui faisait souvent tomber la plume des doigts.

« Après avoir quitté les Pyrénées au mois de juillet (1850), écrit M. Cheuvreux, Bastiat s'établit aux environs de Paris. Il passe ses matinées en solitaire au Butard (1) et la fin de ses journées à la Jonchère.

---

(1) Le Butard, dans les bois de St-Cloud, était un ancien pavillon de chasse que M. Piscatore avait mis à la disposition de Bastiat. Celui-ci y pouvait trouver, mieux que dans son appar-

Mais cette cruelle laryngite s'aggrave; un travail suivi lui devient chaque jour plus difficile. Ses amis, qui l'avaient vu, l'année précédente, écrire plusieurs chapitres des *Harmonies* au milieu du bruit, du mouvement, dans un coin de leur salon, sur le bord d'une table, trempant sa plume unique au fond d'une bouteille d'encre, simple appareil qu'il tirait de sa poche, ses amis le surprenaient alors repoussant d'un geste impatient le papier posé devant lui. Inactif et le front courbé, Bastiat restait muet jusqu'au moment où son ardente pensée jaillissait comme une fusée brillante en paroles éloquentes. Mais cette parole ramenait bien vite la douleur de gorge et lui imposait de nouveau le silence. »

S'imagine-t-on le supplice moral qu'il devait endurer quand il pouvait se dire comme André Chénier : il me semble que *j'ai quelque chose là* ? Eh ! sans doute, il chassera loin de lui toute pensée d'orgueil ; il écrira même : que j'envoie à la postérité deux volumes ou un seul, la marche des affaires humaines n'en sera pas changée. Mais il voulait « parler à la jeunesse française. »

« En disant que les lois de l'économie politique sont harmoniques, écrivait-il à M. Cheuvreux, je n'ai pas entendu seulement qu'elles sont harmoniques entre elles, mais encore avec les lois de la politique,

———

tement de la rue d'Alger, le calme et le recueillement ; il y était, en outre, près de la famille Cheuvreux qui, l'été, habitait la propriété de la Jonchère.

de la morale et même de la religion (en faisant abstraction des formes particulières à chaque culte) ; s'il n'en était pas ainsi, à quoi servirait qu'un ensem ble d'idées présentât de l'harmonie, si cet ensemble était en discordance avec des groupes d'idées non moins essentielles.

« Je ne sais si je me fais illusion ; mais il me semble que c'est par là et par là *seulement* que renaîtront au sein de l'humanité ces vives et fécondes croyances dont Mlle Louise déplore la perte. Les croyances éteintes ne se ranimeront plus et les efforts qu'on fait, dans un moment de frayeur et de danger, pour donner cette ancre à la société sont plus méritoires qu'ils ne seront efficaces. Je crois qu'une épreuve inévitable attend le catholicisme. Un acquiescement de pure apparence que chacun exige des autres et dont chacun se dispense pour lui-même, ce ne peut être un état permanent.

« Le plan que j'avais conçu exigeait que l'harmonie politique d'abord fût ramenée à la certitude rigou- reuse, puisque c'est la base. Cette certitude, il pa- raît que je l'ai mal établie, car elle n'a frappé per- sonne, pas même les économistes de profession. Peut-être le second volume donnera-t-il plus de con- sistance au premier. »

L'apparition du premier volume des *Harmo- nies*, en effet, si elle fut saluée avec enthou- siasme à l'étranger, et particulièrement en Alle- magne (1), n'eut pas en France le retentisse- ment qu'avait espéré Bastiat. M. de Fontenay

---

(1) Voir à ce propos, à l'*Appendice*, page 306, une lettre des plus curieuses de M. Prince-Smith à Bastiat.

va même jusqu'à dire qu'il se fit un silence froid
autour du livre. Ce n'est pas tout à fait exact.
Les économistes ne pouvaient considérer comme
négligeables les idées émises par un de leurs
pairs. Mais il est certain que le grand public se
désintéressa complètement des questions que
les *Harmonies* soulevaient ; il était trop absorbé
alors par la politique sortie des événements de
1848, pour prêter attention à un traité d'économie sociale. Bastiat n'en fut pas moins déçu de
ce qui pouvait à peine passer pour un succès
d'estime; et nous le voyons tenter de s'expliquer
à lui-même l'indifférence du public dans une lettre qu'il adressait de Pise, le 12 octobre 1850,
à son ami, M. Soustra. On nous saura gré d'en
transcrire ici quelques fragments : elle est inédite et c'est une des dernières qu'il écrivit.

« ... Ne pense pas, mon cher Soustra, que l'indifférence avec laquelle les journaux ont accueilli mon
livre, m'ait beaucoup affecté. Ce qui m'affecte un
peu (et encore je commence à me blaser là-dessus),
c'est l'impossibilité où je me vois de continuer. Quant
au journalisme, je l'ai vu de trop près. C'est un métier, le plus métier possible. Un homme surchargé
d'occupations, qui n'a pas le temps de lire, qui ne
peut ni ne veut rectifier ses idées, qui a une ligne dé-
terminée à suivre, dirige l'entreprise. Cinq ou six
jeunes gens imberbes, d'une ignorance crasse,
n'ayant d'autre science que de savoir tourner une
phrase, font l'article à tant la ligne. Jamais ils ne
lisent, jamais ils n'étudient; ils n'attachent aucune

importance même à ce qu'ils écrivent; on ne peut les comparer qu'à un collégien faisant son devoir. Telle est la presse parisienne, à un très petit nombre d'exceptions près. Aussi la signature les a désorientés. Si ce système peut se soutenir, il renouvellera le sang du journalisme qui en a bien besoin.

« Quoi qu'il en soit, en réfléchissant, j'ai compris que dans le temps où nous sommes, peu de ces jeunes écrivains avaient pu pénétrer assez avant dans ma doctrine pour en rendre compte. J'en serai tout consolé du jour où une plume quelconque aura ramassé l'idée principale, car alors je serai sûr qu'elle n'est pas perdue. Mon regret est de laisser cette œuvre ébauchée. Il me restait beaucoup à faire; mais ce travail exige de la force... »

Bastiat s'était mis à l'œuvre bien trop tard, et cependant, nous l'avons vu, il y avait longtemps qu'il rêvait de faire « un exposé nouveau de la science ». Durant ses nombreuses années de collaboration avec Félix Coudroy, il avait assemblé quelques aperçus généraux ; cela lui permit, d'ailleurs, de rédiger en trois mois le premier volume des *Harmonies*. Mais, ainsi que nous l'avons déjà dit, dès qu'il eût pris la plume, le développement naturel de sa pensée l'entraîna vers des points de vue successifs ; et il fut contraint de s'avouer à lui-même qu'il était écrasé sous le nombre des harmonies qui s'offraient à ses yeux.

« J'avais d'abord pensé, explique une note trouvée dans ses papiers, à commencer par l'exposition des

Harmonies économiques et par conséquent à ne traiter que des sujets purement économiques : valeur, propriété, richesse, concurrence, salaire, population, monnaie, crédit, etc. Plus tard, si j'en avais eu le temps et la force, j'aurais appelé l'attention du lecteur sur un sujet plus vaste : les *Harmonies sociales.* C'est là que j'aurais parlé de la *constitution humaine,* du *moteur social,* de la *responsabilité,* de la *solidarité,* etc. L'œuvre ainsi conçue était commencée quand je me suis aperçu qu'il était mieux de fondre que de séparer ces deux ordres de considérations. Mais alors la logique voulait que l'étude de l'homme précédât les recherches économiques. Il n'était plus temps... »

Ce que les *Harmonies* nous offrent, ce n'est donc pas un tout homogène : quoique l'écriture ne sente pas l'effort, on s'aperçoit que les chapitres n'ont pas été composés sur la même trame. Nous avons une succession de tableaux parfaitement brossés ; mais nous ne possédons pas le vaste panorama avec ses demi-teintes et ses arrière-plans qu'on s'attendait à rencontrer; et cependant l'œuvre, telle qu'elle nous est parvenue, renferme d'incontestables beautés. Les *Harmonies*, a écrit M. Frédéric Passy, sont la dernière et sublime adoration d'une âme religieuse, qui, ne tenant plus au monde que par la charité, s'évertuait à montrer aux hommes, avant de les quitter, et dans leurs biens et dans leurs maux, les traits de la grandeur humaine et ceux de la bonté divine.

Nous ne saurions mieux dire, car Bastiat n'a
pas entendu faire un traité dogmatique d'économie politique. Ses *Harmonies* seraient plutôt
de la morale. Bastiat n'a pas seulement étudié
les faits économiques, comme l'avaient fait avant
lui Ad. Smith, Ricardo, J. B. Say. Il a été plus
loin : il a voulu démontrer que ces faits sont
conformes au droit naturel et qu'ils satisfont
l'intérêt particulier, aussi bien que l'intérêt général, aussi bien que l'esprit de justice.

« Dans une seule journée, l'homme con
somme des choses qu'il ne pourrait produire
lui-même en dix siècles. » Les services s'échangent donc contre des services (la monnaie étant
prise comme dénominateur commun). Société
est donc échange. Dans l'isolement, nos besoins
surpassent nos facultés ; par l'échange, nos facultés surpassent nos besoins. Ces premières
formules établies, Bastiat distingue l'*utilité* de
la *valeur ;* il distingue encore l'utilité *gratuite*
de l'utilité *onéreuse*, c'est-à-dire ce qui est l'œuvre de la nature de ce qui est l'œuvre de la main
de l'homme, et formule ces deux propositions :

1° L'utilité est communiquée quelquefois par
la Nature seule, quelquefois par le Travail seul.

presque toujours par la coopération de la Nature et du Travail.

2° Pour amener une chose à son état complet d'utilité, l'action du Travail est en raison inverse de l'action de la Nature.

Quant à la valeur, il importe, dit-il, de la bien définir.

« J'entreprends de montrer dans cet écrit l'Harmonie des lois providentielles qui régissent la société humaine. Ce qui fait que ses lois sont harmoniques et non discordantes, c'est que tous les principes, tous les mobiles, tous les ressorts, tous les, intérêts concourent vers un grand résultat final que l'humanité n'atteindra jamais à cause de son *imperfection* native, mais dont elle approchera toujours en vertu de sa *perfectibilité* indomptable; et ce résultat est : le rapprochement indéfini de toutes les classes vers un niveau qui s'élève toujours ; en d'autres termes : l'*égalisation* des individus dans l'*amélioration* générale.

« Mais pour réussir, il faut que je fasse comprendre deux choses, savoir :

« 1° Que l'*Utilité* tend à devenir de plus en plus *gratuite, commune*, en sortant progressivement du domaine de l'*appropriation* individuelle ;

« 2° Que la *Valeur*, au contraire, seule appréciable, seule constituant la propriété de droit et de fait, tend à diminuer de plus en plus, relativement à l'utilité à laquelle elle est attachée. »

Et faisant remarquer que le *Besoin* et la *Satisfaction* sont, par leur nature même, personnels, intimes, intransmissibles, *incommensura-*

bles d'un individu à l'autre, tandis que l'*Effort*, lien entre le besoin et la satisfaction, moyen entre le principe et la fin, émanant de notre activité, de notre spontanéité, de notre volonté, est susceptible de conventions et de transmission, il fonde la valeur sur les manifestations de notre activité, sur les efforts, sur les services réciproques qui s'échangent, parce qu'ils peuvent être comparés, appréciés, *évalués*, parce qu'ils peuvent être évalués précisément parce qu'ils s'échangent.

La *Valeur* est donc le rapport de deux services échangés (1). La valeur, s'écrie Bastiat, n'en cherchez pas la théorie dans de gros livres ; elle est tout entière dans la jolie fable de Florian, l'*Aveugle et le Paralytique* :

> ... J'ai des jambes, et vous des yeux,
> Moi je vais vous porter ; vous, vous serez mon guide :
> Ainsi, sans que jamais notre amitié décide
> Qui de nous deux remplit le plus utile emploi,
> Je marcherai par vous, vous y verrez par moi.

A mesure qu'il passe en revue les phénomènes économiques, Bastiat nous émerveille par ses aperçus originaux et ses formules ingénieuses.

Etudie-t-il la richesse ? Il montre que, l'uti-

___

(1) A propos de la valeur, voir à l'*Appendice*, page 312, une note que M. Paillotet rapporta de Rome et qui, selon le vœu de Bastiat, devait être remise à M. de Fontenay.

lité résultant de la coopération de l'homme avec
la nature, chacun prend à l'utilité générale une
part proportionnelle à la valeur qu'il crée, c'est-
à-dire aux services qu'il rend. Etudie-t-il le capital ? Il légitime l'intérêt par ce mot : celui qui
accorde terme rend service ; et partant de ce
fait que la baisse de l'intérêt est proportionnelle
à l'abondance des capitaux, il arrive à cet
axiome dont l'importance ne devrait échapper
à personne : « A mesure que les capitaux s'accroissent, la part *absolue* des capitalistes dans
les produits totaux augmente et leur part *rela-
tive* diminue. Au contraire, les travailleurs
voient augmenter leur part dans les deux sens.»
Etudie-t-il la propriété foncière ? Il explique
ainsi la valeur du sol, cette valeur qui fait crier
au monopole et à l'injustice : la valeur a pour
fondement moins la *peine prise* par celui qui la
cède que la *peine épargnée* à celui qui la reçoit.
Considère-t-il la concurrence ? Il montre qu'elle
fait tomber dans le domaine de la communauté
et de la gratuité les forces naturelles, les procédés et les instruments au moyen desquels on met
ces forces en œuvre. Il établit que « le bien de
chacun favorise le bien de tous, comme le bien
de tous favorise le bien de chacun ». Il fait voir
encore que « le résultat naturel du mécanisme
social est une élévation constante du niveau physique, intellectuel et moral pour toutes les clas-

ses, avec une tendance à l'égalisation ». Et arrivé à ce point de son exposition, il peut déjà affirmer que toutes les harmonies sociales sont contenues en germe dans les deux principes : propriété, liberté.

Bastiat ne se contenta pas d'édifier. On a pu, en effet, lui reprocher d'avoir, dans ses *Harmonies*, critiqué avec quelque véhémence les travaux de ses illustres devanciers. Il avait lui-même conscience qu'on ne devait pas voir sans étonnement un économiste battre en brèche les théories de ceux qui avaient fondé la science économique.

« On dira peut-être que dans ce chapitre (1) je fournis des armes à leurs détracteurs (2), et certes le moment serait très mal choisi de me tourner contre ceux que je regarde, j'en fais la déclaration solennelle, comme mes initiateurs, mes guides, mes maîtres. Mais, après tout, le droit suprême n'appartient-il pas à la Vérité, ou à ce que, sincèrement, je regarde comme la Vérité ? »

Quand il croyait servir la vérité méconnue, Bastiat se laissait toujours entraîner par son tempérament combatif ; ainsi s'expliquent les attaques qu'il dirigea contre certaines conceptions écono-

____

(1) Chapitre relatif à la propriété foncière.
(2) Les détracteurs des premiers économistes.

miques ; et nous ne mettons pas en doute, d'autre part, qu'écrites avec moins de hâte, les *Harmonies* auraient perdu le caractère de polémique qu'elles revêtent parfois. Bastiat est, d'ailleurs, le premier à reconnaître la bienveillance et la philanthropie que respirent les écrits des Quesnay, des Turgot, des Smith, des Malthus et des Say ; et, à vrai dire, ainsi que l'a fait remarquer M. de Molinari, les dissentiments qui existent entre ces maîtres et Bastiat portent plus sur les mots que sur les choses.

Quand on lit un ouvrage de mathématiques, où il est parlé *d'angles* et de *plans*, quand on lit un traité de mécanique, où il est question de *forces*, tout le monde comprend ce que l'auteur a voulu dire, cet auteur fût-il anglais, américain, allemand ou français. Tous les savants, en effet, donnent de l'angle, du plan, de la force une définition identique. Qu'au contraire, on étudie l'économie politique non pas même dans deux auteurs de nationalité différente, mais dans deux traités de même langue, on se trouve vite arrêté par l'obscurité des termes et par ce que l'on pense être des contradictions.

En France, par exemple, des mots tels qu'*utilité, valeur, richesse* sont souvent détournés de leur acception vulgaire. Cet inconvénient serait, il est vrai, de minime importance, étant donné qu'une science peut avoir sa logomachie spé-

ciale à laquelle ses adeptes n'ont qu'à s'initier.
Mais il s'aggrave de ce fait que ce qu'un économiste appelle simplement *utilité*, un autre le
dénomme *valeur d'usage* et un troisième, *richesse naturelle*. Lors donc que Bastiat proposait de remplacer ces divers vocables par celui
d'utilité gratuite, il faisait, il est vrai, œuvre de
novateur ; cela ne l'empêchait pas cependant de
rester d'accord, quant à la doctrine, avec Rossi
et avec J .B. Say.

Toutefois, lorsqu'il traita de la rente foncière,
ses idées parurent quelque peu orthodoxes aux
économistes classiques.

La rente, avait dit Ricardo, est cette portion
du produit de la terre que l'on paye au propriétaire pour avoir le droit d'exploiter les facultés
productrices et impérissables du sol. « Ce serait donc une injustice, s'écriait, ou à peu près,
Bastiat, car le propriétaire se ferait payer ainsi
des services qu'il tient de la nature, qui ne lui
ont rien coûté, c'est-à-dire des services qu'il n'a
pas rendus. Les socialistes auraient donc raison
de parler de privilège, de monopole et de répondre par le *droit au travail*. Mais non ; mille
fois non. Le propriétaire ne se fait pas plus payer
le travail de la nature, que l'industriel ne se fait
payer le travail de la vapeur qui fait marcher
ses machines, ou le meunier, la force de la gra-

vitaion qui amène l'eau aux roues de son moulin. »

Le désaccord était flagrant, et si la mort de Bastiat ne fût survenue, le débat eût été vif.

A la vérité, une théorie de la rente économique n'a aucune portée pratique aujourd'hui, par la raison que la rente n'apparaît qu'à l'origine des Sociétés, à l'instant où la terre, qui jusque-là n'appartenait à personne et demeurait en friche, devient la propriété de quelqu'un. Il est évident, en effet, qu'à ce moment, après un partage basé sur la force et la violence ou sur un accomodement amiable, certains, moins favorisés que d'autres, doivent se contenter de terrains parcimonieusement fournis de ces bactéries bienfaisantes qui font la fertilité d'un sol. Mais à être cultivée sans répit, une terre s'appauvrit de plus en plus, ses facultés productrices, quoi qu'ait dit Ricardo, étant loin d'être impérissables ; et le terrain le plus riche donne des moissons aussi maigres que le terrain le plus pauvre. Alors, la rente économique a disparu et disparu pour toujours. Au sol qui était fertile comme au sol originairement ingrat, le cultivateur avisé doit fournir des amendements; et lorsque la propriété vient à passer d'une main à une autre, ce que l'acquéreur paie, c'est un instrument de travail où l'œuvre de l'homme est tout, comparativement à l'œuvre de la nature.

Ce que le fermier paie de nos jours, c'est non seulement la condition du terrain telle que l'a faite le propriétaire, mais encore la sécurité, les facilités d'accès, la proximité des centres urbains. Ce n'est pas la rente foncière.

Que si on nous objecte qu'il y a cependant des terrains qui, par leur composition même, se prêtent moins bien que d'autres à la culture, nous demanderons de quelle culture on veut parler. Evidemment, tel terrain, qui est siliceux, ne conviendra pas au froment, quelle que soit la quantité d'amendements dont on use. Evidemment encore, il ne suffit pas de doubler, de tripler de quintupler la dose d'engrais pour obtenir une production double, triple ou quintuple. Mais nous ferons remarquer que dans tout pays il n'est pas de culture unique ; qu'en France, par exemple, et précisément suivant la nature des terrains, on récolte des produits divers, du blé, du seigle, de la pomme de terre, etc. ; et que ce qui importe pour l'agriculture ce n'est pas l'importance du produit *brut*, mais celle du produit *net*.

Il est donc exact, suivant la théorie de Ricardo, que la rente du sol fut jadis un véritable monopole ; mais cette rente, par suite, ce monopole, n'existent plus à l'heure actuelle et nous découvrons ici une Harmonie, l'Harmonie que Bastiat cherchait et à côté de laquelle il passait, dans sa course précipitée : le privilège des propriétaires fonciers, qui était une violation manifeste de l'esprit de justice, au même titre que le rapt et la violence pratiqués par les sociétés primitives, a été appelé à disparaître par la force même des choses, par une loi naturelle.

De la seconde partie des *Harmonies*, et pour des raisons qui découlent de ce que nous en avons dit, nous ne retiendrons que le chapitre relatif à la question de la Population. Bastiat n'était pas loin d'approuver toutes les idées de Malthus. Il admettait sa loi de *multiplication ;* il admettait également sa loi de *limitation* manifestée, dans l'ordre répressif, par le ministère de l'indigence, de la maladie et de la mort, et, dans l'ordre préventif, par la contrainte morale. Il eut même à cœur de venger Malthus des violentes attaques dont il était l'objet de la part de personnes qui, pour la plupart, ne l'avaient point lu ; et cette contrainte morale, dont beaucoup parlaient en souriant, nous a valu la plus belle page peut-être qui soit sortie de la plume de Bastiat et que nous avons un véritable plaisir à transcrire ici.

« Et, par exemple, qu'est-ce que cette sainte ignorance du premier âge, la seule ignorance sans doute qu'il soit criminel de dissiper, que chacun respecte, et sur laquelle la mère craintive veille comme sur un trésor ? Qu'est-ce que la pudeur qui succède à l'ignorance, arme mystérieuse de la jeune fille, qui enchante et intimide l'amant, et prolonge, en l'embellissant, la saison des innocentes amours ? N'est-ce point une chose merveilleuse, et qui serait absurde en toute autre matière, que ce voile ainsi jeté d'abord entre l'ignorance et la vérité, et ces magiques obstacles placés ensuite entre la vérité et le bonheur ? Qu'est-ce que cette puissance de l'opinion qui impose des lois si sévères aux relations des personnes de sexe différent, flétrit la plus légère transgression de ces lois, et poursuit la faiblesse, et sur celle qui succombe, et, de génération en génération, sur ceux qui en sont les tristes fruits ? Qu'est-ce que cet honneur si délicat, cette rigide réserve si généralement admirée même de ceux qui s'en affranchissent, ces institutions, ces difficultés de convenances, ces précautions de toutes sortes, si ce n'est l'action de la *loi de limitation* manifestée dans l'ordre intelligent, moral, *préventif*, et, par conséquent, exclusivement humain ? »

Quel commentateur plus éloquent aurait pu désirer Malthus ?

Toutefois, à l'auteur du *Traité de la Population*, Bastiat faisait un reproche, celui de n'avoir pas assez tenu compte de la perfectibilité de l'homme.

« L'homme, disait Bastiat, est perfectible ; il aspire au perfectionnement ; il répugne à la détérioration ; le progrès est son état normal. Le progrès implique un usage de plus en plus éclairé de la limitation préventive : *les moyens d'existence s'accroissent donc plus vite que la population.* »

Jusqu'ici Bastiat ne s'écartait pas trop des théories de Malthus ; mais il avait dessein, s'il eût pu achever son chapitre, d'aller plus loin. Il aurait voulu prouver que la population est par elle-même une force et que la densité de la population engendre nécessairement l'accroissement de la puissance productrice. Les notes trouvées dans ses papiers ne laissent aucun doute sur ses intentions. Dans l'état social, aurait-il expliqué, les facultés sont supérieures aux besoins. La supériorité des facultés sur les besoins crée à chaque génération un excédent de richesse et lui permet d'élever une génération plus nombreuse. Or une génération plus nombreuse, c'est une meilleure et plus profonde séparation d'occupations ; c'est un nouveau degré de supériorité donné aux facultés sur les besoins.

Sans doute, ce serait là une admirable harmonie. Mais Bastiat n'a pas assez pris garde que c'est surtout la génération présente qui profite d'un accroissement des facultés. Elle ne met aucun excédent en réserve pour les générations futures, elle absorbe toutes les disponibilités, car de même que la fonction crée l'organe, les facultés engendrent les besoins. D'ailleurs, les faits mêmes donnent tort à Bastiat.

Il n'est pas de nation qui, dans le cours des quatre-vingts dernières années, ait plus progressé que la nation américaine. Son industrie et son commerce sont devenus les rivaux redoutables de l'industrie et du commerce britanniques. Sa grandeur politique s'affirme tous les jours et cependant, depuis le milieu du XIXe siècle, le taux d'accroissement de sa population est allé en diminuant progressivement. En 1820, les Etats-Unis comptaient 10 millions d'habitants ; ils en comptaient 18 en 1840 : c'était, en vingt années, un accroissement de 80 p. 100. Or ce taux descend à 73 p. 100 pour les années 1840 à 1860 ; il tombe à 61 p. 100 pour la période de 1860 à 1880 ; et il n'est plus que de 52 p. 100 pour la double décade 1880-1900. Les excédents de richesse dus à l'activité prodigieuse du peuple américain n'ont donc pas servi à élever des générations de plus en plus nombreuses. Au contraire, la race est devenue moins prolifique et des entraves, que l'on peut ranger parmi les mesures relevant de la contrainte morale, ont été apportées à l'immigration. La conséquence est que la condition du citoyen américain a dû aller en s'améliorant constamment ; et c'est ce qu'il est facile de constater : M. Levasseur nous a montré comme la classe la moins privilégiée de la population, celle des ouvriers, a vu s'élever son standard of living (1).

Par cela même qu'il soumettait son œuvre au

_____

(1) E. Levasseur. L'ouvrier américain.

F. B.   16

jugement du public et de ses pairs, Frédéric Bastiat provoquait les critiques possibles. Il devait donc s'attendre à ce que quelques-unes de ses théories fussent discutées. Mais s'il est une chose qu'il n'avait certainement pas prévue, c'est l'incident pénible auquel l'apparition de son livre donna lieu.

Dans une longue lettre adressée au *Journal des Economistes*, en effet, un économiste de Philadelphie, M. Carey, soutint qu'il était le premier à avoir exposé la doctrine des *Harmonies Economiques* ; il se plaignit que Bastiat eût fait le silence sur son nom et ne l'eût cité que comme autorité pour un extrait que lui-même avait copié. Il dit plus. Le premier volume de ses*Principes d'Economie politique* ayant paru en 1837 et l'ouvrage entier étant publié dès 1840, il avança que notre *politico-économiste* (c'est ainsi qu'il appelait Bastiat) l'avait suivi livre en main, et qu'ayant adopté ses doctrines, les ayant illustrées par les faits que lui-même, Carey, lui avait fournis, il n'avait pas craint de les donner comme siennes.

Cette brutale accusation de plagiat était pour affliger profondément Bastiat. Bien que son état de santé ne lui laissât guère de liberté d'esprit —, il était à quelques jours seulement de sa mort — il tint à protester aussitôt contre les allégations de

M. Carey et le fit dans des termes simples et mesurés.

Il n'ignorait pas sans doute les travaux de son confrère américain ; mais il ne devait pas plus à ce dernier qu'à Smith, qu'à J. B. Say ; et M. Carey, avant de prendre la plume, eût pu attendre le second volume des *Harmonies*, où ses vues personnelles sur la rente foncière devaient être présentées à nouveau et complétées. D'ailleurs, qui, au XIXe siècle, pouvait revendiquer la priorité d'une théorie plus ou moins clairement exposée dès l'origine de la science économique. Et Bastiat ajoutait avec sérénité :

« Les personnes, auxquelles je puis avoir emprunté un aperçu ou un argument, pensent que je leur suis très redevable. Je suis convaincu du contraire. Si je ne m'étais laissé entraîner à aucune controverse, si je n'avais examiné aucun système, si je n'avais cité aucun nom propre, si je m'étais borné à établir ces deux propositions : *les services s'échangent contre des services, la valeur est le rapport des services échangés* ; si ensuite j'eusse expliqué, par ces principes, toutes les classes si compliquées des transactions humaines, je crois que le monument que j'ai cherché à élever eût beaucoup gagné (trop, peut-être, pour cette époque) en clarté, en grandeur et en simplicité. »

La réponse de Bastiat tient deux pages, deux pages qui lui coûtèrent énormément de fatigue, ainsi qu'on peut le supposer. Sa défense eût pu se borner aux quatre premières lignes :

« Mon livre est entre les mains du public. Je ne crains pas qu'il se rencontre une seule personne qui, après l'avoir lu, dise : ceci est l'ouvrage d'un plagiaire. Une lente assimilation, fruit des méditations de toute ma vie, s'y laisse trop voir, surtout si on le rapproche de mes autres écrits. »

Bastiat n'avait pas suivi, livre en main, est-il besoin de le dire, l'économiste Carey. Il ne possédait même pas dans sa bibliothèque, nous pouvons l'affirmer, les *Principles of political Economy ;* c'est à Paris, c'est-à-dire très tard, qu'il en lut quelques fragments. Or les *Harmonies* ont été conçues à Mugron : qu'on se rappelle son mot à M. Coudroy, quand elles parurent : « Je ne te dédie pas cet ouvrage, il est autant le tien que le mien. » Les *Harmonies*, Bastiat le disait avec raison, sont contenues en germe dans les autres écrits ; mais il était un homme qui, s'il n'eût été couché dans la tombe, aurait pu s'écrier avec juste raison : c'est moi qui ai ouvert tous ces horizons à l'auteur. Cet homme aurait été M. Charles Comte.

Frédéric Bastiat était, d'ailleurs, le premier à reconnaître tout ce qu'il devait à M. Comte ; il l'avait représenté plus d'une fois comme un de ses maîtres. Il plaçait son *Traité de législation* bien au-dessus de toutes les productions contemporaines ; il avait même été jusqu'à dire qu'il ne connaissait aucun livre qui fît plus penser, qui jetât sur l'homme et la société des aperçus plus neufs et plus féconds.

M. Ch. Comte, dans une œuvre considérable que la mort avait malheureusement interrompue et qui est presque tombée dans l'oubli, avait recherché les lois générales suivant lesquelles les nations prospèrent, dépérissent ou restent stationnaires. Il avait scruté l'histoire des peuples anciens ; s'aidant des découvertes récentes des géographes et des voyageurs, il avait pénétré aussi profondément qu'il avait pu la civilisation des moindres peuplades du globe ; passant en revue l'état sauvage, le despotisme, l'esclavage et les systèmes artificiels qui ne font aucun cas de la liberté de l'individu, il avait su découvrir le genre d'action que les nations exercent les unes sur les autres et montrer les diverses conditions par lesquelles la plupart des peuples ont passé. Or que sont les *Harmonies*, sinon la continuation, sur un autre plan évidemment, la continuation et la conclusion des travaux de M. Comte ?

« Il est très vrai que j'ai profité de la lecture de Carey, dit, un jour, Bastiat à M. Paillotet, et j'aurais peut-être dû le citer. Mais cet auteur est animé d'une haine si aveugle contre la France, haine qui inonde et salit toutes les pages, qu'un écrivain français doit s'abstenir d'en recommander la lecture. Elle serait plus nuisible qu'utile. »

Mais parce que Bastiat avait illustré ses théories par des faits qu'il avait relevés dans les *Principes* de Carey et qui venaient appuyer judicieusement sa thèse, l'économiste de Philadelphie, qui n'avait pas assez réfléchi avant de prendre la plume, ne pouvait guère en tirer argument pour crier au plagiat.

Quelque graves que puissent paraître, aux yeux des hommes de science, les erreurs de Bastiat, on ne peut dire cependant qu'elles déparent les *Harmonies*, tellement celles-ci renferment d'aperçus ingénieux, de pensées élevées et de réelles beautés. Les *Harmonies* ont trouvé des admirateurs partout et jusque dans la chaire de Saint-Pierre. Le cardinal Pecci, celui qui devait être Léon XIII, ne les a-t-il pas, un jour, évoquées ? « Un célèbre économiste français, écrivait-il dans une lettre pastorale, a exposé comme un tableau les bienfaits multiples que la société procure à l'homme ; et c'est une merveille digne d'attirer notre attention (1). »

Du reste, ainsi que M. de Fontenay le faisait justement remarquer, ce qu'il y a de plus grand encore dans le livre de Bastiat, c'est l'idée de l'har-

---

(1) Cardinal Pecci. Lettre pastorale : l'Eglise et la civilisation (1877).

monie elle-même, « idée qui répond éminemment au travail seċret d'unité dans les sciences que poursuit notre époque et qui a plutôt le caractère d'une intuition et d'un acte de foi que d'une déduction scientifique. C'est comme un cadre immense dans lequel chaque étude partielle des lois sociales peut et doit venir se classer infailliblement. Bastiat aurait manqué son livre, qu'il nous semble qu'avec sa donnée seule, ce livre se serait fait tôt ou tard. »

Nous partageons complètement cette manière de voir. La guerre économique des classes, comme la guerre entre nations, est la négation même de la civilisation. Aussi n'est-il point étonnant qu'un homme qui se proclame lui-même le disciple fidèle de Bastiat soit devenu celui qu'avec vénération on appelle aujourd'hui *l'apôtre de la paix*. Aussi sommes-nous convaincu que le XIXe siècle devait nous donner le livre des *Harmonies sociales*. Heureux celui qui a pu l'écrire ! Honneur à ceux qui eussent été dignes de l'écrire ! Ceux-ci, comme celui-là, avaient de la vie une conception élevée et vraie.

L'économie politique, pour certains, n'est qu'une science vaine ; pour d'autres, elle a le tort de s'intéresser à ce qui fait la matérialité de l'existence ; pour d'autres encore, elle n'a qu'un but, légitimer le privilège et l'injustice. Pourquoi tout le monde n'en voit-il pas la précision, l'utilité et la noblesse ? Les sciences, ainsi que le disait Bastiat, ont une croissance comme les plantes. Or l'astronomie est sortie de l'astrologie ; la physique, la chimie sont nées de l'alchimie ; et les théories premières d'A. Smith sont plus proches de la vérité que les spéculations du moine Roger Bacon ou celles de Raymond Lulle.

L'ordre matériel ne pouvant se séparer de l'ordre moral, y a-t-il, d'autre part, recherches plus nobles que celles qui concernent l'homme et sa raison d'être ici-bas ? Le *Tu gagneras ton pain à la sueur de ton front* est la base de la science économique. Jeté sur la terre ingrate et hostile, tout être humain est obligé de pourvoir à son existence ; et son droit au travail doit s'accorder avec le droit d'autrui.

Ces centaines d'ouvriers qui, le soir, au signal de la sirène, abandonnent l'atelier ou l'usine ; ces moissonneurs qui, au coucher du soleil, regagnent la ferme, tous ces travailleurs peinent pour assurer leur pain quotidien ; et le maître qui les emploie les uns et les autres n'est aussi qu'un homme sur qui pèse la sentence commune. Or s'imagine-t-on ce que nous deviendrions tous si, un jour, les métiers s'arrêtaient de tisser ou si le laboureur refusait d'ensemencer son champ ? Lorsque nous travaillons pour nous, nous travaillons pour autrui ; et si nous ne travaillions pas pour autrui, comment saurions-nous vivre ?

Quand les intérêts de tous sont à ce point en-
chevêtrés, seul l'ignorant peut soutenir que l'antagonisme règne sur cette terre. La science économique est là, qui fait tomber le bandeau dont
les yeux sont couverts ; après avoir recensé nos
besoins, elle nous montre les moyens d'y pourvoir ; elle établit les lois par lesquelles les harmonies sociales se décèlent. Elle fait plus : elle
enseigne à l'humanité la *théorie du moindre effort*, la théorie qui permet à l'homme d'obtenir
toutes les satisfactions avec le minimum de peine,
qui l'affranchit de certaines servitudes grossières
et qui, en libérant son esprit, l'amène naturellement aux idées de liberté et de justice, véritables
assises du droit naturel.

CHAPITRE XI

L'ITALIE. — ROME.

S'imagine-t-on ce qu'à la fin de 1850 un voyage de Paris à Pise représentait encore de fatigues et d'aléas ?

D'abord un railway vous menait jusqu'à Tonnerre ; là, on retrouvait l'antique diligence avec laquelle on allait rejoindre le chemin de fer de Dijon à Chalon ; de Chalon à Lyon et de Lyon à Marseille, on descendait la Saône et le Rhône en bateau ; et arrivé à Marseille, on avait devant soi la perspective d'un certain nombre de journées de poussière et de lutte avec des portefaix, à moins qu'on ne prît la voie de mer et qu'on n'aimât mieux supporter une quarantaine de trois jours au lazaret de Livourne.

Aucun des désagréments de la route ne fut épargné à Bastiat. De Tonnerre à Châtillon, il fut sixième dans une rotonde qui était faite pour quatre et où s'empilaient cabas, paniers et paquets;

de Châtillon à Dijon, il resta grimpé en quatorzième sur une impériale. Pour être arrivé trop
tard au bateau, il fit la traversé de la Méditerra-
née dans la cabine commune.

Mais il n'avait cure de toutes ces incommodi-
tés, dont il devait cependant souffrir plus qu'au
cun autre, dans l'état de santé où il se trouvait.
Son désir d'arriver rapidement sous le beau ciel
de la Toscane était tellement vif qu'il prenait ses
maux en patience, même avec gaieté, ne s'en in-
quétant que pour la famille Cheuvreux qui avait
promis de le rejoindre en Italie et prendrait,
dans quelques semaines, le même chemin que
lui. Aussi, dans chacune des lettres qu'au cours
de la route il put écrire à ses amis de la Jonchère,
prodigue-t-il les avis et les conseils sur la façon
dont ils auraient à voyager, bien convaincu, d'ailleurs, qu'ils resteront aux prises avec toutes les
difficultés, grâce à sa mauvaise réputation. Car,
leur dit-il avec enjouement :

« Vous êtes si convaincus que je ne sais pas discerner la gauche de la droite, à force de le répéter, vos
préventions à cet égard sont tellement invétérées, que
je passe pour absolument incapable d'exécuter habilement la moindre manœuvre, et bien plus encore
de conseiller. C'est pourquoi vous n'avez pas lu un
seul mot de tout ce que j'ai écrit à ce sujet. D'après
ce que vous me dites, il est clair comme le jour que
vous avez sauté à pieds joints tous les passages de
mes lettres où je me pose en donneur d'avis. »

Il est enfin arrivé à Pise, dont le séjour lui avait été conseillé par son médecin ; mais tout aussitôt l'isolement commence à lui peser, et il écrit au « fidèle Paillotet » resté à Paris, un de ceux qu'il avait convertis à la foi économique et qui avait pour lui un véritable culte :

« J'ai quitté Paris, le 11, mon cher Paillotet, et nous voici au 30. Voilà donc vingt jours d'absence et je n'ai encore reçu qu'un bout de lettre à Marseille. J'ai beau importuner le distributeur; sa réponse invariable est : *il n'y a rien pour vous.* Je crains qu'il n'y ait de fausses adresses et des malentendus là-dessous, car je ne puis me figurer que mes amis me laissent ainsi sans nouvelles. Ils savent que dans cette vie de privations à laquelle je suis condamné, ne pouvant ni parler, ni écrire, ni faire des connaissances, leur souvenir est toute la pâture de mon âme. Que je serais heureux, s'ils pensaient à m'écrire souvent ! Mais serait-il vrai que les absents ont toujours tort ? Non, j'aime mieux croire que c'est la poste qui fait mal son métier. Et pourtant, comment se tromper sur une adresse aussi simple : M. F. B., poste restante, à Pise (Toscane) ?

« Je m'attendais, mon cher Paillotet, à ce que vous m'écririez à Marseille, ne fût-ce que pour m'annoncer le départ de la caisse de livres (1). Hélas ! je vois qu'ils ne me seront pas d'une grande utilité, pas

---

(1) Dès les premiers jours de son voyage, Bastiat avait écrit à M. Paillotet de lui faire parvenir des livres qu'il avait oubliés à Paris, notamment la *Tactique des assemblées délibérantes* et la *Constitution,* « en cas qu'il ait à réfléchir sur les changements à y opérer. »

plus pour lire que pour travailler, car il me semble
que le climat d'Italie m'infuse de grandes dispositions au *far niente*. — Et puis, sans m'apercevoir
que je suis plus malade, il est évident que je m'affai-
blis. Je ne le connais pas en comparant un jour à la
veille, mais si je reporte ma pensée à un ou deux
mois en arrière, je ne puis méconnaître le déclin.
Tant que cette période durera, je ne pourrai rien
faire.

« Je présume que M. de Fontenay est retourné à la
campagne. Quand vous le tiendrez près de vous,
mettez-lui l'épée dans les reins pour qu'il publie son
travail sur le Capital. Sans cela, je le crois homme
à laisser écouler les jours et les mois.

« C'est une bien délicieuse position que celle de Pise,
du moins celle du quartier qu'habitent les étrangers
et les malades. L'Arno forme une grande demi-cir-
conférence, le long de laquelle sont les maisons. De
ma fenêtre, je puis voir le soleil depuis son lever jusqu'à son coucher. La chaleur, la lumière, la vue de
la rivière, le mouvement sur les quais, tout cela éloigne les idées tristes. Il n'y a pas même place pour
l'ennui. Il faut croire que la bonne influence morale
de cette situation est d'un bon augure pour la guérison physique.

« Mme Cheuvreux m'a annoncé qu'ils étaient décidés
au voyage de Florence. C'est à Marseille que j'ai
reçu cette nouvelle. Mais n'ayant plus eu de lettres,
je suis dans une cruelle incertitude, ne sachant si
l'on aura changé de résolution. Vous me rendriez un
véritable service, si vous vous en informiez au reçu
de la présente, pour m'en instruire courrier par courrier. En même temps, vous direz à M. Cheuvreux que,
d'après ce que l'on m'a dit, la quarantaine ne se pro-
longerait pas jusqu'au 19 octobre, jour du départ du
paquebot de l'Etat. En outre, on assure qu'elle se fait

assez commodément au lazaret de Livourne. Je crois donc que le meilleur plan est qu'ils s'embarquent sur le bateau-poste. Si j'étais prévenu d'avance, j'irais arrêter les meilleures places au lazaret, en supposant que cette mystification de quarantaine se prolonge.

« Adieu, mon cher Paillotet, ce n'est que dans douze jours que j'aurai votre réponse. Comme les écoliers, je ferai une croix tous les matins. Présentez mes respects à Mme Paillotet.

« Adieu, votre dévoué (1). »

Quelques jours après, le 7 octobre 1850, il écrit encore à M. Paillotet :

« Mon cher Paillotet, je me proposais de répondre à votre amicale lettre du 27 septembre ; mais, en ce moment, j'ai la tête et la main fatiguées pour avoir barbouillé les pages ci-incluses. Je renvoie donc à un jour très prochain de vous entretenir de Carey, de livres, etc., et, ce qui me touche le plus, de votre projet de voyage en Italie, en compagnie de Mme Paillotet. En attendant, je vous dirai cependant que ces excursions ne se faisant qu'une fois dans la vie, il faut les faire dans les meilleures conditions possibles. Si, d'ici au printemps, je suis mieux, et que la causerie ne me soit plus interdite, je n'ai pas besoin de vous dire avec quel plaisir je me ferai touriste avec vous. Mais si je suis comme à présent, de grâce que ce ne soit pas ma présence ici qui détermine votre entreprise. Je ne serais pour vous qu'un obstacle qui vous ferait complètement manquer votre but ; et vous-même, tout en m'étant agréable, vous me seriez peut-être nuisible, en m'induisant à par-

----

(1) Cette lettre, datée du 30 septembre 1850, est inédite.

ler. — Vous comprenez combien je me réjouis de voir arriver la famille Cheuvreux. Eh bien ! la raison me dit que leur présence ici me sera douloureuse. Je souffrirai horriblement de les savoir si près et de ne pouvoir les suivre ; ou bien, si je cède à l'inclination, adieu le peu qui me reste de larynx.

« Quoi qu'il en soit, ce n'est pas pour cela que je vous écris aujourd'hui. Ma lettre a un objet tout spécial. Mme Cheuvreux m'écrit qu'elle part le 14 octobre. Or, c'est ce jour-là même que la lettre ci-incluse arriverait à Paris. La recevrait-elle ? Son concierge saurait-il où l'envoyer, etc. ?

Voici ce dont je viens vous prier. Comme je donne à Mme Cheuvreux quelques explications pour son voyage, veuillez lui porter cette lettre *au reçu de la présente.*

« Si le départ a déjà eu lieu, vous adresserez ainsi la lettre : chez M. Girard (Auguste), capitaine d'artillerie à Valence, et vous affranchirez pour que l'hôte du frère de Mme Cheuvreux ne s'avise pas de refuser la lettre.

« Adieu, mon cher Paillotet ; votre dévoué (1). »

La douceur du climat de Pise, on le voit, ne lui avait apporté aucun soulagement. Le bruit même de sa mort courut alors à Paris, et il put lire dans les journaux les anxiétés de M. Paillotet. Il voulut aussitôt rassurer ce cœur dévoué.

« Grâce à Dieu, lui écrit-il le 11 octobre, je ne suis pas mort, ni même guère plus malade... Mais enfin, si la nouvelle eût été vraie, il aurait bien fallu l'ac-

______

(1) Cette lettre est inédite.

cepter et se résigner. Je voudrais que tous mes amis
pussent acquérir à cet égard la philosophie que j'ai
acquise moi-même. Je vous assure que je rendrais
le dernier souffle sans peine, presque avec joie, si je
pouvais être sûr de laisser après moi, à ceux qui
m'aiment, non de cuisants regrets, mais un souvenir
doux, affectueux, mélancolique. Quand je serai plus
malade, c'est à quoi je les préparerai. »

Et il ajoute ces lignes que M. Paillotet a cru
pouvoir supprimer dans la publication de la correspondance de Bastiat, mais que le biographe
doit rétablir.

« Mme Paillotet a partagé vos inquiétudes. Dites-
lui combien je suis sensible à cette marque d'intérêt.
J'espère que, ce printemps, elle s'assurera par elle-
même que mon âme et mon corps tiennent bien ensemble, qu'ils ne se sépareront pas sans une rude
résistance. A propos de ce voyage, je vous supplie
de le décider, en dehors de toute considération qui
se rapporte à moi. — Si je suis mieux, vous en serez
prévenu, et alors, il n'est pas douteux que ce ne soit
un bonheur, pour vous comme pour moi, de nous
faire touristes ensemble. Mais, si je suis dans le
même état, vous manqueriez complètement votre
voyage. — Même dans la première hypothèse, il
faut que j'évite de donner à mon séjour en Italie une
direction qui ne soit pas exclusivement thérapeuti-
que. Que diraient les électeurs, que diraient mes collègues, si, étant guéri, j'allais, au milieu de la session
et après un an de congés successifs, admirer les merveilles de Naples et de Venise ? — Non cela n'est pas
convenable. M. Andral m'ayant prescrit Pise ou
Rome, c'est à cela que je me bornerai, et je tâcherai

d'aller passer le mois d'avril dans ma famille. Au reste, nous avons bien le temps de causer de tous ces projets.

« Quand vous verrez M. de Fontenay, remerciez-le des recommandations qu'il m'offre. Celle pour Livourne est inutile. J'espère n'avoir plus rien à démêler avec cette ville. Quant à un médecin, j'en ai rencontré un qui me fait l'effet d'un homme prudent et instruit. C'est le professeur Mazzoni. Après m'avoir examiné, il m'a dit : l'observation a démontré que ce qui convient à votre maladie, c'est une bonne hygiène plutôt que des remèdes. — Voilà un docteur qui ne veut pas s'imposer.

« Les Cheuvreux quittent Paris le 14. — Il faut que leurs préventions soient bien fortes contre ma manière de diriger un voyage. Non seulement ils ne suivent pas mes conseils, mais leurs lettres me prouvent qu'ils ne les lisent pas. Les voilà qui partent le 14, tout juste à temps pour manquer le bateau-poste qui part de Marseille le 19. Or, sous tous les rapports, c'était leur meilleur moyen de faire la traversée. Ils seront réduits maintenant à aller tantôt par terre, tantôt par mer, dans des bateaux encombrés de marchandises, où on fume, où il n'y a ni premières, ni secondes, ni police, etc. Le pis est qu'ils tiendront la mer tout aussi longtemps, malgré la portion de voyage qu'ils feront par terre. Je leur ai expliqué tout cela par A + B. Mais certainement ils ont franchi ces passages de mes lettres. Je suis vraiment désolé.

« Mon cousin ne m'écrit pas. Il a pourtant dû recevoir une de mes lettres, une des premières de celles que j'ai fait partir d'ici. Si vous le voyez, rappelez-moi à son souvenir et dites-lui de ne pas me négliger.

« Je vous serai bien obligé aussi d'adresser de ma part une visite à M. et Mme de Planat, à qui je n'ai pu aller faire mes adieux. Je ne m'excuse pas pour cette

commission qui ne peut que vous êtes agréable à
remplir.

« Quand Guillaumin m'enverra l'article de Carcy, je
verrai ce qu'il y a à y répondre. J'en ai dit un mot
hier à M. Say. Malheureusement, je crains que les
communications et transports d'épreuves ne soient
impossibles à cause du prix. Chaque lettre que j'écris
coûte douze sous d'affranchissement et celles que je
reçois, trente sous de port. Je conclus que le port des
gros paquets doit être exorbitant. Au reste, comme
je ne suis nullement sur le chemin de retrouver la faculté de travailler, la *réforme postale* de la Toscane
ne presse pas. »

Le 22 octobre, il fut tout surpris et heureux
de voir descendre à l'hôtel où il logeait les familles Cheuvreux et Bertin, sur l'arrivée desquelles
il ne comptait pas si tôt. Il semblerait que la venue de ces amis, « tous fort gais, bien portants et
enchantés de leur voyage », ait eu sur sa santé
la plus heureuse influence. Il retrouve des forces
suffisantes pour aller passer trente-six heures à
Florence. Puis M. et Mme Cheuvreux s'étant
arrêtés au projet d'aller se fixer pendant deux
mois à Rome, il se décide aussitôt à se transpor-
ter lui-même dans la Ville Eternelle.

Le famille Cheuvreux l'installa dans une *lo-
canda* de la place Mignanelli ; elle l'entoura des
soins les plus dévoués, et Bastiat put croire, un
instant, qu'il traversait une crise passagère. La
lettre suivante qu'il écrivit à M. Paillotet, le 8 novembre, nous le montre, en effet, plus occupé de
ses travaux, de ses amis de Paris que de sa santé.

« Ce serait mon plaisir, mon cher Paillotet, de vous écrire une longue lettre. Mais il faudra bien que je me contente (et vous aussi) d'une courte, en style Girardin, car alors même que je pourrais écrire longtemps, j'aurais à faire face à un grand arriéré.

« Je suis bien heureux d'être venu à Rome où j'ai les soins affectueux et incessants de la famille Cheuvreux. De plus, je me suis débarrassé d'une seconde maladie qui, à Pise, végétait sur la première. On l'appelle l'*ennui*. Enfin j'ai eu la bonne chance de trouver ici un parent et intime ami (1). Vous voyez combien j'ai à me féliciter de mon déplacement. Cependant je dois dire que le larynx ne paraît pas encore disposé à entrer dans la phase de la convalescence.

« Vous m'annoncez que Guillaumin va faire réimprimer les *Incompatibilités*, et j'approuve les mesures que vous avez prises de concert. Ne croyez pas cependant que si je n'en étais empêché, je ne tienne à corriger cette brochure. J'aurais voulu supprimer la première partie, allonger tous les exemples pris de l'histoire constitutionnelle de l'Angleterre et surtout rectifier un fait que j'ai faussement attribué à M. Thiers. J'étais si fâché d'avoir commis cette erreur que, lors de la discussion publique, je l'aurais rétractée à la tribune, si je ne l'avais oublié. — Mais ne pensons pas à l'impossible.

« Quant au travail de Carey, envoyez-le-moi quand et comme vous pourrez. Si Guillaumin avait quelque aboutissant aux Affaires étrangères, cette voie serait commode. Au reste, le *Journal des Economistes* ne m'a pas plus coûté en Toscane qu'une simple lettre. Je ne sais ce qui en est dans les Etats romains. Mais

____

(1) M. Eugène de Monclar.

la voie de l'ambassade convient plutôt au point de vue de la sûreté qu'à celui du bon marché.

« A propos de ports de lettres, je viens d'apprendre que celles qui arrivent de France *sous enveloppe* coûtent le double. C'est absurde, mais c'est ainsi. Si vous adoptez le pliage rococo, vous me sauverez 75 centimes *que je verrai* et que le fisc romain *ne verra pas*.

« Notre excellent Michel Chevalier n'a pas manqué de faire un vigoureux effort en faveur de mon livre. Je me propose de lui écrire pour le remercier de son article dont, vous pensez bien, j'ai été très satisfait.

« Donnez-moi des nouvelles de M. de Fontenay. Travaille-t-il ? De quoi s'occupe-t-il ? Peut-être doit-il éviter de concentrer trop longtemps toutes ses forces intellectuelles sur un seul sujet. L'expérience a prouvé à beaucoup de philosophes qu'un objet unique d'étude s'évapore devant une recherche trop obstinée. Examiner plusieurs points, c'est apercevoir des rapports. Quand il aura achevé le Capital, qu'il entreprenne hardiment autre chose, soit le *Salaire*, soit ce magnifique sujet dont il m'a entretenu, *l'importance du consommateur*.

« Adieu, mon cher Paillotet, ne m'oubliez pas auprès des amis et donnez de mes nouvelles à Justin. Votre dévoué (1). »

Mais l'accalmie qui s'était produite dans ses souffrances fut de courte durée, et, dans une lettre qu'il écrivit à la fin de novembre à un de ses amis de Mugron, nous le revoyons s'assombrir.

____

(1) Cette lettre est inédite.

« Je ne puis vous dire si je suis mieux. D'un jour à l'autre je n'aperçois pas de changement ; mais si je me compare à moi-même de mois en mois, je ne puis m'empêcher de reconnaître un affaiblissement progressif assez prononcé. Puissé-je, mon cher Domenger, avoir la force, au mois de février, de regagner Mugron ! On a beau célébrer les vertus du climat, il ne remplace pas le chez soi. D'ailleurs, j'envisage ma maladie dans les deux hypothèses de la guérison et de la grande conclusion. Si je dois succomber, je voudrais être couché dans le *dortoir* où dorment mes amis et mes parents. Je voudrais que nos amis du cercle m'accompagnassent à cette dernière demeure et que ce fût notre excellent curé de Mugron qui prononçât pour moi ce vœu sublime : *lux perpetua luceat ei !* Aussi, si je le puis, je me propose de profiter des beaux jours de février pour aller à Marseille, où Justin pourra me venir chercher. »

Les jours de Frédéric Bastiat étaient comptés. Il ne pouvait plus absorber que des blancs d'œufs battus en neige et saupoudrés de sucre ; il avait à peine la force de faire quelques pas sur le Pincio, lui qui avait senti battre son cœur d'artiste à la pensée de contempler les merveilles de Rome ; et quand, vers la mi-décembre, M. Paillotet vint à Rome prendre la place de M. et de Mme Cheuvreux, qu'un deuil douloureux avait subitement rappelés en France, Bastiat luimême n'avait plus guère d'illusions.

Il se prépara à la mort.

Ce fut une consolation pour lui d'avoir à ses

côtés M. Eugène de Monclar, ce cousin avec lequel il avait fréquenté l'école enfantine de Bayonne et qui avait été témoin de sa crise religieuse, en 1821. M. Eugène de Montclar, prêtre sulpicien des plus distingués, avait, au sortir du séminaire, enseigné la morale et l'Ecriture sainte successivement à Bourges, à Angers, à Bordeaux et à Avignon. Fatigué par son professorat, il avait été autorisé à prendre quelques mois de repos et il voyageait en Italie, quand une lettre de Frédéric le vint trouver à Naples. Il accourut aussitôt à Rome.

Avec M. l'abbé de Monclar, Bastiat s'occupa du soin de son âme. « Je veux mourir, avait-il dit, dans la religion de mes pères. Je l'ai toujours aimée, quoique je n'en suivisse pas les pratiques extérieures. » Il était ainsi retourné à ses croyances de la vingtième année; et les lettres qu'il écrivait à M. Calmètes, en 1821, reviennent à la mémoire, quand on le voit dire en ce mois de décembre 1850 : « Le déiste n'a de Dieu qu'une idée trop vague. Son Dieu, il l'oublie souvent, ou bien il l'appelle du nom de *Cause* première et ne se croit plus obligé d'y penser. Il faut que l'homme s'appuie sur une révélation, pour être véritablement en communication avec Dieu. Quant à moi, j'ai pris la chose par le bon bout et en toute humilité. Je ne discute pas le dogme, je l'accepte. » Il reçut donc les sacrements, le cœur plein de foi.

Avec M. Paillotet, dont il faut lire le journal qu'il tint des neuf jours passés à Rome, il fit, pour ainsi parler, son testament économique. A cet ami dévoué, qui était venu de si loin le rejoindre, il confia les notes et les ébauches qu'un premier examen, opéré sous ses yeux, lui fit juger dignes d'être utilisées ; et il lui donna mission de classer plus tard ces papiers précieux, de concert avec M. de Fontenay, un de ses jeunes disciples dont il faisait le plus grand cas, de les examiner et « de les faire servir autant que possible aux intérêts de la science ».

Bien que parler lui causât une souffrance intolérable, au point que, pour se faire comprendre, il avait quelquefois recours à un crayon et à une feuille de papier, il tint à donner quelques indications sur la place que devaient occuper dans les *Harmonies*, au cas où elles seraient réimprimées, les quelques chapitres inédits qu'il laissait Il lui arriva même, certaines après-midi, de se laisser emporter par la chaleur d'un sujet qui lui tenait encore tant au cœur et de se lancer, à propos d'économie politique, dans des considérations que M. Paillotet recueillit pieusement pour la postérité.

« Un travail bien important à faire pour l'Economie politique, dit-il, entre autres fois, c'est d'écrire l'histoire de la spoliation. C'est une longue histoire, dans laquelle, dès l'origine, apparaissent les conquêtes, les migrations de peuples, les invasions, et tous les funestes excès de la force aux prises avec la justice. De tout cela, il reste aujourd'hui encore des traces vivantes ; et c'est une grande difficulté pour la solution des questions posées dans notre siècle. On n'arrivera pas à cette solution tant qu'on n'aura pas bien constaté en quoi et comment l'injustice, faisant sa part au milieu de nous, s'est impatronisée dans nos mœurs et dans nos lois. »

« Il faut traiter l'Economie politique, disait-il encore, au point de vue du *consommateur*. Tous les phénomènes économiques, que leurs effets soient bons ou qu'ils soient mauvais, se résolvent, à la fin de leur évolution, par des avantages ou des préjudices pour les consommateurs. Ces mêmes effets ne font que glisser sur les producteurs, dont ils ne peuvent affecter les intérêts d'une manière durable. Le progrès de la civilisation doit amener les hommes à se placer à ce point de vue et à calculer leur intérêt de consommateurs plutôt que leur intérêt de producteurs. On voit déjà ce progrès s'opérer en Angleterre, et des ouvriers s'y occuper moins de l'élévation de leur salaire que de l'avantage d'obtenir à bas prix tous les objets qu'ils consomment. »

M. Paillotet s'étonnait de la profondeur comme de la lucidité de ses explications. C'était une merveille, en effet, que cette brillante intelligence ne subît aucune atteinte des souffrances que le corps endurait. Bastiat allait s'affaiblissant de plus en plus, chaque jour, et sa pensée demeurait aussi lumineuse. Il semble, toutefois, que la gravité de son état finit par lui échapper ; dans les derniers temps, il parlait volontiers de son retour en France, et ce voyage était devenu une de ses préoccupations.

Le 24 décembre, néanmoins, à une heure, il dicta son testament au chancelier de l'ambassade ; et comme sa pensée était ainsi revenue vers les siens, vers l'excellente tante Justine, en particulier : « Voyez-vous, avait-il murmuré à l'oreille de M. Paillotet, ma tante, c'est ma mère ! C'est elle qui m'a élevé, qui a veillé sur mon enfance !»

Dans le cours de l'après-midi, il se sentit tout à fait mal. Ayant appelé près de lui l'abbé de Monclar et M. Paillotet, il murmura faiblement : *la Vérité*, mais ne put achever sa phrase ; quelques minutes plus tard, il dit : « *Je suis heureux de ce que mon esprit m'appartient.* » Ce furent ses dernières paroles. Il s'éteignit doucement, au coucher du soleil.

Frédéric Bastiat, qui avait tant souffert de quitter sa Chalosse, était mort en pays étranger. Il était mort comme il avait vécu, simplement et noblement, avec le mot de *Vérité* sur les lèvres : Rome lui fit des funérailles dignes de lui.

L'ambassadeur de France, M. de Rayneval, s'était rendu en personne auprès du pape et avait obtenu que notre compatriote dormît son dernier sommeil dans le caveau de Saint Louis des Français. Le 26 décembre, avec M. l'abbé de Monclar et M. Paillotet, il mena le deuil. Derrière lui venaient le directeur de l'Ecole de Rome, le personnel de l'ambassade, presque toute la colonie française et les personnes de la haute société italienne qui étaient en relations avec notre représentant. Nos troupes, qui étaient alors à Rome, lui rendirent les honneurs militaires et le général en chef Gémeau assista lui-même aux obsèques.

Sur la pierre tombale, M. l'abbé de Monclar fit graver l'inscription suivante :

Ici repose
FRÉDÉRIC BASTIAT,
Représentant du peuple à l'Assemblée nationale
Correspondant de l'Institut de France,
Né à Bayonne en 1801,
Mort à Rome le 24 décembre 1850.

L'Assemblée nationale regrette en lui un représentant aussi éclairé que consciencieux.

L'Economie politique, un interprète éminent de ses plus pures doctrines et de l'harmonie de ses lois.

Et sa famille ne se console d'une séparation douloureuse que par le souvenir de sa mort chrétienne.

IN PACE.

CHAPITRE XII

Nous avons laissé Frédéric Bastiat se raconter lui-même. Le moment est venu de porter un jugement d'ensemble sur l'homme et sur son œuvre.

La chose est aisée. Une vie si simple et une œuvre si homogène facilitent singulièrement le labeur du critique. Depuis le jour où Bastiat est sorti de Sorèze, son existence s'est déroulée suivant un plan sévèrement ordonné, comme s'il avait puisé, à l'école et dans les traditions de sa famille, des principes immuables dont il ne devait pas s'écarter.

L'homme, on le pénètre tout à fait, grâce à sa correspondance ; et nous croyons l'avoir fait suffisamment parler, pour que soient apparus la noblesse de son caractère, la fermeté de ses convictions, son amour du bien, son culte pour la vérité, sa loyauté et son désintéressement. Disons plus : nous avons été inférieur à notre tâche, si les pages qui précèdent ne font pas non seulement admirer, mais encore aimer Bastiat.

Quant à son œuvre, elle est une. La première manifestation de son esprit, comme la dernière, a été en faveur de la liberté ; toute sa vie a été consacrée à défendre l'individu contre l'Etat.

Peut-on l'appeler un économiste ?

De même qu'il avait dit : Cobden est à Smith ce que la propagation est à l'invention, nous pouvons dire, de notre côté : Frédéric Bastiat est à J. B. Say ce que la propagation est à l'invention; et nous n'entendons point diminuer par là le rôle qui lui échut, car nous nous souvenons de ce mot de Bentham : ce qui propage les sciences vaut mieux que ce qui les avance. Ayant mûri dans la solitude les théories des maîtres de l'économie politique, les ayant suivies dans tous leurs développements et se les étant assimilées au point qu'il ne pouvait pas toujours discerner ce qui lui appartenait en propre de ce qui était le fruit de ses lectures, Frédéric Bastiat mit au service de la propagation la somme de connaissances diverses qu'il possédait, l'esprit dont il était naturellement et abondamment doué, le tempérament d'artiste qu'il avait et qui lui faisait trouver le mot juste et coloré, la phrase élégante et harmonieuse suceptibles de fixer à jamais dans l'entendement les vérités qu'il démontrait. C'était, en outre, Mme Cheuvreux l'a dit très justement, un initiateur passionné.

Il faisait donc, en réalité, plus œuvre de moraliste que d'économiste ; il n'aspirait qu'à être un conducteur d'intelligences.

Que fut son action ?

Elle a été plus profonde qu'on ne pense, en ce qui concerne la liberté économique. La campagne du libre-échange, si elle ne fut suivie d'aucun résultat immédiat, accoutuma les esprits à cette idée de l'*échange libre*, jeta au moins le doute sur les bienfaits de la protection et prépara les voies à un système hybride, sorte de libre-échange atténué, le régime des traités de commerce de 1860.

En ce qui regarde la lutte contre le socialisme, on ne peut se le dissimuler, l'influence de Bastiat fut nulle. Les théories nouvelles étaient trop attrayantes pour qu'on écoutât la voix de celui qui en affirmait la décevante illusion et n'avait à offrir à leur place que la théorie sévère de l'effort personnel. Cette action aurait-elle été plus efficace, si Bastiat, au lieu de compromettre irrémédiablement sa santé dans les efforts qu'il tentait à la Chambre et dans les Commissions, était resté à sa table de travail, dans son cabinet ? Nous ne le croyons pas.

Il aurait eu, il est vrai, tout loisir pour faire sans hâte ses *Harmonies* et pour édifier sa synthèse ; il aurait eu avec lui toute l'élite intellectuelle ; mais ses idées n'auraient pas davantage percé dans les masses, étouffées ou honnies qu'elles eussent été par ceux qui se prétendent les seuls hommes soucieux du bien-être du peuple. Il aurait pris sa place au nombre des penseurs les plus profonds, sans atteindre, cependant, la hauteur d'un Herbert Spencer : son esprit, trop vif et, disons-le, trop remuant, ne lui aurait pas permis plusieurs travaux de longue haleine ; il eût eu trop de mal à réfréner le bouillonnement de sa pensée. Mais, dans un rang plus modeste, il aurait rappelé, en plus d'un point, le philosophe anglais.

Adversaire comme lui de tout socialisme, il n'aurait cessé de dresser l'individu en face de l'Etat, dont peut-être il rétrécissait trop le rôle. Optimiste comme lui, il se serait ingénié à montrer le monde marchant sous l'égide de la Liberté vers une imperfection moins grande. Et il eût été moins désenchanté que lui, à la vue des ténèbres qu'il ne serait pas parvenu à faire évanouir. Son esprit, que le chaud soleil du Midi aurait réconforté et vivifié, aurait admis, en effet, que le progrès ne suit pas une ligne droite ascendante, qu'il est plutôt représenté par une succession d'ondes analogues aux renflements et aux étranglements de la veine liquide. Et Bastiat aurait eu ainsi conscience de travailler sinon pour

le bonheur des générations présentes, du moins
pour celui des générations futures.

Au reste, tel qu'il fut, Frédéric Bastiat demeure pour nous un enseignement et un modèle;
et nous devons être reconnaissants à ceux de ses
amis qui se groupèrent, après sa mort, pour
éditer ses œuvres complètes et les propager. Ils
nous ont montré ce que doit être un VÉRITABLE
LIBÉRAL.

F. B. 18

APPENDICE

APPENDICE

———

I. — Article de M. Coudroy inséré dans *la Chalosse*
du 11 aout 1850.

*Mugron ou Souprosse
ou la Liberté et le Monopole.*

Il n'est pas rare que des principes d'une grande
importance se trouvent engagés dans des questions
qui ne présentent en elles-mêmes qu'un très mince
intérêt. En voici un exemple assez remarquable.
Chacun sait que Souprosse possède deux foires an-
nuelles, très renommées dans le département des
Landes, particulièrement pour ses poteries communes qu'on y apporte en abondance, ce qui amène
un concours considérable de toutes les ménagères
de la contrée, jeunes et vieilles, qui ont soin de s'y
rendre pour faire leurs provisions de cruches, de
pots, de terrines. Les choses ont marché ainsi régu-
lièrement pendant fort longtemps ; mais quelle institution humaine peut se croire à l'abri, pour toujours, du changement et des révolutions ! Les habitants de Souprosse ont-ils eu la prétention folle
d'échapper à cette loi de l'innovation, qui est la loi
même de notre nature, puisque sans elle aucun progrès ne se serait accompli, car, à son origine, tout
progrès a été une innovation ? Si quelques pierres se
détachent chaque année de cet édifice que vous
croyiez sans doute éternel, si une brèche commence

à se faire dans ses murs, que voulez-vous faire, Messieurs, sinon vous résigner ?

Pour me comprendre, il faut savoir qu'il arrive beaucoup de monde de la Chalosse, à la foire de Souprosse, par le pont de Mugron; or, il y a déjà bien longtemps de cela, quelques marchands de vaisselle, inspirés par leur propre intérêt, avaient imaginé qu'il y aurait plus d'avantage pour eux d'aller au devant des consommateurs, qui débouchent de ce côté, que de les attendre sur le champ de foire, où ils trouvaient d'ailleurs une concurrence redoutable ; en conséquence, au lieu d'arrêter définitivement leurs voitures à Souprosse, ils se contentaient d'y faire une halte et poursuivaient leur route jusqu'à Mugron, où ils arrivaient la veille de la foire. Cet exemple a été suivi, sans doute parce qu'il était bon ; le nombre de ces marchands s'est accru successivement chaque année ; il est maintenant de douze à treize. Voyant cela, les gens de Souprosse se sont émus, ils ont jeté un cri d'alarme ; ils ont vu leur foire menacée et ils se sont hâtés d'adresser à M. le préfet une humble requête pour le supplier de faire cesser au plus tôt un désordre aussi grave. Quel est donc le motif qui a poussé à une détermination si violente ? Craint-on de manquer de cruches à Souprosse ? J'ose garantir que les cruches n'y feront point défaut tant qu'on aura le bonheur de posséder un conseil municipal composé de membres aussi... zélés. Il faut donc chercher un autre motif à cette levée de boucliers contre nous. Est-ce pour l'honneur du clocher, qui se trouverait compromis si leurs foires tombaient en décadence, que les patriotes du lieu s'agitent si vivement ? Ce sentiment mériterait encore quelques égards. Mais ce n'est pas cela non plus ; qu'est-ce donc ? C'est l'esprit du monopole qui se montre ici, et ce détestable esprit est toujours le même, en tout temps et en tout lieu ; s'adresser à la loi, au gouvernement, lui demander aide et protection pour se maintenir par la force en possession d'un profit illégitime qu'on risquerait de perdre sous le régime de la liberté et de la concurrence, voilà ce qui caractérise le monopole.

Je ne conteste point, prenez-y bien garde, que Souprosse n'ait à souffrir déjà un peu et ne risque de souffrir davantage dans l'avenir de ce changement qui tend à s'opérer dans les habitudes de ces vendeurs et acheteurs de vaisselle ; mais il ne suffit pas qu'un fait nous soit préjudiciable pour que nous soyons autorisés à l'empêcher ; il faut encore que ce fait soit injuste et illicite ; or peut-on retrouver ce caractère dans l'acte que l'on dénonce à M. le préfet ? Cependant je n'oserais pas affirmer qu'on ne découvrît au besoin, dans nos immenses recueils législatifs, quelque bout de loi pour appuyer les prétentions odieuses du conseil municipal de Souprosse ; et s'il est vrai, comme on l'a tant répété, qu'il n'y a pas d'absurdité qui n'ait été dite par quelque philosophe, ne peut-on pas ajouter avec autant de raison qu'il n'y a pas de sottise ou de barbarie qui n'aient trouvé un législateur pour les consacrer. Je puis donc supposer, sans trop d'invraisemblance, quoique ce ne soit nullement probable, que la demande aura quelque succès auprès du pouvoir toujours flatté d'intervenir, toujours empressé d'étendre son action, le plus souvent au détriment de sa force et de sa dignité ; eh ! bien faisons un léger effort d'imagination, tâchons de nous représenter d'avance la scène qui pourrait avoir lieu lorsque cette funeste décision de l'administration nous sera signifiée officiellement. Je fais le prophète pour un instant, je raconte l'avenir comme s'il était sous mes yeux. Nous sommes sur la place de Mugron, le jour de la

foire de Souprosse ; il est dix heures du matin : les
marchands ou fabricants de Castandet ont déballé
et mis en vente leur marchandise ; déjà les acheteurs
arrivent en foule de la ville et de la campagne ; mais
aussitôt un agent de police, suivi de quelques gendarmes, se présente et déclare que ce marché est
interdit et, au nom de la loi, il ordonne au public de
se retirer. On se regarde, on s'étonne, on n'en peut
croire ses oreilles et ses yeux et chacun de se demander : quel mal avons-nous fait ? Quel crime
avons-nous commis ? Cependant un paysan aux cheveux blancs, tant soit peu philosophe et même économiste sans le savoir, s'étant avancé vers le commissaire de police, avec ces égards que l'on n'oublie
jamais de rendre, chez un peuple civilisé, aux dépo-
sitaires de l'autorité publique, le dialogue suivant,
autant que j'ai pu entendre, s'établit entre eux.

— Monsieur, dit le paysan, ces ustensiles, vous
le voyez bien, me sont indispensables dans mon mé-
nage ; ce marchand est venu de loin dans l'intention
de me les vendre, je suis venu de mon côté dans l'intention de les lui acheter; nous sommes d'accord sur
le prix ; il n'y a de part ni d'autre aucune fraude,
aucune violence ; le marchand est maître de sa po-
terie comme je le suis de mon argent ; je ne conçois
pas du tout sur quel principe vous vous appuyez
pour empêcher l'échange que nous sommes disposés
à faire entre nous.

— C'est bien à regret que je m'oppose à ce marché;
ce n'est pas certainement pour le plaisir de vous
vexer, de vous gêner dans l'acquisition de vos cruches, de vos pots, de vos terrines que l'administration intervient dans ce moment ; allez à Souprosse
et là vous serez libres, tous, d'en acheter en aussi
grand nombre qu'il vous plaira, sans que la police y
mette aucun obstacle.

— C'est très bien ; mais pourquoi m'obliger d'aller chercher loin ce que je trouve près de moi ; ne voyez-vous pas que si je vais acheter ces objets à Souprosse, ils me reviendront à un prix plus que double et triple, car d'abord il me faut perdre une grande partie de ma journée, puis acquitter un péage, et enfin dépenser pour moi seul, dans une auberge, ce qui suffirait au dîner de toute ma famille ?

— Il paraît que vous êtes un homme économe, ordonné, laborieux ; je rends hommage à vos bons sentiments ; malheureusement il m'est impossible d'y avoir aucun égard, car un autre intérêt que je suis spécialement chargé de protéger se trouve en opposition avec le vôtre. Je suis ici, un peu malgré moi, je vous l'avoue, le représentant des aubergistes, cafetiers, bouchers, boulangers, pâtissiers, rôtisseurs, charcutiers, loueurs de places et de boutiques et autres industriels de Souprosse qui seraient frustrés, vous le sentez bien, de tous les profits qu'ils comptent faire sur vous, si vous trouviez les moyens de leur échapper, en achetant ces objets partout ailleurs qu'à leur foire.

— J'avoue, Monsieur, que je ne comprends pas pourquoi, dans ce conflit d'intérêts, le bénéfice que fait un honnête laboureur, en économisant son temps et son argent, mériterait moins de faveur que le bénéfice de l'aubergiste de Souprosse, et à quel titre le pouvoir public, destiné à protéger tous les intérêts légitimes, se ferait le champion des uns contre les autres. Je vois trop bien que ce grand déploiement de force se réduit, en dernière analyse, à faire arriver à la foire de Souprosse le plus de monde possible, et cela pour le plus grand avantage des maîtres d'hôtel, pour leur fournir les moyens de vider plus de tonneaux et de vendre plus cher et en plus grand nombre, leurs poulets, leurs canards et leurs dindons. Je suis affligé de voir le pouvoir descendre jusque-là ; je me fais une plus haute idée de sa mission. Là-dessus notre paysan se retire, emportant de nombreux applaudissements et laissant le fonctionnaire un peu humilié de son rôle.

Voilà de l'insurrection comme je l'aime ; c'est l'insurrection de l'intelligence, du bon sens, et de la justice contre l'ignorance, la sottise et l'arbitraire. Gardez-vous de croire qu'elle soit moins puissante que celle qui opère avec des fusils, des pierres et des bâtons ; elle l'est, au contraire, infiniment davantage ; plût à Dieu que depuis trente ans nous n'en eussions pas employé d'autres, nous serions plus avancés. L'insurrection brutale ressemble trop souvent à l'ours de la fable ; elle casse le nez à la liberté pour la délivrer d'une mouche qui l'importune ; elle la défigure au point de la rendre méconnaissable pour longtemps. Mais ne nous écartons pas de notre sujet, revenons à nos cruches.

Je n'ai pas grand'chose à ajouter aux arguments de notre paysan ; je finis en adressant à nos voisins une seule question. Pensez-vous, leur dirai-je, que cette foire s'est établie dans l'intérêt du bourg de Souprosse ou bien dans l'intérêt des nombreux vendeurs et acheteurs qui jugent à propos de s'y rendre pour y faire leurs marchés ? Dans le premier cas, je le reconnais, vos prétentions sont parfaitement fondées, votre droit est analogue à l'ancien droit de banalité ; c'est le droit qu'avait le seigneur de contraindre les gens demeurant sur sa seigneurie à faire moudre leur grain à son moulin, ou à faire cuire leurs pâtes à son four, et d'empêcher qu'ils ne fissent moudre et cuire ailleurs, quelque dérangement ou dommage que cela pût leur apporter. Voilà comment on entendait la liberté et la justice au moyen âge ; on les entend encore de la même manière à

Souprosse : ces messieurs demandent fort naïvement qu'il leur soit permis de faire rentrer de force dans le champ de foire les marchands qui auraient l'outre-cuidance d'en sortir pour aller vendre sur un autre point. Car, enfin, n'arriveraient-ils pas au même but indirectement, s'ils pouvaient obtenir, ce qu'ils sollicitent, que la police empêchât tout rapprochement entre les vendeurs et les acheteurs de vaisselle partout ailleurs que chez eux et dans un rayon assez étendu pour englober les communes voisines. Tout cela est odieux, mais c'est logique dès que l'on part de ce principe que les foires n'existent que pour le profit et le bon plaisir des localités où elles se tiennent. Mais si l'on admet, au contraire, ce qu'il serait difficile de nier, au XIXe siècle, si l'on admet que l'intérêt des consommateurs est l'intérêt principal, celui que l'on doit surtout avoir en vue, et que les foires n'existent que pour l'avantage de la généralité des habitants de la contrée, on ne peut alors, sans blesser toutes les règles du bon sens et de l'équité, empêcher que cet intérêt général, à mesure qu'il se modifie ou se déplace, ne cherche à se satisfaire par telle combinaison nouvelle et plus économique qu'il lui plaira d'imaginer, pourvu que l'ordre public n'en soit point troublé.

Si Souprosse parvenait à faire triompher son système et à gagner sa cause, ce serait un précédent favorable à bien d'autres prétentions aussi puériles. Qui est-ce qui empêcherait, par exemple, qu'à Bonne ou à Vichy on ne se plaignît pas du tort que l'on éprouve par suite de l'expédition et du dépôt de ses eaux précieuses dans les différentes villes de France, et qu'on ne s'adressât à l'autorité pour faire cesser cet abus ? Là aussi on dirait qu'on a un droit sur les personnes qui consomment ces eaux et on prouverait très bien que les pharmaciens qui fournissent à nos malades les moyens de recouvrer leur santé sans sortir de chez eux, sans se rendre à Bonne ou à Vichy, privent évidemment ces localités de tous les avantages que les habitants auraient retirés du séjour de ces malades parmi eux.

F. Coudroy, *avocat.*

II — Ébauche composée par Bastiat vers l'année 1833 et retrouvée dans un de ses cahiers de notes

De la certitude.

En morale, le *fait* est l'asymptote du *droit*, comme, en physique, le sensible est l'asymptote du rationnel.

Le fait tend à se rapprocher sans cesse du droit ; c'est le résultat de notre nature humaine qui est perfectible et non parfaite.

Le sensible tend à se rapprocher du rationnel, parce que nos sens sont aussi perfectibles, mais imparfaits.

On conçoit qu'un nouvel exercice rende un organe plus exercé et qu'une force nouvelle ajoute à sa force.

Mais ces exercices nouveaux, ces forces nouvelles n'ajoutent jamais qu'un fini à un fini, et le rationnel est infini.

Je vous défie, et je défie tous les savants et tous les artistes de me dire quel est le poids rationnel, le poids mathématique de cette pièce de monnaie.

Et d'abord ont-ils un poids type et mathématiquement connu auquel ils puissent le comparer ?

Si vous me dites que le gramme a théoriquement une valeur exacte, je vous dirai que non, puisqu'il ne saurait l'avoir qu'autant que l'arc du méridien terrestre eût été exactement mesuré. Or, n'y eût-il dans cette opération qu'une erreur d'une ligne, le mètre aurait une erreur d'un dix-millionième de ligne. C'est bien peu, mais cela suffit pour que votre-type, qui est très raisonnable, ne soit pourtant pas rationnel.

J'admets pourtant qu'il le soit. Il reste à savoir si ce petit morceau de cuivre, que vous me donnez pour un gramme, a pu être exécuté avec une perfection infinie.

Vous l'avez comparé à un volume d'eau distillée, mais l'eau pèse plus ou moins selon qu'elle est plus ou moins dilatée, etc.

J'admets encore que votre morceau de cuivre est un gramme mathématique.

Il vous reste à mettre les deux objets de comparaison dans les deux bassins d'une balance. Mais qui me dit que ces bassins ont des poids égaux. Vous les avez pesés, dites-vous; mais dans d'autres balances, sans doute, et l'objection remonte ainsi à l'infini.

J'admets cependant la justesse mathématique de votre balance, mais les objets que nous comparons, quand ils se font équilibre, n'ont pas pour cela un poids égal. Ils déplacent plus ou moins d'air selon leur volume. Il faut donc les peser dans le vide et nous ne savons pas s'il y a du vide.

Ainsi, vous ne m'indiquez jamais qu'un poids *approximatif*.

Faites l'opération mille fois et prenez la moyenne, vous me donnerez un résultat plus probable ; mais une série de probabilités ne sont pas une certitude.

Il est donc bien vrai qu'en physique une certitude complète ne peut nous être acquise par des sens incomplets ; et dire : je suis sûr, c'est dire : je suis infini.

Pour être sûr d'une chose, il faut l'être de tout.

Ainsi, pour connaître le poids de cette pièce d'argent, il faudrait avoir mesuré exactement le quart du méridien terrestre, il faudrait avoir exécuté un mètre parfait, avoir eu des instruments parfaits pour opérer cette exécution et encore des instruments parfaits pour faire un instrument ; il faudrait avoir eu un cube d'eau parfait, avoir distillé l'eau parfaitement et n'y avoir pas laissé, par exemple, un de ces atomes organisés dont mille tiendraient sur la pointe d'une aiguille ; il faudrait avoir fait le vide parfait, il faudrait avoir un baromètre parfait, c'est-à-dire connaître parfaitement le point de congélation ; il faudrait faire exactement la différence du déplacement de l'air, ne pas toucher les objets comparés parce que la chaleur des mains et les vapeurs déposées sur les objets par cet attouchement en changent le poids ; il faudrait avoir des balances parfaites, et après tout cela, vous n'auriez encore que le type de la pesanteur.

Partout le sensible est l'asymptote du rationnel.

Le fait, c'est l'asymptote du droit.

Le droit, c'est la perfection. La perfection est incompatible avec la nature humaine ; donc l'homme ne peut atteindre le droit ni par sa pensée, ni par ses actes. Mais il s'en rapproche sans cesse.

En effet, il est de toute nécessité que l'erreur et le vice perdent incessamment de leur influence.

Le vice est fils de l'erreur, non pas toujours de l'erreur de celui qui s'y livre, mais de l'erreur de ceux qui le subissent ou de celle de l'opinion qui le tolère.

Il y a d'autant moins de corrupteurs qu'il y a moins de gens corruptibles. Il y a moins des uns et des autres, à mesure qu'il y a moins de gens disposés à subir les effets de la corruption.

Dans une société où on ne saurait pas que tous les

corps qui ne sont pas soutenus tombent, il arriverait beaucoup de malheurs.

Il en est de même pour les choses morales. Là où on connaît moins les effets de l'intempérance, il y plus d'intempérants.

Cela est encore vrai pour la morale de relation ou société, et d'autant plus vrai, en ce cas, que la correction a une double source, savoir dans l'intelligence de l'homme vicieux et dans celle de la société qui se défend du vice...

III. — Documents relatifs a l'Association projetée par Bastiat pour la défense des intérêts vinicoles.

1° *Une Association.*

Il y a en France *deux millions* d'hectares de terre plantés en vigne.

Chaque hectare produit en moyenne cinquante hectolitres de vin.

Total de la production, *cent millions* d'hectolitres.

En admettant qu'une réforme, même partielle, des lois qui régissent la perception des contributions indirectes, le régime de l'octroi et le système des douanes, ait pour effet de donner à chaque hectolitre une plus-value de 2 fr., il en résulterait pour le producteur une augmentation de revenu de 200 millions représentant, à 4 pour 100, un capital de *cinq milliards de francs*.

On ne peut pas estimer à une somme moindre les profits que cette réforme procurerait aux négociants, marchands, débitants et consommateurs.

Il s'agit donc de conquérir DIX MILLIARDS DE FRANCS, la liberté de l'industrie et l'égalité des charges.

Pour cela, il n'est qu'un moyen : L'Organisation.

Il faut que tous les intéressés marchent d'un même pas au même but, et ils ne pourront le faire que lorsqu'ils seront *organisés*.

Toutes les industries nous donnent l'exemple.

Les producteurs de sucre, les fabricants de drap, les intérêts maritimes et coloniaux ont des *délégués*.

Nous seuls sommes toujours vaincus, parce que nous ne savons pas nous défendre.

A la vérité, il est difficile à plusieurs millions de citoyens, disséminés sur la surface d'un vaste territoire, de se concerter.

Mais rien n'est impossible à l'*Association* unie à la *publicité*.

C'est ce qui nous a déterminés à fonder à la fois L'Association pour la défense des intérêts vinicoles et Le Journal de l'Association.

L'une et l'autre de ces institutions ne sont qu'en germe imparfait. C'est au temps et à la sympathie de nos concitoyens à le développer.

2° *Statuts de l'Association.*

Article 1er. — Il est formé, avec l'autorisation du gouvernement, une Société entre les propriétaires de vignobles, négociants en vins, marchands et débitants de boissons en gros ou en détail, et toutes autres personnes qui adhéreront aux présents statuts.

Il n'est pas nécessaire que cette adhésion soit explicite ; elle résulte du fait même du versement de la cotisation dont il sera ci-dessous parlé.

Art. 2. — L'Association a pour objet de poursuivre, par les voies constitutionnelles, la réforme progressive de la législation sur les contributions indirectes, le régime de l'octroi et le système des douanes, en ce qu'ils ont de nuisible à la production, à la circulation, au débit et à la consommation des vins et spiritueux.

L'Association s'interdit formellement tout autre objet, et spécialement toute intervention dans les matières politiques.

Art. 3. — Pour être membre de l'Association, il faut s'engager à acquitter annuellement une cotisation de 2 fr.

Art. 4. — Le territoire vinicole de la France est divisé en cinq circonscriptions, ayant chacune un délégué, savoir :

CIRCONSCRIPTION DE L'OUEST
Chef-lieu : *Nantes.*

Charente....................	110.000	Haute-Vienne...............	4.000
Charente-Inférieure........	100.000	Indre	18.000
Vendée.	17.000	Indre-et-Loire.............	35.000
Deux-Sèvres,.............	20.000	Cher......................	12.000
Loire Inférieure..........	30.000	Loir-et-Cher..............	26.000
Maine-et-Loire...........	38.000	Loiret...........	38.000
Vienne...................	28.000	*Hectares de vignes....*	475.000

CIRCONSCRIPTION DU SUD-OUEST
Chef-lieu : *Bordeaux.*

Gironde....................	138.000	Gers......................	88.000
Dordogne	90.000	Landes....................	20.000
Lot-et-Garonne...........	70.000	Hautes-Pyrénées..........	15.000
Lot......................	58.000	Basses-Pyrénées	24.000
Tarn-et-Garonne	36.000	*Hectares de vignes.....*	539.000

CIRCONSCRIPTION DU SUD-EST
Chef-lieu : *Marseille.*

Bouches-du-Rhône........	40.000	Rhône.	30.000
Var......................	68.000	Loire	14.000
Vaucluse.................	28.000	Haute-Loire	6.000
Drôme...................	24.000	Hautes-Alpes.............	14.000
Isère....................	27.000	Basses-Alpes	6.000
Ardèche	26.000	Puy-de-Dôme.............	30.000
Lozère....................	»	*Hectares de vignes....*	313.000

F. B.   19

CIRCONSCRIPTION DU SUD
Chef-lieu : *Montpellier.*

Haute-Garonne	48.000	Tarn	31.000
Pyrénées-Orientales	45.000	Hérault	103.000
Ariège	12.000	Aveyron	34.000
Aude	51.000	Gard	71.000
		Hectares de vignes	395.000

CIRCONSCRIPTION DU CENTRE
Chef-lieu : *Dijon.*

Côte-d'Or	26.000	Haute-Saône	11.000
Saône-et-Loire	37.000	Doubs	8.000
Nièvre	9 000	Jura	21.000
Yonne	37.000	Allier	17.000
Aube	22.000	Ain	17.000
Marne	18.000	Seine-et-Oise	16.000
Haute-Marne	13.000	*Hectares de vignes*	252.000

Le nombre des circonscriptions, et par conséquent celui des délégués, pourra être augmenté, si les intérêts de l'Association l'exigent.

ART. 5. — Il sera institué :

Un comité de département,

Un comité de circonscription,

Un comité central,

Une administration générale.

ART. 6. — Les membres de l'Association de la commune choisissent parmi eux un commissaire.

L'assemblée des commissaires des communes, réunis au chef-lieu du département, nomme le membre du comité de circonscription.

Ce comité élit le *délégué de l'industrie vinicole*, ou membre du comité central.

Toutes les élections se font à la pluralité des suffrages, quel que soit le nombre des votants, selon les formes usitées et aux époques que fera connaître le Journal de l'Association.

En cas de non-élection, le délégué précédemment élu continuera ses fonctions.

ART. 7. — Les fonctions des *délégués de l'indus-*
trie vinicole consistent à se rendre à Paris pendant la
session des Chambres, pour appuyer les pétitions et
réclamations de leurs commettants ;

A poursuivre la réforme progressive des lois qui
gênent la circulation et le débouché des vins ;

A juger de l'ordre dans lequel chaque réforme doit
être proposée, afin de faire concourir à un but déterminé l'Association tout entière ;

A déterminer et développer les moyens de perce-
voir l'impôt par un mode compatible avec la liberté
de l'industrie et le principe de l'égalité des charges.

ART 8. — L'administrateur général est chargé de
tout ce qui concerne la comptabilité et la publicité.

ART. 9. — Les *délégués de l'industrie vinicole reçoi-*
vent une indemnité mensuelle qui sera ultérieurement
fixée, soit par les comités de circonscriptions, soit
par le comité central lui-même.

Ce comité central fixera également le traitement
de l'administrateur général.

ART. 10. — L'agent général rendra son compte
financier à l'assemblée des délégués, et ce compte
sera publié *in extenso* dans le Journal de l'Association.

ART. 11 *et transitoire.* — Pour l'année 1841, attendu l'impossibilité matérielle d'obtenir une déléga-
tion par les formes ci-dessus déterminées, un appel
est fait aux comités déjà existants à Bordeaux, Nantes, Dijon, Montpellier et Marseille, afin qu'ils nom-
ment *immédiatement* le délégué de la circonscription.

Dans celles de ces villes où il n'existerait pas encore de comité, les producteurs, négociants et principaux intéressés devront se réunir et procéder dans
le plus bref délai à l'élection d'un délégué. Cette élec-

tion, toute d'urgence, pourra être confirmée ultérieurement par le comité de la circonscription.

Paris, le 15 janvier 1841.

L'Administrateur provisoire de l'Association,
                    FRÉDÉRIC BASTIAT.
Membre du Conseil général du département des Landes.

3° *Prospectus du Journal de l'Association,* LE MIDI,
Journal de l'Association
Pour la défense des intérêts vinicoles.

Un des plus précieux éléments de richesse que possède la France, c'est sans contredit la culture de la vigne.

Cette plante s'étend sur cinquante départements ; elle couvre deux millions d'hectares de terre et occupe plusieurs millions de bras.

Ce n'est pas seulement la population des campagnes qui est intéressée à la prospérité de l'industrie vinicole : car, dans l'état normal de nos relations avec les nations étrangères, qui peut dire à quel développement elle porterait notre commerce extérieur et notre marine marchande ?

Malheureusement le génie de la fiscalité semble avoir pris à tâche d'étouffer cette branche d'industrie en restreignant le débouché des vins, au dehors par le régime prohibitif, au dedans par l'exagération de l'octroi et la législation sur les contributions indirectes.

Il était permis de croire que, arrivées à leur terme, les souffrances de nos ports et de nos campagnes n'étaient plus contestées, et que le gouvernement, s'il reculait devant les difficultés d'une réforme, en reconnaissait au moins la justice.

Mais voici qu'il nous prépare une série d'impôts nouveaux et de nouvelles entraves.

Et, selon une tradition constante en cette matière, le fisc nous jette à la face le sarcasme en même temps que l'oppression.

Car, n'est-ce point par une sanglante ironie que M. le ministre des Finances, après avoir proposé, entre autres mesures, d'assimiler le propriétaire au cabaretier, s'écrie : Ainsi disparaîtra un *privilège* que rien ne justifie et qui viole le principe de l'égalité des charges ?

Quoi ! parce que la loi place les cabaretiers dans une exception onéreuse, cette exception devient la règle ; le droit commun devient *privilège* ; et courber sous l'exception des millions de citoyens, c'est faire régner le principe de l'égalité.

Ce n'est pas tout : M. le ministre fait pressentir qu'il ne tardera pas à proposer de relever le tarif des boissons au taux de 1829.

Ainsi, qu'auront produit dix années de luttes et de réclamations ? Le rétablissement de toutes nos charges accrues de charges et d'entraves nouvelles.

Il est donc avéré que, par une cause quelconque, le gouvernement est sourd à nos plaintes ou les dédaigne.

Cette cause, quelle est-elle ?

Selon nous, il ne faut pas la chercher ailleurs que dans l'absence de suite, de concert et d'unité, dans les démarches de propriétaires de vignes.

Ce qui manque à leur cause, ce n'est pas la justice, ce n'est pas la puissance, mais ce qui met la puissance aux mains de la justice : l'*organisation*.

Faute d'organisation, nous passons de l'exagération à l'indifférence. Hier nous voulions tout réformer, aujourd'hui nous abandonnons toute réforme ; -nous avons des instincts plutôt qu'une volonté ; nous ne sommes pas un corps, mais une multitude.

Ce n'est point là la marche que nous enseignent

les propriétaires de forges, les éleveurs de bestiaux, les producteurs de sucre. Ils sont peu nombreux, et nous sommes innombrables ; leurs intérêts sont imperceptibles auprès des nôtres ; ils réclament le privilège et nous demandons le droit commun. Cependant, malgré la supériorité du nombre, de l'intérêt, du droit, nous succombons quand ils triomphent. D'où vient cette différence ? C'est qu'ils sont organisés, et nous ne le sommes pas.

Ces considérations nous ont fait songer à provoquer une vaste *Association pour la défense des intérêts vinicoles*.

Mais, en présence de l'exécution, nous avons senti la nécessité de faire précéder cette institution de la création d'un Journal.

Il est aisé à quelques fabricants de se concerter ; mais comment, sans avoir recours à la publicité, déterminer dans des milliers de communes un ensemble de démarches simultanées faites dans un même esprit, aboutissant à un même résultat ? Comment mettre en communauté de vues et d'action les individus, les communes, les départements ?

Ainsi, il fallait un journal pour arriver à l'association.

Un journal n'est pas moins indispensable à l'association déjà formée.

Aujourd'hui, il lui faut un *moteur* ; demain, il lui faudra un *organe*.

Telle est aussi la double tâche que nous nous sommes imposée :

D'abord, provoquer l'association, en proposer les règles, nous inspirer de son esprit pour la propager;

Ensuite, servir de lien aux associés, recueillir leurs opinions, porter les faits et les documents à leur connaissance ; enfin ramener leurs démarches à *l'unité*.

Mais, nous l'avouons ouvertement, nous succomberions à l'œuvre si nous n'étions secondés par nos concitoyens.

Et pourquoi ne le dirions-nous pas ? Notre tâche exige une force morale, et même des ressources matérielles que nous ne saurions trouver que dans les encouragements et le concours de tous les hommes qui ont à cœur la prospérité de la France méridionale.

Qu'on nous permette une dernière réflexion.

Le cercle que nous nous sommes tracé présente deux écueils : la partialité et l'exagération. Il est difficile d'être juge impartial dans une cause dont on se fait l'avocat. Il ne l'est pas moins de mettre la mesure dans les doléances que repoussent souvent le dédain et le sarcasme.

Mais nous nous croyons de force à résister à ce double entraînement, car nous avons toujours pensé que la prévention et la violence ne nuisaient pas moins au triomphe de la cause qu'à la dignité du défenseur.

FRÉDÉRIC BASTIAT.
Membre du Conseil Général du département des Landes.

Le prix de l'abonnement au Journal est de 6 fr. par an pour Paris, 7 fr. 50 pour les départements.

Le bureau provisoire est établi à l'imprimerie de *Guiraudet et Jouaust*, rue Saint-Honoré, 315.

IV. — LETTRE DE LAMARTINE A FRÉDÉRIC BASTIAT.

Paris, 20 février 1845.

Monsieur,

Je viens de lire la lettre que vous m'avez fait l'honneur de m'adresser par le *Journal des Economistes.* Je me félicite de ce que vous avez pris le public pour intermédiaire de cette correspondance ; il y gagnera de connaître de grandes vérités et un grand talent de plus. Je ne répondrai pas aujourd'hui aux objections pressantes que vous présentez contre les conclusions de mon dernier travail ; j'attendrai plus de liberté de temps et d'esprit. On ne peut pas combattre un écrivain tel que vous avec la moitié de ses forces. Cette lettre n'est qu'un remerciement, elle n'est point une polémique.

Cependant permettez-moi de vous dire que vous interprétez mal ma pensée en faisant de moi un adversaire de l'école expérimentale des Économistes. Ils ont fait le corps de la science ; je ne leur reproche qu'une chose, c'est de ne pas lui avoir donné une âme. L'idéal leur manque, l'idéal c'est la charité. L'arithmétique n'est pas une vertu, c'est une lumière. En voulant réduire à la portée d'un simple calcul toute l'économie politique, on la matérialise et on la ravale. J'ai une plus haute idée de cette science de la richesse publique, c'est tout mon tort.

Quant au principe d'association, quant à l'idée de l'amélioration indéfinie de l'organisation sociale que j'ai attribuée d'une manière un peu trop exclusive à l'école de Fourier, ce n'est qu'une politesse pour sa mémoire, ce n'est pas une injustice pour la science. Je n'ai jamais prétendu donner à cette école le monopole des intentions généreuses ; l'association, le progrès, l'amour des masses sont la propriété de toutes les doctrines et de tous les temps ; en les attribuant à un système, on ne les enlève pas à un autre.

Je suis bien loin, Monsieur, de prétendre au titre d'*inventeur d'un principe*, soit en politique, soit en économie. C'est Dieu qui fait les principes, c'est l'expérience qui les révèle ; les hommes ne font que les formuler. La Révolution française, cette seconde révélation du christianisme social, en a formulé trois :

la liberté, l'égalité, la fraternité. L'école des économistes, à laquelle vous appartenez et que vous êtes destiné, je n'en doute pas, à illustrer d'un éclat de plus, s'est arrêtée, comme vous jusqu'à présent, au premier de ces principes, c'est-à-dire à la liberté des industries. Marchez un peu plus, vous arriverez à l'égalité des conditions légales de ces industries. Marchez encore, vous arriverez à la loi complète, la fraternité. Le jour où vous en serez là, l'économie politique aura ses philosophes ; elle n'a eu jusqu'ici que ses théoriciens. Ce jour-là, Monsieur, nous serons ensemble ; et je m'en féliciterai pour ma philosophie comme vous voulez bien vous en féliciter pour votre science. Agréez, etc...

A. DE LAMARTINE.

V. — LIBRE-ÉCHANGE GAI.

1° *Il faut le voir pour le croire.*

Des journaux qui se posent comme les défenseurs exclusifs de la liberté, comme les farouches organes de la démocratie, et qui, néanmoins, soutiennent de toutes leurs forces les privilèges et les monopoles, — il faut le voir pour le croire.

Un public qui, fermant les yeux sur cette étourdissante inconséquence, n'en cherche pas la cause secrète, — il faut le voir pour le croire.

Un homme a obtenu la concession d'une mine ; chaque sou qu'il y met lui vaut des sacs d'or, car il fait lui-même la loi qui contrarie l'entrée des houilles étrangères. Cependant le peuple grelotte de froid. Quelqu'un vient dire au peuple : « La loi est mauvaise. » Le concessionnaire de la mine crie que la loi est excellente. Le peuple grelottant répète : la loi est excellente, — il faut le voir pour le croire.

Je sais un produit dont il n'y a qu'une seule fabrique en France ; le fabricant met à ses produits le prix qu'il veut et devient millionnaire, car il est parvenu à exclure les produits similaires du dehors. J'ai voulu dire aux travailleurs que cette mesure, d'ailleurs injuste, leur fait du tort. Mais le millionnaire s'en va tous les jours parmi ces travailleurs et leur dit : vous voyez cet homme ; c'est un utopiste et un factieux qui veut votre ruine. Et les travailleurs répètent en chœur : c'est un factieux ; il veut notre ruine. La loi est maintenue et l'homme au million, voyant qu'il sera sous peu l'homme aux deux millions, rit dans sa barbe. — Il faut le voir pour le croire.

On disait en pleine Chambre à un ministre : Vous avez malversé, vous avez trafiqué des fonctions publiques ; vous avez donné l'exemple de l'*immoralité*. Le ministre se lève et répond : Je me réjouis de voir la Chambre indignée contre mon immoralité. C'est bien, très bien. Députés, je suis content de vous. Flétrissez l'immoralité ; entrez dans cette excellente voie ; je vous soutiendrai. C'est ainsi que nous fonderons un bon gouvernement. — Il faut le voir pour le croire.

Les *Débats* pour la liberté et le *National* pour le privilège. — il faut le voir pour le croire.

La presse disait : Ouvriers, vous ne mangez pas assez de viande. C'est sans doute que vous ne savez pas et c'est la faute du gouvernement qui devrait vous l'apprendre. Les ouvriers répondirent : nous savons bien manger de la viande, mais le gouvernement l'empêche d'entrer ; c'est pour cela que nous sommes si maigres. La presse répliqua : vous vous trompez. Si vous ne mangez pas plus de viande, c'est pure ignorance ; et quant à la laisser entrer, il faut vous y op-

poser de toutes vos forces. Et les ouvriers firent ce
que leur conseillait la presse. — Il faut le voir pour
le croire.

Il y a des écrivains qui se sont acquis une grande
renommée et beaucoup d'influence en répétant, tous
les jours, en style d'Apocalypse, que ce qu'il faut à
notre pays c'est la propriété sans propriété et la liberté sans liberté. C'est surprenant comme cette découverte a fait fortune ; — il faut le voir pour le
croire.

D'autres arrivent à la popularité en demandant la
suppression de tous les impôts et l'accroissement de
toutes les dépenses. Délivrez-nous, disent-ils aux ministres, de l'impôt du sel, de celui de la poste, de
l'octroi, de la douane, etc., et augmentez l'armée,
faites des vaisseaux et des marins, fortifiez nos villes,
exercez sur toute l'Europe la prépondérance qui appartient à la France ; faites l'aumône à tous les malheureux, donnez du travail et du pain à tout le monde,
élevez gratuitement tous les enfants. Cela s'appelle
du génie organisateur, — il faut le voir pour le
croire.

2º *Encore le monde renversé.*

Il y a quelque temps, une question était ainsi
posée :

La loi mettra-t-elle ceux qui vendent la viande à
même de se faire payer, *en sus du prix*, une subvention par ceux qui la mangent ?

Nous peignîmes le profond étonnement d'un jeune
officier de marine qui, revenant d'un long voyage,
apprit que les *Débats* étaient contre et le *National*
pour la subvention.

Aujourd'hui une autre question se présente :

Le laboureur du Midi, le tisserand du Nord payeront-ils une contribution pour accroître les profits des danseuses de l'Opéra ?

Un grave magistrat et un journal populaire ont donné leur avis.

— Ah ! sans doute, le journal *populaire* a repoussé cette ridicule injustice et le grave magistrat l'a défendue ?

— Point ; c'est tout l'opposé.

— Diable ! Ceci est trop fort. Ou les artistes de l'Opéra ont du talent ou ils n'en ont pas. S'ils en ont, leurs profits sont assez honnêtes, et l'on en connaît qui, se faisant cent mille francs de rente, affichent le luxe le plus scandaleux. S'ils n'ont pas de talent, pourquoi seraient-ils subventionnés par le paysan et le tisserand qui ne les verront jamais ? N'est-il pas bien naturel que ceux qui fréquentent l'Opéra en fassent les frais ?

— C'est ce que disait le magistrat.

— Mais pourquoi le *National* a-t-il appuyé la subvention ?

— Peut-être parce que le magistrat l'a attaquée.

— Il doit y avoir quelque autre motif. Faites-moi part de vos conjectures.

— Quand on est journal populaire, on doit courir après la popularité. Or, il y a deux moyens infaillibles de l'atteindre. L'un, c'est de pousser aux dépenses, l'autre, de combattre les recettes.

— Mais c'est contradictoire.

— Qu'importe ! Le monde ne se compose que de deux classes : celle qui vit d'abus et celle qui les paye. En poussant aux dépenses, on se concilie la première ; en combattant les recettes, on se fait bien venir de la seconde.

3° *Simple dialogue.*

Un protectionniste. — Que faites-vous quand on vous foule ?

Un libre-échangiste. — Je crie.

P. — Anglais ! Et si on ne vous écoute pas ?

L. — Je crie plus fort.

P. — Anglais ! Anglais ! Mais enfin si on ne prend pas garde à vous ?

L. — J'engage ceux qui partagent mon sort, s'ils le comprennent, à crier avec moi.

P. — Anglophile ! Et s'ils ne le comprennent pas?

L. — Je tâche de le leur faire comprendre.

P. — Anglomane ! Et comment vous y prenez-vous ?

L. — Je parle, j'écris, j'invite ceux qui ont bonne langue et bonne plume à parler et à écrire. En un mot, nous nous associons.

P. — John Bull ! Goddam ! Je ne vous reconnais pas ; vous n'êtes plus Français.

L. — Il me semble pourtant que ce que je fais est tout ce qu'il y a de plus naturel, et je ne vois pas que je puisse faire autrement.

P. — Sans doute ; mais les Anglais font comme cela.

L. — Or ça, Monsieur, et vous que faites-vous quand vous avez faim ?

P. — Je mange.

L. — Anglais ! Plagiat ! Et quand vous avez soif ?

P. — Je bois.

L. — Anglais ! Pur Cobden ! Et quand vous vous sentez morveux ?

P. — Je me mouche.

L. — Imitation ! Parodie ! Singerie !

VI. — La poésie de la civilisation (1).

... Il y a deux sortes de poésie. L'une est le produit de l'imagination ; l'autre est l'histoire des affections humaines.

Je suis assez disposé à croire que le matérialisme ou, pour mieux dire, le pyrrhonisme nuit à la poésie de l'imagination. Mais on peut en dire autant de toute vérité. Il est bien évident qu'à mesure que le cercle de la science s'étend, celui de l'imagination se resserre, car on n'imagine qu'alors qu'on ne sait pas. Ceci nous explique pourquoi les peuples de l'antiquité avaient plus d'imagination que les peuples modernes. Ignorant toutes les causes, ils en supposaient de leur propre création. Ce n'étaient pas seulement les poètes qui créaient, mais encore les philosophes et le peuple même.

De nos jours encore, les hommes grossiers et ignorants, par cela même qu'ils sont ignorants, se repaissent de chimères, car il n'y a que l'homme qui a beaucoup réfléchi et qui s'est souvent trompé qui dise : *j'ignore*. Les paysans expliquent tous les phénomènes dont ils sont témoins par l'influence de la lune, des astres, des sorciers, des saints, etc., etc. Éclairez-les, vous tarissez ces sources d'imagination.

Pensez-vous que lorsque le Christianisme succéda au Paganisme, on ne témoigna pas les mêmes craintes sur les plaisirs de l'imagination. Si votre religion subjugue toutes les croyances, disaient les païens, que deviendra la poésie ? L'Olympe ne sera plus qu'un monticule vulgaire, le Parnasse qu'un amas de terre et de granit ; les fleuves seront dépeuplés de

____

(1) Ces lignes ont été trouvées dans les papiers de Bastiat. Elles paraissent avoir été écrites avant 1830.

naïades, et les bois, de dryades, de faunes et de syl-
vains. La Beauté ne sera plus fille du jour et de
l'onde ; elle sera dépouillée de sa ceinture et l'Amour
n'aura plus ses flèches et son bandeau. Vous n'aurez
plus de dieux termes, mais des palissades et des
haies ; vous n'aurez plus de pénates, mais un morne
coin de feu. La paix, la concorde, la victoire, la piété
filiale, la pudeur ne seront plus de douces divinités.
L'Aurore, Iris perdront leurs couleurs et leur
charme. Le Soleil ne sera plus un char de feu traîné
par les coursiers d'Apollon, et la Lune ne sera plus
qu'un satellite prosaïque de la terre. Voilà ce qu'on
disait sans doute.

Après que cette mythologie a été dissipée, d'autres
mythologies l'ont été à leur tour ; mais si la poésie
de l'imagination y a perdu, celle du cœur y a gagné ;
et je suis vraiment surpris que vous qui, pour me
convaincre, invoquez si souvent les merveilles de la
nature, vous ne veuillez pas me laisser croire
qu'après tout la vérité, la simple vérité, est plus belle
que les plus brillantes productions de l'imagination
humaine.

Croyez-moi, mon ami, il y a plus de poésie dans
la tête d'Arago que dans celle d'Homère...

VII. — Les extrèmes se touchent.

« Les extrêmes se touchent. » C'est ce qu'on
éprouve en chemin de fer. L'extrême multiplicité
des impressions les annule. On voit trop de choses
pour voir quelque chose.

Singulière manière de voyager ! On ne regarde
pas ; on ne parle pas. L'œil et l'oreille s'endorment.
On se renferme avec sa pensée dans la solitude. Le
présent qui devrait être tout n'est rien. Mais aussi

avec quel attendrissement le cœur revient sur le passé ! Avec quelle avidité il s'élance vers l'avenir ! « Il y a huit jours » — « dans huit jours », voilà-t-il pas des textes de méditations bien choisis quand, pour la première fois, et Vilvorde et Malines et le Brabant fuient sous un regard qui ne regarde pas ?

Ce matin, à huit heures, j'étais à Bruxelles ; le soir, à cinq heures, j'étais encore à Bruxelles. Dans l'intervalle, j'ai visité Anvers, ses églises, son musée, son port, ses fortifications. Est-ce là voyager ?

J'appelle *voyager* pénétrer la société qu'on visite, connaître l'état des esprits, les goûts, les habitudes, les occupations, les plaisirs, les relations des classes, le niveau moral, intellectuel et artistique auquel ces classes sont parvenues, ce qu'on peut en attendre pour l'avancement de l'humanité. Je voudrais interroger les hommes d'Etat, les négociants, les laboureurs, les ouvriers, les enfants, les femmes surtout, puisque ce sont les femmes qui préparent les générations et dirigent les mœurs. Au lieu de cela, on me montre une centaine de tableaux, cinquante confessionnaux, vingt clochers, je ne sais combien de statues en pierre, en marbre, en bois, et l'on me dit : voilà la Belgique.

A la vérité, il y a pour l'observateur une ressource. C'est la table d'hôte. Elle réunissait aujourd'hui autour d'elle soixante dîneurs... dont pas un de Belge. On y remarquait cinq Français et cinq longues barbes appartenant aux cinq Français, ou plutôt les cinq Français appartenaient aux cinq longues barbes, car il ne faut pas prendre le principal pour l'accessoire. Aussitôt, je me suis posé cette question : pourquoi les Belges, les Anglais, les Hollandais, les Allemands se rasent-ils et pourquoi les Français ne se rasent-ils pas ?

En tout pays, les hommes aiment à laisser croire

qu'ils possèdent les qualités qu'on y prise le plus. Si
la mode tournait aux perruques blondes, je me di-
rais : ce peuple est efféminé. Si dans les portraits, je
remarquais un développement exagéré du front, je
penserais : ce peuple a voué un culte à l'intelligence.
Quand les sauvages se tatouent et se défigurent pour
se rendre effroyables, j'en conclus qu'ils placent au-
dessus de tout la force brutale.

C'est pourquoi j'éprouvais aujourd'hui un sentiment d'humiliation pénible en voyant tous les efforts
de mes compatriotes pour se donner l'air farouche.
Pourquoi cette barbe et ces moustaches ? Pourquoi
ce tatouage militaire ? A qui veulent-ils faire peur et
pourquoi ? La Peur ! Est-ce là le tribut que mon pays
apporte à la civilisation ?

Et malheureusement ce ne sont pas seulement les
commis-voyageurs qui donnent dans ce ridicule travers. Arrêtez-vous sur les boulevards, devant un
marchand d'estampes. Regardez ces portraits. Certes, ceux qui ont posé, ont dû froncer le sourcil et
faire la moue. Il faut donc que la douceur du regard
et du sourire, la bienveillance des traits soient bien
impopulaires en France, que chacun veut y ressem-
bler à un ennemi du genre humain ! Et c'est la généralité de ce goût qui m'afflige. C'est un triste symp-
tôme. Il dénote au cœur du peuple une pensée mauvaise, un retour vers les idées de barbarie. Ne serait-
ce pas aux femmes à combattre ce travers ?

Est-ce là tout ce que je rapporte d'Anvers ? Il valait
bien la peine de faire des lieues sans fin ni compte.

J'ai vu des Rubens dans leur patrie. Vous pensez
bien que j'ai cherché dans la nature vivante les modèles de ces amples carnations que reproduit si com-
plaisamment le Maître de l'Ecole flamande. Je ne les
ai pas trouvés et vraiment je crois que la race bra-
bançonne est au-dessous de la normande. On m'a dit

d'aller à Bruges. J'irais à Amsterdam, si c'était mon type de prédilection. Ces chairs rouges, qui semblent échauffées par leurs propres replis, ce n'est pas mon idéal. Le sentiment et la grâce, voilà la femme, ou, du moins, la femme digne du pinceau. J'ai bien examiné quatre types ; et mon opinion est faite.

Le type grec, qui est supérieur à tous les autres pour la régularité et la perfection. C'est la perfection matérielle.

Le type médional reproduit par les vierges de Murillo. C'est celui qui... (1).

Le type charnel ou charnu, qui montre les beaux effets de la santé.

Enfin, le type de Raphaël, qui aspire à peindre la pureté et le sentiment.

De ces quatre types, celui que je préfère, c'est le dernier ; et celui qui m'est le moins sympathique, c'est celui qui s'en éloigne le plus.

Rubens peut être un peintre inimitable au point de vue de l'exécution. Il rend admirablement ce qu'il veut rendre. Mais ce qu'il rend, ce n'est pas la femme dans son idéal.

VIII. — Lettre de M. Prince Smith
a Frédéric Bastiat (2)

Berlin, 26 février 1850.

Mon cher ami, j'ai été fort réjoui en apercevant les fins traits de votre écriture sur l'enveloppe de la lettre qui me fut présentée ce matin ; mais hélas ! que

---

(1) Bastiat a laissé la phrase inachevée. Mais le lecteur supplée facilement à cette lacune.

(2) Nous nous serions fait un scrupule de changer quoi que ce soit au texte de cette lettre qui est entièrement écrite en français.

cette joie dût-elle se changer, en lisant le rapport sur le mauvais état de votre santé.

Maladie de poitrine ! Chose à exciter une vive anxiété chez ceux qui attachent une grande importance à vos travaux et qui vous aiment pour les bienfaits que vous répandez, — bienfaits que nous savons ici apprécier, bien que le monde en général n'y ouvre encore assez les yeux ; — mais ce sont des semences qui germeront ; et si elles ne trouvent point chez vous d'abord le sol fertile, elles le trouveront plus loin, où elles pousseront des fruits qui retourneront donner témoignage pour la main qui les a fait naître.

Vous dites que vous aimez les têtes germaniques. Ce que vous aimez, c'est la clarté des idées et la logique tranchante qui se trouvent plus souvent en Allemagne qu'ailleurs, parce que les penseurs allemands ne quittent guère une question qu'ils abordent qu'après s'y être abîmés pour ainsi dire. Ce sont, comme dirait Fourier, des esprits éminemment « cabalistes ». (Je pourrais vous dire d'où cela vient ; la cause en est dans la situation économique de nos hommes de lettres ; le sujet serait fort intéressant, mais il nous écarterait trop de ce que j'ai à vous dire). — Surtout les penseurs allemands ne craignent aucune conséquence ; ils ne cherchent point des preuves pour quelque chose qu'ils veulent établir ; ils ne veulent rien établir que ce qui résulte des preuves trouvées ; ils dirigent contre tout leur critique et ce qui ne peut supporter la critique n'est bon à rien ; ainsi ils n'ont jamais peur des effets de leurs attaques; si Dieu même ne pouvait se défendre contre la critique, il ne serait nullement à regretter qu'une idole à pieds d'argile fût déposée du gouvernement de l'univers.

Eh bien ! à cet égard, en fait de clarté d'idées et de

logique tranchante, d'approfondissement et de critique inscrupuleuse, vous êtes vous-même une tête éminemment germanique. Vous fonderez, j'espère, en Allemagne, une école d'économistes ; vous réussirez le premier à inspirer ici de l'intérêt pour notre science. Les Allemands n'ont jamais méconnu l'importance d'une investigation scientifique des lois qui règlent nos affaires ; ils ont bien désiré avoir une science d'Economie ; mais ils n'ont trouvé du goût [que] pour ce qui [se] passait ailleurs, surtout en Angleterre pour la « Science économique ». Adam Smith — à la bonne heure —, il est connu et apprécié ; — Mirabeau, dans son ouvrage sur la Prusse, a bien vite répandu les principales vues de Smith ; elles sont même tellement vulgarisées que personne ne croit être scientifique en les énonçant ; — mais à l'époque de Smith, les questions n'étaient pas encore posées, que nous avons à résoudre aujourd'hui. Le très respectable J.-B. Say n'était non plus fait pour exciter nos têtes allemandes. Et les autres successeurs de l'école : Ricardo, Malthus, etc., au premier coup d'œil, la critique allemande y découvre des platitudes et des perversités qui inspirent méfiance ; — et puis comment s'intéresser pour une science qui se suicide par une formule de mathématiques, comme dans la prétendue loi de population et de rente ! Entre nous soit dit, les Allemands ont jusqu'à présent tourné le dos à ce qui se nommait science économique, parce qu'ils n'ont pu y reconnaître du tout le caractère scientifique ; — ils l'ont trouvée aussi bourrée d'ennui que de prétention. — Mais vous jetez esprit et précision, — vous ouvrez une carrière aux pensées et aux espérances sans bornes, carrière qui mène à travers une civilisation inépuisable ; — vous êtes inspiré de la vraie foi économique, — vous croyez aux ressources infinies des

efforts productifs tant que l'esprit et le bras de
l'homme sont libres. Sacré Dieu ! comment être assez bête pour croire que les moyens de suffire aux
besoins de l'homme s'épuisent, puisque le progrès
organique se meut en cercle, et les excrétions ser-
vent à alimenter de nouvelles assimilations. Lisez là-
dessus notre Liebig. Il y a autour de nous assez de
nitrates et de carbonique, de buti et de phosphore,
etc., etc..., pour nourrir dans la circulation chimi-
que plus de corps animaux que ne contiendrait l'espace de notre terre, lors même qu'ils fussent entassés
en triple couche.

Les amis à qui j'ai montré votre livre en sont en-
thousiasmés. Je vous promets qu'il sera lu avec avidité par nos meilleurs penseurs. Vous ne pouvez demander plus. C'est à voir quel effet il produira. L'autre jour, un ami m'attaqua dans la rue et me dit :
« Monsieur Prince Smith, je dois me plaindre sérieusement de vous, vous m'avez dit tout simplement: lisez
les *Harmonies* de Bastiat. Je l'achète et le laisse quelques jours sur ma table sans l'aborder ; et puis, en
l'ouvrant, je trouve des choses qui font culbuter tout
le vieux système et d'où surgit un édifice aussi solide
que magnifique. Son chapitre sur la valeur est une
vraie révélation ! Pourquoi ne m'avez-vous pas averti
un peu de ce qui m'y attendait ? »

Le 24 février est le jour fixé dans le contrat avec
le libraire-éditeur pour donner le manuscrit à l'im-
primeur. Au lieu d'argent pour la traduction, je reçois 200 exemplaires pour lesquels j'ai trouvé des
souscripteurs parmi les free-traders. J'attends à
chaque moment les premières épreuves pour en faire
la correction. Dans quatre semaines, l'impression
doit être achevée. Je vous enverrai les critiques que
j'en trouve, et même j'aurai soin qu'on en fasse.

Mais absolument, il faut que vous rétablissiez votre santé... Puisque le relèvement de l'esprit opère toujours bien sur le corps, j'ai cru que cette lettre, en vous témoignant le vif et affectueux intérêt que je ressens pour vous, vous fera du bien ; et même, pour vous amuser un peu, je l'ai écrite en français, bien qu'il y ait une dizaine d'années que je n'ai eu l'occasion de parler cette langue.

Lorsque je lus votre lettre à mes amis, ils exprimèrent tous leurs vœux cordiaux pour votre rétablissement. Ils seront d'autant plus réjouis d'apprendre que vous avez regagné votre santé que nous avons formé un grand projet dans lequel vous devez jouer le principal rôle. Nous espérons former une ligue formelle entre la patrie démocratique et les libre-échangistes, et puis vous inviter à vous présenter à un congrès où nous rassemblerons des députations de toutes les principales villes de l'Allemagne septentrionale pour décréter le commerce libre et la paix, l'association internationale de travail. « Amenez-moi Bastiat, me dit un chef des sections démocratiques, je promets de mener dix mille hommes en procession au-devant de lui pour célébrer son entrée dans notre capitale. » Nous verrons. Nous préparerons le terrain et, au moment propice, nous compterons sur vous, car vous êtes l'homme pour notre affaire, et Berlin est le lieu où on vous comprendra. Notre tactique vis-à-vis la démocratie est de lui tourner le flanc en marchant encore plus à la gauche où elle croit qu'il n'y a plus de passage ; nous autres, libre-échangistes de Berlin, nous sommes plus radicaux que la démocratie. Nous rejetons tout système représentatif ; nous demandons que chaque impôt soit signalé d'après son appropriation ; impôt pour l'armée, pour l'école, pour l'église, pour la maison royale, etc., et puis que chacun y contribue *volontairement* à mesure de l'intérêt qu'il prend au maintien de ces institutions. Si on donne peu, c'est la preuve que l'on sait mieux faire de son argent. Si on a réellement besoin d'un tel appareil, on se l'achètera pour son argent et à mesure de son besoin. Maintenant on fait payer la poudre à canon par ceux qui prennent du café, les frais de l'église par ceux qui jouent avec des cartes timbrées, les dépenses du poste royal par ceux qui salent du porc, etc., drôle confusion de comptes ! Quant aux socialistes, nous les traitons de bêtes tellement emportées pour la tyrannie officielle qu'ils veulent porter la police jusque dans le fond des affaires domestiques. « Quoi ! leur dis-je dernièrement, sous la vieille police, il m'était défendu de fumer du tabac dans la rue. Sous votre régime, je ne serais plus libre de choisir si je fumerais dans ma chambre une pipe ou un cigare ! » Nous ne laissons de signaler leur système comme travestissement du régime hiérarchique et absolu ; ce sont pour nous des réactionnaires forcenés

Les libre-échangistes français ne font pas de progrès, faute de prendre une position décidée. Ici, nous pensons éclater d'une autre façon, lorsque notre temps arrivera. Nous tirons les dernières conséquences sans scrupule. Eh bien ! laquelle est la dernière conséquence de l'harmonie des intérêts légitimes ? Personne ne le sait mieux que vous. Proclamez-la donc ! Les esprits comme vous ne doivent jamais se demander si leurs principes se laissent concilier avec les arrangements existants. Ils doivent ériger le phare et laisser à ceux qui voguent dans les ténèbres de l'atteindre à travers le combat des éléments résistants.

Je ne prétends point que vous vous donniez la peine de m'adresser une lettre en réponse longue comme celle-ci. Permettez seulement que je vous écrive quelquefois. Lorsque j'aurai à vous entretenir un peu plus strictement de notre science et non de pures causeries comme aujourd'hui, il me faudra écrire en allemand, car en français ou en anglais, je suis trop embarrassé de trouver le mot pour m'abandonner librement au développement de la pensée.

Adieu, mon ami. Réjouissez bientôt par des nouvelles plus encourageantes votre dévoué,

PRINCE SMITH.

IX. NOTE COMPLÉMENTAIRE ET INÉDITE DE BASTIAT SUR L'IDÉE DE VALEUR.

On compromet les doctrines en les exagérant. Je n'ai pas dit d'une manière absolue : ce qui est matériel n'a pas de valeur, ce qui se vend et s'achète, le blé, la terre, les maisons, les vêtements n'ont pas de valeur.

J'ai dit : il y a de la valeur dans les services que les hommes se rendent les uns aux autres, puisqu'ils les *évaluent.*

Il y a aussi de la valeur dans les produits qu'ils échangent, puisqu'ils les évaluent.

Ensuite, comme la valeur est un rapport identique à lui-même, j'ai pensé qu'elle devait avoir soit dans les services, soit dans les produits, la même cause, la même origine, la même raison d'être.

En conséquence, j'ai cherché si elle était originairement dans le produit pour, de là, s'étendre par analogie au service, ou bien si ce n'était pas tout le contraire.

Et je n'ai pas à rappeler ici en quoi cette recherche m'a paru très importante.

Quoi qu'il en soit, j'ai trouvé, quant à moi, que la valeur naissait du service et non du produit. J'en ai donné mille raisons, une entre autres qui me paraît sans réplique, à savoir que chaque fois qu'on cède un produit, on rend un service, tandis que chaque fois qu'on rend un service, on ne cède pas un produit.

Donc le service est le genre, et le produit, l'espèce ; et puisque la valeur est commune à tous deux, elle doit s'étendre du service au produit, non du produit au service.

Ceci posé, est-ce une raison pour bannir de la langue scientifique et surtout de la langue usuelle cette locution : l'or vaut, la terre vaut, ce chapeau, ces souliers valent ?

Qui pourrait avoir une telle pensée ?

Ce que je demande seulement, c'est que lorsqu'on disserte sur la valeur, on sache bien, même en prononçant ces mots : *ce chapeau vaut tant*, le pourquoi et le comment.

Je veux qu'on sache, encore que cela ne concorde pas avec la doctrine reçue, que si le chapeau vaut, c'est qu'on rend service en le cédant ; et que si, en le cédant on ne rendait aucun service, comme cela pourrait arriver en Turquie, encore qu'il ne cessât pas pour cela d'être un produit, il cesserait d'avoir de la *valeur*.

Admettons donc que quand le service s'est incorporé et incarné, comme on dit aujourd'hui, dans le produit, le langage vulgaire et même la langue scientifique font fort bien de dire : ce produit vaut, ce produit a de la valeur.

Mais remarquons une chose : à partir de l'instant où l'incorporation s'est faite, où le service a revêtu une forme matérielle, la valeur du produit ne reste pas fixe, immuable. Ce chapeau qui vaut seize francs n'en vaudra peut-être que douze dans un an, sans avoir subi aucune modification matérielle.

Quelle est la raison de cette variabilité dans la valeur du produit ?

Elle est facile à reconnaître et elle prouve de plus en plus combien la valeur a sa racine non dans la matière, mais dans le service.

Ce chapeau vaut seize-francs aujourd'hui, parce que la société évalue à ce taux l'ensemble des services qu'un ou plusieurs hommes rendent en cédant un chapeau de cette qualité.

L'année prochaine, qu'est-ce qui aura fait hausser ou baisser cette valeur ? Est-ce le plus ou le moins de matière ? Non. C'est l'évaluation, à cette époque, des mêmes services. Si, dans un an, on me rend un moindre service en me confectionnant un chapeau, soit parce qu'on a appris à les faire plus vite, soit parce qu'on a trouvé des dépôts de matières premières, soit parce que les acheteurs sont moins nombreux et moins empressés, non seulement la valeur de ce service diminuera, mais encore elle entraînera dans la baisse ce que nous avons nommé la *valeur incorporée*, c'est-à-dire la valeur du produit existant depuis longtemps. Ce produit représente un genre de *services* qui continuent à se rendre et il suit toutes les fluctuations, toutes les péripéties de ces services. Il en est ainsi de tous les produits qui couvrent le monde ; et je dis que le rayon visuel de l'économiste est bien court, s'il ne voit pas l'origine de la valeur là où je la place.

TABLE DES MATIÈRES

Typ. A. Davy, 52, r. Madame, Paris.